JOCHEN V█████

Heinrich Böll

VERLAG C.H.BECK MÜNCHEN

321516

CIP-Kurztitelaufnahme der Deutschen Bibliothek

Vogt, Jochen:
Heinrich Böll / Jochen Vogt. – Orig.-Ausg., 2., neubearb.
Aufl. – München : Beck, 1987.
 (Beck'sche Reihe ; 602 : Autorenbücher)
 ISBN 3 406 31780 4

NE: GT

Originalausgabe
ISBN 3 406 31780 4

Zweite, neubearbeitete Auflage. 1987
Umschlagentwurf von Uwe Göbel, München
Foto: Kiepenheuer & Witsch Verlag, Köln
© C. H. Beck'sche Verlagsbuchhandlung (Oscar Beck), München 1978
Gesamtherstellung: Appl, Wemding
Printed in Germany

Beck'sche Reihe
BsR 602
Autorenbücher

Wir rhümen uns auch der Trübsaln/die weil wir
wissen/ Das trübsal gedult bringet/ Gedult aber
bringet erfarung/ Erfarung aber bringet hoffnung.
HOFFNUNG ABER LESST NICHT ZU
SCHANDEN WERDEN.
Römer V, 3–5

Zur Erinnerung an Karoline, Babette und Erika Stoltz

Inhalt

I. „Fortschreibung" und „Gebundenheit"

Als Heinrich Böll am 16. Juli 1985 einer Krankheit erlag, die
ihm seit langem zugesetzt hatte, da war nicht einfach nur der
bekannteste und meistgelesene Autor der deutschen Gegenwartsliteratur tot. Gewiß: seit fast vier Jahrzehnten hatte sein
erzählerisches Werk immer weitere Verbreitung und Anerkennung gefunden. Der Kriegs- und Nachkriegsgegeneration hatte er ihre Erfahrungen und Existenzprobleme, die auch die seinen waren, durchschaubar gemacht, späteren Lesern dann ihre
kritische Sicht auf Staat und Gesellschaft vorformuliert, zunehmend auch in Reden und Essays, und zuletzt mit einer Alters-
radikalität, die ihm gerade bei ganz Jungen eine moralische
Autorität sicherte, wie sie kein Politiker mehr besaß. Im Ausland, und dort besonders in Osteuropa, hat er Ansätze von Verständnis für die Nachkriegsdeutschen in der Bundesrepublik
geschaffen, erste Gespräche möglich gemacht. Seine Leser-
schaft in der Sowjetunion war vermutlich größer als hierzulan-
de. Zweifellos war Heinrich Böll ein Wegbereiter jener Ver-
ständigungsbemühungen, die Willy Brandt politisch umgesetzt
hat, und – mit dessen Worten – ein „hilfreich-kritischer Weg-
genosse" auf dem „Weg der Reformen".[1] Bölls literarische Wirkung ist von der in Politik und Gesellschaft nicht zu trennen.
Das illustrieren zwei Sätze aus Nachrufen in der *Frankfurter
Allgemeinen Zeitung,* einem Blatt, dessen politischer Ausrich-
tung Böll stets opponierte – und dessen Literaturkritiker, von
Karl Korn bis Marcel Reich-Ranicki, ihm stets kritische Solidarität entgegenbrachten. „Ob man im nächsten Jahrhundert seine Romane noch lesen wird, wissen wir nicht", schreibt Reich-
Ranicki. „Aber solange es eine deutsche Literatur geben wird,
wird man seiner ... mit Respekt und Dankbarkeit gedenken."
Und auf der gleichen Seite umreißt Mathias Schreiber die Bedeutung des „Bürgers Böll": ohne dessen „herzhafte Streitlust

hat die Bundesrepublik einen Grund weniger, von ihrer politischen Kultur zu reden. Sie bestand zu einem großen Teil aus Böll-Debatten."[2]

Ehrungen aller Art blieben nicht aus. Im Jahr 1971 wurde Böll, auch mit Unterstützung aus der DDR und anderen Ostblockstaaten, zum Präsidenten des Internationalen PEN gewählt; 1972 nahm er – als erster Bürger eines deutschen Staates seit sechzig Jahren und im geliehenen Frack – den Nobelpreis für Literatur entgegen. Solche Auszeichnungen und Würden akzeptierte er ohne falsche Bescheidenheit – gleichsam als die institutionalisierte Form der Wertschätzung, Verehrung und auch Dankbarkeit, die ihm so viele einzelne entgegenbrachten – und er nutzte sie ebenso diskret wie hartnäckig, um wiederum einzelnen, politisch Verfolgten oder sonst in Not Geratenen, handfest zu helfen. „Unzählige in der ganzen Welt verdanken ihm unendlich viel, viele ihr Leben."[3] Es ist in den Tagen nach seinem Tode verschiedentlich gesagt und geschrieben worden – und sei hier wiederholt: *Heinrich Böll wurde geliebt,* auch von vielen seiner Leser, die ihn nicht persönlich kannten. Er war „ein weltberühmter Autor und trotzdem und immer noch ein Bruder der kleinen Leute"[4] – oder, wie jemand sagte, der weit außerhalb des literarischen Betriebs von seiner Krankheit erfuhr, ganz einfach *„unser Böll".*

Diese moralisch-affektive Präsenz seiner Person ist ein einzigartiges, erstaunliches, fast rätselhaftes Phänomen in einer Zeit, in der die Literatur als eine Sparte unter anderen der Kulturindustrie funktioniert. Insofern ist wohl richtig, was Dieter Lattmann in einem fast schon Böllschen Satz ausgedrückt hat: „Über Heinrich Böll hat noch lange niemand zu Ende gedacht."[5] Aber auch eine nüchtern literatursoziologische Betrachtung wird diesen Autor und sein Werk als Ausnahmeerscheinung, als eine Art von Institution[6] sehen müssen. Nach seinem 60. Geburtstag sind 1977/78 zehn Bände einer Gesamtausgabe erschienen, die – abgesehen von aller Marktstrategie – als Indiz eines früh erworbenen Klassikerruhms gelten darf. Dem Vorwort dieser Ausgabe ist zu entnehmen, daß Bölls Schriften in mehr als 35 Sprachen übersetzt und in einer Gesamtauflage von 17 Millionen Exemplaren verbreitet seien; inzwischen dürfte noch die eine oder andere Million hinzukommen sein.

Doch eine Charakterisierung als „Klassiker" der modernen Literatur bliebe unangemessen, sofern sie an eine entschärfte, den aktuellen Konflikten entrückte, fraglos akzeptierte Literatur denken läßt. Gerade bei Böll sind Verbreitung und Popularität nicht ablösbar von einer anhaltenden, ja zunehmenden Umstrittenheit des Werkes wie der Person. Seit den frühen sechziger Jahren führte die Literaturkritik heftige Debatten um die schriftstellerischen Mittel, den ästhetischen Rang und den moralischen Anspruch von Bölls Erzählwerk. Seit Anfang der siebziger Jahre ist mehr und mehr auch seine Position als politischer, in gesellschaftliche Kontroversen eingreifender Schriftsteller in den Meinungsstreit geraten. Dieser Autor wurde einerseits zur Zielscheibe politischer Angriffe und hemmungsloser Diffamierung, andererseits zur moralischen Instanz: eine problematische Doppelrolle, die ihn selbst mehr zu belasten als zu befriedigen schien. Heinrich Böll fungiere als „Kardinal und Märtyrer zugleich in der Gemeindebildung der neuen sozialen Heilsbewegung", schrieb der konservative Soziologe Helmut Schelsky.[7] Andere sahen es noch plumper: Die „Bölls" seien „gefährlicher als Baader-Meinhof", warnte 1972 die Illustrierte *Quick;* der Schriftsteller Hans Habe gar sah 1977 (im Auftrag der *Bild-Zeitung*), daß eine „Blutspur" von terroristischen Gewalttätern zu Böll zurückführe.[8] Und noch der Leitartikler der *Frankfurter Allgemeinen Zeitung,* der Böll zugestehen mußte, daß „Gewalt (...) ihm existenziell fremd" sei, konstatierte andererseits, er habe „über unseren Staat so viele unbegreifliche Fehlurteile abgegeben" und überhaupt „bis heute kein von der Vernunft geprägtes Verhältnis"[9] zu ihm gefunden.

Dem stehen freilich – und zwar schon im Feuilleton der gleichen Zeitung – Einschätzungen gegenüber, die gerade in Bölls kritischer Haltung seine Funktion als „Lehrmeister Deutschlands"[10] begründet sehen. „Mit einer in Deutschland wahrhaft beispiellosen Freiheit hat er den Stand des Ungedeckten und Einsamen dem jubelnden Einverständnis vorgezogen, das schmähliches Mißverständnis wäre." Das schrieb schon 1967, zu Bölls 50. Geburtstag, der Philosoph Theodor W. Adorno: „Er hat dort zugeschlagen, wo es weh tut: dem Schlechten, das er mit den krassesten Namen bedachte, und ihm selbst, der solche Namen für das wählen mußte, womit er ursprünglich identifiziert war. So ist er wirklich zum geistigen Repräsentanten des Volkes geworden, in dessen Sprache er schreibt, während er, hätte er solche Repräsentanz von sich aus übernommen, sie verraten hätte."[11] Diese ganz inoffizielle moralische Repräsentanz wird, wie zahllose Zeugnisse belegen, vor allem im Ausland anerkannt, auch im sozialistischen. So konnte Günter Wallraff 1977 mit einiger Plausibilität feststellen: „Heinrich Böll hat der Bundesrepublik im Ausland einen Kredit verschafft, den diese nicht verdient. Er steht für eine Haltung, die im eigenen Land nichts gilt. (...) Von den engagierten westdeutschen Autoren war Böll der erste. Er war es in der einfachsten Art. Unaufdringlich und beharrlich in seiner Überzeugungskraft. Immer gegenwärtig und mit dem Einsatz der ganzen Person. Er war es und er ist es so deutlich, daß er zur Symbolfigur wurde."[12]

Verbreitung, Prestige und Umstrittenheit – das mögen wohl hinreichende Anstöße, Anlässe sein für eine kritisch einführende Durchsicht von Heinrich Bölls Werk, sie geben ihr aber noch keine Perspektive. Die ergibt sich erst aus der Besinnung auf die historische, das heißt gesellschafts- und lebensgeschichtliche Dimension, die an Bölls Erzählungen, Romanen und Aufsätzen inzwischen ablesbar ist. Seine ersten Publikationen stammen aus dem Jahr 1947 (ganz abgesehen von unveröffentlicht gebliebenen Texten aus den späten dreißiger Jahren); sein letzter Roman erschien 1985, wenige Wochen nach seinem Tode. Fast vier Jahrzehnte lang hat er, kontinuierlich und intensiv wie kein anderer Gegenwartsautor, die Geschichte der westdeutschen Nachkriegsgesellschaft kritisch-produktiv begleitet. Seine Erzählwerke, aber auch seine essayistischen Schriften führen vor Augen, wie dieser Autor immer wieder die Realität der Nachkriegsgesellschaft (samt ihrer Vor-Geschichte: Krieg und Naziherrschaft) thematisch aufnimmt und verarbeitet, „als einer, der von 1930 an deutsche Geschichte bewußt erlebt hat", wie er 1972 selbst bemerkt (II, 539). In der ‚Rede zur Verleihung des Nobelpreises‘ aus dem gleichen Jahr entwickelt er ansatzweise die Perspektive seiner schriftstellerischen Arbeit, verstanden als sprachliche Bearbeitung des individuell-historischen Erfahrungsmaterials: „Gewalt, Zerstörung, Schmerz, Mißverständnisse liegen auf dem Weg, den einer daherkommt, aus den Schichten vergangener Vergänglichkeit in eine vergängliche Gegenwart. (...) Der Rest war Eroberung der Sprache in dieser Zurückweisung an das Material, an diese Hand voll Staub, die vor der Tür zu liegen schien und doch so schwer zu greifen und zu begreifen war." (II, 621 f.)

Zu prüfen wäre unter diesem Blickwinkel, wie Bölls Produktion (und zwar in erster Linie seine erzählerische) vom gesellschaftlichen Prozeß, von Entwicklungen und Fehlentwicklungen geprägt wird, wie sie auf diese Entwicklungen reagiert, sie womöglich beeinflußt – und sich in solcher Reaktion wiederum selbst verändert und weiterentwickelt. Verschiedene Aspekte werden dabei zu beachten sein: Veränderungen des Welt- und Gesellschaftsbildes, das den Werken immanent ist, wie auch des explizit formulierten moralisch-politischen Engagements; Akzentverschiebungen innerhalb des stets bevorzugten zeitgeschichtlichen Stoff- und Themenbereichs wie auch die zunehmende Komplexität und Differenzierung der gewählten Erzählformen und -techniken. Eine solche Betrachtung, die zudem noch die publizistischen Arbeiten als wesentliche Form der literarischen Produktion und des persönlichen Ausdrucks einbeziehen will, geht von der Voraussetzung einer Kontinuität aus, von einem substantiellen Werkzusammenhang in thematischer, formaler und politisch-moralischer Hinsicht. Diese Voraussetzung ist aber keineswegs selbstverständlich und dürfte bei manch anderem Autor nicht sehr weit führen. Daß eine Analyse von Bölls Werk sinnvollerweise von dieser Annahme ausgehen kann, daß die Kontinuität des erzählerischen wie publizistischen Schaffens für Böll charakteristisch ist, kann vorerst nur behauptet werden – erweisen muß es sich in der folgenden Darstellung.

Einige Wahrscheinlichkeit gewinnt diese Voraussetzung allerdings durch zwei schon auf den ersten Blick erkennbare Grundzüge des Werkes: einmal die Dominanz des erzählenden Elements und die Funktion der Erinnerung nicht nur im Erzählwerk selber, sondern auch in Bölls Publizistik; zum anderen die Dominanz der zeitgeschichtlichen Thematik nicht nur in den Schriften zum Tage, sondern auch im Erzählwerk, von den frühen Kurzgeschichten über ‚Billard um halbzehn‘ und ‚Gruppenbild mit Dame‘ bis zu den letzten Romanen. Darüber hinaus kann die Annahme eines konsistenten Werkzusammenhangs sich auf Bölls Selbstverständnis berufen, auf die Einschätzung seiner eigenen Arbeit als *Fortschreibung*. Diesen Begriff, der das kontinuierlich-prozeßhafte Element der epischen Produktion betont, hat der Autor 1971 im Gespräch mit Dieter Wellershoff verwendet. Über das ‚Gruppenbild‘ befragt, führt er dort aus: „Ich empfinde jedes Buch als eine Erweiterung des Instrumentariums, der Ausdrucksweise, der Komposition und auch einer gewissen Erfahrung, und insofern ist dieses Buch, wie alles, was ich geschrieben habe – auch zwischendurch kleinere Dinge, Aufsätze, Kritiken usw. – eine Fortschreibung. Der Prozeß des Schreibens ist eine dauernde Fortschreibung." (IV, 120) Diesem Prozeß, dem „Schreiben als ständiger Variation, als *Bei-Schreibung*, näher gebracht an unsere Aktualität" (IV, 397), das heißt also der erzählerischen wie publizistischen Aneignung erlebter Geschichte nachzugehen, ist die leitende Absicht der folgenden Einführung.

Dabei markiert der Begriff der Fortschreibung nur die eine, dynamisch-aktive Seite eines dialektischen Prozesses, dessen andere Seite bei Böll *Gebundenheit* heißt. Am Anfang der ‚Frankfurter Vorlesungen‘ von 1964, die sein geschlossenster Versuch literarischer Selbstdeutung geblieben sind, sucht der Autor diesen Begriff zu erklären: „Obwohl als einzelner schreibend", so heißt es da, „habe ich mich nie als einzelnen empfunden, sondern als Gebundenen, gebunden an Zeit und Zeitgenossenschaft, an das von einer Generation Erlebte, Erfahrene, Gesehene und Gehörte" (II, 34). Man könnte fortfahren: gebunden an Region, Religion und Sozialisation – sofern mit diesen dürren Wörtern der konkrete lebensgeschichtliche Erfahrungszusammenhang bezeichnet wird, der die Themen und Perspektiven des Böllschen Werkes nachhaltig bestimmt. Damit soll keine mechanische Kausalität zwischen Biographie und Werk behauptet werden; Böll selbst betont ja immer wieder die Bedeutung des Umsetzungsprozesses, der sprachlichen Bearbeitung des Erfahrungsmaterials (und die Anstrengung, das geeignete Sprach-Instrument für diese Arbeit erst zu entwickeln). Immerhin aber bleibt das Faktum zu erklären, daß Bölls Erzählungen in so hohem Maße durch lebensgeschichtliche Faktoren bestimmt, „im Biographischen, im Erlebten" (IV, 375) – und sehr viel weniger etwa in bestimmten literarischen Traditionen – verankert sind.

Und zwar ist dies historisch zu erklären: aus der Situation einer Jugend unter der Naziherrschaft, die fast radikal abgeschnitten war von den ohnehin spärlichen demokratischen Traditionen deutscher Geschichte wie auch deutscher Literatur; der die bedeutenden Autoren der Weimarer Republik, des antifaschistischen Exils unbekannt waren und auch später fremd bleiben mußten; deren entscheidende Lese-Erlebnisse, wie Böll anschaulich berichtet (vgl. BM, 32 ff.), an katholisch-nonkonformistischen, insgesamt aber doch zweitrangigen Autoren des Auslands gewonnen wurden. Wo weiterhin – wie beim jungen Heinrich Böll – ein emotional begründeter Antifaschismus sich durch die Geborgenheit der elterlichen Familie, durch Herkunftsmilieu und Religiosität atmosphärisch bestärkt fühlte – und wo andererseits der Krieg zum unerklärlich katastrophischen, zum „existentiellen" Erlebnis wurde, da ist es zumindest naheliegend, daß auch die späteren literarischen Arbeiten weitgehend „gebunden" bleiben an die Auseinandersetzung mit dieser Zeitgeschichte und lange Zeit auch an die begrenzte Optik individueller Erfahrung.

In den vergangen Jahren hat Heinrich Böll diesen Zusammenhang, „Gebundenheit" als lebensgeschichtliche Basis der erzählerischen „Fortschreibung", mehrfach zu erläutern und auch sozialgeschichtlich zu konkretisieren versucht: „Ich stamme aus einem Milieu, das schon im kleinbürgerlichen Sinne kaputt war, ökonomisch kaputt; mein Vater hat die Wirtschaftskrise mit sechs Kindern und einem kleinen Betrieb, den er hatte, nicht überstanden. Wir waren also ein Gemisch aus Kleinbürgertum und Proletariat, schlugen uns so durch, und das, was man den Zusammenbruch der bürgerlichen Gesellschaft nennt, haben wir schon vor 1933 erlebt (...). Dann kommt der Katholizismus hinzu, die etwas anarchistische Tradition dieser Religion hier in der Stadt Köln und ihrer Umgebung, und ich hab natürlich als Junge gelesen, was so aus dem Milieu kam." (BM, 32) „Aber die Tatsache, daß religiös, auf christliche Weise religiös, nicht kirchlich bedeutet, ist mir sehr früh vertraut gewesen (...). Natürlich sind wir klassisch-katholisch erzogen worden, Schule, Kirche, es wurde praktiziert, wie man das so nennt. Und trotzdem glaube ich, daß mein Vater und auch meine Mutter in einer bestimmten Weise antikirchlich waren." (IV, 364) „Ich habe es meinen Eltern nie vergessen, daß in unserer Wohnung 1933 oder 1934, genau weiß ich es im Augenblick nicht mehr, illegale Treffen von katholischen Jugendverbänden stattfanden und ich das miterleben durfte (...)." (IV, 366)

Soweit, aus verschiedenen Gesprächen montiert, der Hinweis auf einige wichtige Faktoren der Böllschen Gebundenheit, wie sie aus der Jugendgeschichte zu entnehmen sind. Nur oberflächliche Vertrautheit mit dem Erzählwerk ist nötig, um zu erkennen, wie regelmäßig diese Faktoren als thematische Zentren dort wiederkehren. Die Biographie ist, nach einem Wort von Christian Linder, in Bölls Erzählungen „romanversetzt" (IV, 368). Den gleichen Zusammenhang zeigt ein sehr früher Text, in dem der Autor unter dem Stichwort ‚Über mich selbst' den gleichen Erfahrungsfundus bildhaft-episodisch in einer Erinnerungssequenz veranschaulicht: „Meine erste Erinnerung: Hindenburgs heimkehrende Armee, grau, ordentlich, trostlos zog sie mit Pferden und Kanonen an unserem Fenster vorüber; vom Arm meiner Mutter aus blickte ich auf die Straße, wo die endlosen Kolonnen auf die Rheinbrücken zumarschierten; später: die Werkstatt meines Vaters: Holzgeruch, der Geruch von Leim, Schellack und Beize; der Anblick frisch gehobelter Bretter, das Hinterhaus einer Mietskaserne, in der die Werkstatt lag

(...) Nie wohnten wir weit vom Rhein entfernt, spielten auf Flößen, in alten Festungsgräben, in Parks, deren Gärtner streikten; Erinnerung an das erste Geld, das ich in die Hand bekam, es war ein Schein, der eine Ziffer trug, die Rockefellers Konto Ehre gemacht hätte: 1 Billion Mark; ich bekam eine Zuckerstange dafür; mein Vater holte die Lohngelder für seine Gehilfen in einem Leiterwagen von der Bank; wenige Jahre später waren die Pfennige der stabilisierten Mark schon knapp, Schulkameraden bettelten mich in der Pause um ein Stück Brot an; ihre Väter waren arbeitslos; Unruhen, Streiks, rote Fahnen, wenn ich durch die am dichtesten besiedelten Viertel Kölns mit dem Fahrrad in die Schule fuhr; wieder einige Jahre später waren die Arbeitslosen untergebracht, sie wurden Polizisten, Soldaten, Henker, Rüstungsarbeiter – der Rest zog in die Konzentrationslager; die Statistik stimmte, die Reichsmark floß in Strömen; bezahlt wurden die Rechnungen später, von uns, als wir, inzwischen unversehens Männer geworden, das Unheil zu entziffern versuchten und die Formel nicht fanden; die Stimme des Leidens war zu groß für die wenigen, die eindeutig als schuldig zu erkennen waren; es blieb ein Rest, der bis heute nicht verteilt ist.“ (I, 285)

Dies ist, 1958 niedergeschrieben, ein Schlüsseltext nicht nur für die damals vorliegenden Geschichten und Romane. In mehrfacher Hinsicht verweist die zeitrafferähnliche Bildfolge aufs erzählerische Gesamtwerk. Nicht nur, daß einzelne Sprachformeln, Situationen, Szenerien aus dieser zitierten und den nicht zitierten Passagen der autobiographischen Skizze „romanversetzt“ wieder auftauchen, in ‚Wo warst du, Adam?‘ oder ‚Billard um halbzehn‘. Der Zeitraum insgesamt, der hier subjektiv erfaßt wird, bildet das Material (die „Schichten vergangener Vergänglichkeit“), das Böll fortschreibend verarbeitet, gibt ein Programm zu erkennen. Noch von Leni Pfeiffer, der Titelfigur im Roman ‚Gruppenbild mit Dame‘ aus dem Jahr 1971, sagt Böll: „Ich habe versucht, das Schicksal einer deutschen Frau von etwa Ende Vierzig zu beschreiben oder zu schreiben, die die ganze Last dieser Geschichte zwischen 1922 und 1970 mit und auf sich genommen hat.“ (IV, 120)

Aber der Text ‚Über mich selbst' läßt noch mehr erkennen: den moralischen Impetus des Schreibens bei den nach 1945 neu beginnenden Autoren wie Böll, die „das Unheil zu entziffern versuchten und die Formel nicht fanden"; auch die Perspektive einer Aufarbeitung der Vergangenheit, das Problem der Mitschuld und ihrer Verdrängung im Nachkriegsdeutschland: „Es blieb ein Rest, der bis heute nicht verteilt ist." Von hier aus wird das Motiv und Programm der Fortschreibung entwickelt, vorerst nur lakonisch angedeutet im Schlußsatz von ‚Über mich selbst': „Schreiben wollte ich immer, versuchte es schon früh, fand aber die Worte erst später." (I, 285)

Es dürfte deutlich werden, daß die Dialektik von Gebundenheit und Fortschreibung mehr ist als ein Modell, das den individuellen Schaffensprozeß verdeutlichen soll. Sie enthält vielmehr auch eine Theorie von der gesellschaftlichen Funktion und dem moralischen Anspruch der Literatur. Böll hat diesen Anspruch, durchaus im Blick auf seine eigene Arbeit, später in die etwas klischeehaft klingende Formel einer *Ästhetik des Humanen* gefaßt (II, 34) – und die Aufgabe des Schriftstellers in der konkreten historischen Situation Nachkriegsdeutschlands formuliert als „die Suche nach einer bewohnbaren Sprache in einem bewohnbaren Land" (II, 53). Ein Anspruch, eine Aufgabe, die chancenlos scheinen mögen angesichts einer Realität, die bestimmt ist durch die Unwirtlichkeit unserer Städte und eine gesellschaftlich produzierte Sprachlosigkeit. Ein Anspruch andererseits, der altmodisch klingen mag, weil er die Kunst nicht freisetzt von gesellschaftlichen, moralischen Funktionen. „Moral und Ästhetik erweisen sich als kongruent, untrennbar", formuliert Böll in den ‚Frankfurter Vorlesungen' (II, 72) im Blick auf Wolfgang Borchert und andere Nachkriegsautoren. Und an anderer Stelle, von Jugendbüchern sprechend, formuliert er die Maxime auch seiner Arbeit: „Die Glaubwürdigkeit eines Autors ergibt sich nie aus einer (jeweiligen) Moral allein, sie ergibt sich aus der Kraft, die entsteht, wenn er für seine Stimme einen Stil gefunden hat; wenn seine Ästhetik sich mit seiner Moral deckt, er an seine Moral gar nicht mehr zu denken braucht, weil er seiner Stimme gewiß ist." (II, 139).

Das klingt beinahe provokativ rückständig gegenüber einer avantgardistischen Kunsttheorie und künstlerischen Praxis, die seit einem Jahrhundert gerade die Emanzipation der Ästhetik von der Moral postuliert. Konsequenterweise ist Böll, an seinem ästhetisch-moralischen Konzept festhaltend, zeitweilig in Distanz, gar in Gegensatz zu dominierenden Trends in der westdeutschen Nachkriegsliteratur (speziell auch in der „Gruppe 47") geraten. Und die „Denunzierung seiner Arbeiten als traditionell gehört", wie der Rostocker Böll-Forscher Hans Joachim Bernhard konstatiert, über Jahrzehnte hin „zum Repertoire der Auslassungen gegen den Autor".[13] Daß solche Rückständigkeit sich heute in gewisser Weise als Avanciertheit erweist, daß Bölls Werk, indem es den Anspruch des Individuums auf einen humanen Lebensraum und Alltag gegen die unmenschliche Alltäglichkeit der spätkapitalistischen Gesellschaft einklagt, in Wahrheit weiter – und vor allem: notwendiger, hilfreicher – ist als allerlei formalistische und esoterische Literaturmoden, dies mag zunächst als These stehen bleiben. Sie kann im folgenden überprüft werden.

II. Krise der Erfahrung und des Erzählens

‚Wanderer, kommst du nach Spa …‘ (1950)

Heinrich Böll hat keinen Zweifel daran gelassen, daß die historische und lebensgeschichtliche Zäsur des Kriegsendes für ihn (wie für manch anderen aus seiner Generation) zugleich Anlaß und Antrieb zum Schreiben bedeutete. Noch im Jahr 1945 war er, nach sechs Jahren in der Wehrmacht und nach kurzer amerikanischer Kriegsgefangenschaft, ins zerstörte Köln zurückgekommen. „Ich war noch keine drei Wochen zu Hause, war noch krank von der Gefangenschaft und allem möglichen … Ich glaube, es war der Impetus der Befreiung. (…) trotz Trümmer, Elend, Schwierigkeiten, Hunger und so weiter, blieb das Gefühl, befreit zu sein, das entscheidende. Das war für mich ein Anstoß, ich habe also zwischen 1939 und 45 keine Zeile geschrieben, nur sehr viele Briefe an (…) meine spätere Frau, meine Freunde, aber das war ein so ungeheurer Impetus nach 45 (…), da hab ich sofort angefangen zu schreiben." (BM, 32 f.) Andererseits versucht er, rückblickend aus dem Jahr 1977, die Bedeutung seiner Kriegserfahrungen auch zu relativieren: „der Krieg – und das klingt sicher merkwürdig – war als inneres und äußeres Erlebnis für mich fast uninteressant. (…) Denn (…) wir wußten, daß es Krieg geben würde, und die Angst davor und das Darauf-Zusteuern war fast noch schlimmer als der Krieg selbst." (BM, 32)

Ein erster Blick auf die frühen Kurzgeschichten zeigt freilich etwas anderes. Denn die meisten dieser Texte, die ab 1947 in Zeitschriften, 1950 dann gesammelt in dem Band ‚Wanderer, kommst du nach Spa …‘ erschienen sind, haben Krieg oder unmittelbare Nachkriegszeit zum Thema. Ein zweiter Blick zeigt noch mehr: daß es in diesen Erzählungen vor allem ums Krieg*erlebnis* (allerdings in unheroischem Sinn) geht, daß die erzählerische Perspektive sich kaum je von der Hauptfigur (die wiederum oft als Ich-Erzähler fungiert) lösen kann; daß schließlich kaum versucht wird, den Krieg und seine Folgen auf seine historischen Voraussetzungen in Nazi-Herrschaft und Weimarer Republik zu beziehen – was man erwarten könnte, da Böll seine politischen Erfahrungen „schon vor 1933" betont (BM, 31). Der Verzicht auf solch übergreifende Zusammenhänge läßt denn doch eine Überwältigung durch die unmittelbaren Kriegserlebnisse vermuten; er wird aber verständlich, wenn man einen genaueren Blick auf die Situation wirft, in der Heinrich Böll und seine Generationsgenossen, wie etwa Wolfgang Borchert, sich ans Schreiben machten.

Man hat diese Situation – in politischer wie literarischer Hinsicht – häufig mit Metaphern wie *Kahlschlag* oder *Nullpunkt* zu charakterisieren gesucht. Das bleibt ambivalent: bezeichnen diese Bilder doch einerseits die totale Zerstörung im Materiellen wie im Geistigen, den radikalen Traditionsverlust – andererseits aber auch die Hoffnung und Chance eines ebenso radikalen, wenngleich schwierigen Neuanfangs. Zahlreiche Äußerungen derer, die sich bald nach 1945 um eine ‚neue' deutsche Literatur bemühten, belegen dies. „Worauf es jetzt ankam", so resümiert später Wolfdietrich Schnurre, „das war: schreibend, so gut es sich anlassen wollte, mit seiner Schuld, seinem Zorn, seiner Erschütterung fertig zu werden; wobei ‚fertig' sich bald als ein recht vorschneller Begriff herauszustellen begann. So etwa war die Ausgangsphase der deutschen Nachkriegsliteratur beschaffen, einer Literatur also, die ihr Entstehen keinem organischen Wachstum, keiner fortwirkenden Überlieferung, sondern einer Katastrophe verdankte, dem Krieg. (...) Wir schrieben, weil wir die Verpflichtung spürten zu warnen. Es war kein einfaches Schreiben; wir waren völlig auf uns selbst gestellt. Denn es gab ja keinen ethischen Rückhalt, es gab kein literarisches Vorbild, es gab keine Tradition."[1]

Nun hat die Literaturwissenschaft gezeigt, daß diese Charakterisierung insofern schief und problematisch bleibt, als der geistige ‚Kahlschlag' keineswegs total war.[2] Denn schon während der Nazizeit war die intellektuelle Isolation löcherig, wa-

21

ren viele moderne Autoren des Auslands durchaus greifbar. Andererseits hatten zahlreiche ‚Nachkriegsautoren‘ einer mittleren Generation (von denen Günter Eich am bekanntesten geworden ist) schon seit den frühen dreißiger Jahren publiziert. Und schließlich zeigten sich die kulturkonservativen Ideologien der Vorkriegszeit auch nach 1945 wirksam und leisteten der kulturellen Restauration in Westdeutschland kräftig Vorschub. „Keine Stunde Null“ also im Blick auf die westdeutsche Literatur insgesamt (wie ja auch die politische Situation keineswegs ‚offen‘, sondern durch weltpolitische Konstellationen bereits wieder determiniert war). Dennoch muß man die Formel vom ‚Nullpunkt‘ ernst nehmen – und sei es nur als „Metapher für eine Stimmung“[3] – für das Selbstverständnis der jungen Autoren, die wie Böll und Borchert tatsächlich erst jetzt zu schreiben begannen. Im Rückblick hat Hans Werner Richter, der Initiator der ‚Gruppe 47‘, diese Stimmung geschildert: „Alles war damals jung, fing ganz neu an. Nichts, was gestern gewesen war, so schien es, hatte noch Bestand. So glaubten es die jungen ehemaligen Kriegsteilnehmer, die angefangen hatten zu schreiben: Lyrik, Lyrik und Fetzen von Prosa, Kurzgeschichten, zu dieser Zeit von ihnen ‚short stories‘ genannt, im Reportagestil, im Sprechstil, der sich gerade durchzusetzen begann unter dem Einfluß der amerikanischen ‚Lost generation‘ des Ersten Weltkriegs. Das Ende des zweiten, unseres Weltkrieges aber lag erst gerade ein Jahr zurück.“[4] Der Verweis auf den Ersten Weltkrieg ist auch deshalb wichtig, weil bereits er sich der sprachlichen Darstellung widersetzt hatte, wie man an der Kriegsliteratur der zwanziger Jahre studieren kann.[5] Dies Problem verschärft sich nun. Der „Zweite Krieg“ scheint, wie Adorno 1944 notiert, der „Erfahrung schon völlig entzogen“: „Sowenig der Krieg Kontinuität, Geschichte, das ‚epische‘ Element enthält, sowenig wird er ein stetiges und unbewußt aufbewahrtes Erinnerungsbild hinterlassen. Überall, mit jeder Explosion, hat er den Reizschutz durchbrochen, unter dem Erfahrung, die Dauer zwischen heilsamem Vergessen und heilsamem Erinnern sich bildet. Das Leben hat sich in eine zeitlose Folge von Schocks verwandelt, zwischen denen Löcher, paralysierte Zwischenräume klaffen."[6] Wie aber soll, was die Wahrnehmungs- und Erfahrungsfähigkeit überwältigt, *erzählt* werden können? Das ist die Frage, die sich einem debütierenden Autor im Jahre 1947 stellt, – und von dieser Frage her erscheint es in der Tat, wie Erhard Schütz formuliert, „als Ungeheuerlichstes an der Literatur, daß sie überhaupt noch weiter produziert wurde, daß Leute daran gingen, zu schreiben."[7] Sie gingen daran, mit vorerst bescheidenem Anspruch und schlichten literarischen Mitteln: Bölls frühe Kurzgeschichten sind dafür exemplarische Belege. Eine seiner frühesten, ‚Der Angriff' (1947), nähert sich immerhin erzählend dem Problem, das Adorno begrifflich entwickelt. Sie macht zum Thema, daß das Unerfahrbare, der Krieg als permanente Katastrophe, doch immer noch von einzelnen *erlebt* werden muß, auch wenn es ihre Erfahrungsmöglichkeit übersteigt.

Den „müden, grauen Gestalten, die in ihren Erdlöchern hockten", erscheint der Angriff, den sie ausführen sollen, als ein „sinnloses, törichtes Unternehmen", sie verharren in einer „starren Gleichgültigkeit" (1, 14f.). Zeit erleben sie als ‚Folge von Schocks', im Wechsel zwischen dem „Lärm der Artillerie" und einer „grauenhaften Stille über den Linien" (1, 17), wobei in Verkehrung der alltäglichen Erfahrung die Stille weitaus bedrohlicher erlebt wird. Die Geschichte endet mit dem Tod eines jungen Soldaten: „Kein Splitter und kein Geschoß hatte ihn erreicht; sein Kinderherz war von der Angst erdrosselt worden . . ." (1, 19) Die tödliche Überwältigung durch die Katastrophe aber läßt paradoxerweise den Kameraden des Jungen seine Erfahrungsfähigkeit (als Leidensfähigkeit) zurückgewinnen: „Er wußte es selber nicht, daß er heulte – einfach losheulte, obwohl er schon so viele Tote gesehen hatte." (1, 19)

Das Grauen wird erzählbar, indem es – vielleicht nur andeutungsweise – bezogen wird auf sein Gegenteil. „Wir werden aber einen nicht gelten lassen", postulierte 1930 schon Walter Benjamin, „der vom Kriege spricht und nichts kennt als den Krieg. Wir werden (. . .) fragen: Wo kommt ihr her? Und was wißt ihr vom Frieden?"[8] Auf solche Fragen antworten Bölls Kurzgeschichten. Sie machen das „erlebte (. . .) Detail aus

Krieg, Lazarett, Bombennächten, Kriegsgefangenschaft und Trümmerstädten"[9] erzählbar, indem sie es als Bedrohung und Zerstörung der Qualitäten zeigen, die Menschlichkeit und Frieden ausmachen: Erinnerung, Glücksverlangen, Geborgenheit, Hoffnung. Vom „Kinderherzen" des toten Soldaten in ‚Der Angriff' heißt es: „Und noch im Tode bebte es – leise, leise wie der Wind, der morgens in den Bäumen vor seines Vaters Haus gespielt hatte." (1, 19)

Heimat und kindliche Geborgenheit werden nur flüchtig und nicht ohne sentimentalen Beiklang erinnert; sie beschwören dennoch die Gegenwelt zum Krieg. Und so irreal diese Gegenwelt bleibt (sie wird bezeichnenderweise nur vom Erzähler assoziiert), so hält sie doch den Anspruch auf Glück und Frieden fest, den Böll später unter dem Begriff des „Humanen" zum Zentralpunkt seiner Poetik machen wird.

Am ausführlichsten wird die Spannung von katastrophischer Realität und friedlicher Wunschwelt in der Kurzgeschichte ‚Wiedersehen in der Allee' (1948) entwickelt. In den Feuerpausen, die hier keine bedrohliche Stille, sondern „etwas für uns Unnennbares" anzeigen, „das unsere Väter vielleicht Frieden genannt hätten" (1, 36), zelebrieren der Ich-Erzähler und sein Kamerad Hecker mit ‚organisiertem' Kognak und Zigaretten ihre Feierstunden, in denen möglich wird, was der Krieg sonst verbietet: Besinnung, Genuß, Gespräch, Erinnerung. „Wir blickten uns an, stießen die Gläser gegeneinander, tranken und rauchten. In unserem Schweigen war etwas herrlich Feierliches. Das einzig feindliche Geräusch war der Einschlag eines Scharfschützengeschosses, das mit minutiöser Pünktlichkeit in gewissen Abständen genau vor den Balken schlug, der die Böschung am Eingang unseres Bunkers stützte." (1, 37) Dies Geräusch mahnt die beiden Soldaten daran, „daß die Zeit unbarmherzig vertropfte" (1, 38), es deutet aber auch auf die Bedrohung voraus, der beide erliegen werden. Vorerst jedoch entfaltet sich im Medium von Gespräch und Erinnerung eine idyllische Gegenwelt zur Kriegsrealität. „Nach dem vierten oder fünften Glase erst fingen wir zu sprechen an. Unter dem müden Geröll unseres Herzens wurde von diesem wunderbaren Getränk etwas seltsam Kostbares geweckt, das unsere Väter vielleicht Sehnsucht genannt hätten." (1, 37) Nicht die Gegenwart des Krieges („Zu oft und zu innig hatten wir seine zähnefletschende Fratze gesehen"), noch die Zukunft („Sie war ein schwarzer Tunnel voll spitzer Ecken" [1, 37]) ist Gegenstand dieser Gespräche: „Wir sprachen von der Vergangenheit; von jener kümmerlichen Andeutung dessen, was unsere Väter vielleicht Leben genannt hätten. Jener allzu kleinen einzigen Spanne menschlicher Erinnerungen, die gleichsam eingeklemmt gewesen war zwischen dem verfaulenden Kadaver der Republik und jenem aufgeblähten Ungeheuer Staat, dessen Sold wir einstecken mußten." (1, 38) Der Text ist bemerkenswert, weil er deutlicher als sonst den realhistorischen Hintergrund dieses besonderen Krieges (und zugleich eine besondere Reflektiertheit des Ich-Erzählers) hervortreten läßt; bemerkenswert aber auch wegen der Breite, in der hier die Wunschwelt friedlicher Erinnerung ausgemalt wird. Es zeigt sich jedoch, daß sie im Wortsinn lebensgefährlich ist. Die bislang verdrängte Erinnerung an die Begegnung mit einem Mädchen „am Ende einer Allee" läßt Hecker „die rauschhafte Vergänglichkeit unseres menschlichen Glücks" wiederempfinden; die Sehnsucht überwältigt den Realitätssinn und führt in den Tod. „Laß mich', schrie er, ,laß mich . . . ich geh, ich geh in die Allee . . .'" (1, 41 f.), so tritt Hecker ins Freie, wo er vom Scharfschützengeschoß getroffen wird. Daß die Geschichte in die Todesphantasie des Erzählers mündet, der sich „glücklich lächelnd am Eingang jener Allee" wähnt, wo „Heckers winkende Silhouette gegen ein sanftes goldenes Licht" sich abzeichnet, ist stilistisch und erzählerisch gewiß ein problematischer Schluß; zugleich aber auch ein Hinweis auf die reale Unerreichbarkeit der idyllischen Wunschwelt.

Derartige Brüche in Stil und Erzählkonstruktion, die auch in anderen Texten vorkommen, verweisen grundsätzlich auf Anspruch und Problematik der benutzten Erzählform. In den „Fetzen von Prosa, Kurzgeschichten", wie Richter sagt, sollte nach dem Willen der jungen Nachkriegsautoren die neue, durch Krieg und Traditionsverlust geprägte Weltsicht ihren wahrhaften Ausdruck finden. In der Tat hatte es die *Kurzge-*

schichte in der deutschen Literatur zuvor nur vereinzelt gegeben; nun wird sie bis in die fünfziger Jahre hinein zur dominierenden Erzählform überhaupt. Mit dem Hinweis auf die amerikanischen Vorbilder, besonders auf Ernest Hemingway, ist das noch nicht hinreichend erklärt: befragt werden muß, warum gerade *diese* Vorbilder Wirkung hatten. Offensichtlich ist die ‚short story' von den Autoren subjektiv als formale Entsprechung zu ihrer historisch besonderen Erfahrung verstanden worden. Daß er „mit Kurzgeschichten zu schreiben angefangen habe, das hat sehr viele Gründe, natürlich auch die, sagen wir, Kurzatmigkeit der Epoche", konstatiert Böll 1977 (BM, 69). Gerade der Ausschnittcharakter der Kurzgeschichte, die literarische ‚Momentaufnahme' mußte einer Autorengeneration entgegenkommen, die nur über einzelne Erfahrungsfetzen, Schockerlebnisse verfügte, sie nicht ohne weiteres in einen Zusammenhang bringen konnte (was etwa von der Romanform gefordert wäre). Gleiches gilt für das Fehlen von Reflexion in der Kurzgeschichte, ihre – scheinbare – Beschränkung auf die Wiedergabe sachlicher Realität; gilt auch für den unheroischen ‚Helden' der Kurzgeschichte (bei Böll ist es die nur schwach individualisierte Einheitsgestalt des einfachen Frontsoldaten). Schließlich schien diese kurze Form, deren kompositionelle Schwierigkeit man freilich leicht unterschätzt, auch besonders geeignet, um in ihr eine neue und unbelastete Sprache zu entwickeln. Wenn die „deutsche Nachkriegsliteratur als Ganzes eine Literatur der Sprachfindung gewesen ist" (II, 61), so gilt dies von der Kurzgeschichte ganz besonders. Ihr knapper Umfang, der lakonische Stil und die Technik des ausdrucksvollen Verschweigens schien einer – pointiert gesagt – ‚Entnazifizierung' des Erzählens förderlich zu sein. „Es war erst mal die Sprache als Material, fast in physikalischem Sinne ein Experimentierstoff, und Sie dürfen nicht vergessen, daß wir doch zwölf Jahre lang mit einer völlig verlogenen, hochpathetisierten Sprache konfrontiert waren. Zeitungen, Rundfunk, sogar in Gespräche, in den Jargon ging das ein, und unsere Sprache, also sagen wir ruhig, die deutsche Sprache wiederzufinden, war per se ein Experiment." (BM, 69)

Dies ist aber nur die eine Seite. Denn die Kurzgeschichte zielt bei Böll (wie bei anderen Autoren) nur scheinbar auf äußere Realitätsdarstellung – ihr geht es wesentlich ums *Erlebnis* einer bestimmten Realität. Sie drängt, bei aller angestrebten Objektivität des Stils, doch auf die existentielle Selbstaussage – wofür die Dominanz des Ich-Erzählers ein erstes Indiz gibt. Nicht die Katastrophe selbst ist für diese schreibenden Kriegsheimkehrer zentral, sondern die Frage nach *Sinn,* nach *Werten,* nach der Möglichkeit menschlichen und menschenwürdigen Lebens in und nach der Katastrophe. Das legt es nahe, die erzählten Details mit einer gewissen Bedeutungsschwere zu beladen. „In jedem Fall" – schreibt Trommler – „ging es um die Erfassung des einzelnen Erlebnisses, das symbolisch die Allgemeinverbindlichkeit privater Humanität aufwies, die von Krieg, Ideologie und Rhetorik erdrückt worden war."[10] In diesem Sinn ist auch in Bölls frühesten Texten schon eine Tendenz zu *symbolischer Überhöhung* der (für sich gesehen banalen oder gar widerwärtigen) Realitäts- und Erlebnispartikel zu erkennen. Sie äußert sich in der Verwendung von fragwürdigen, dem ‚Formideal' der Kurzgeschichte (und auch den amerikanischen Vorbildern) wenig angemessenen Stilmitteln. Wo eine lapidare Sprache gefordert wäre, schleichen sich allzu oft sprachliche Klischees, Pathos und Sentimentalität, aufgesetzte Symbolik und Metaphorik ein. Von den Feuerpausen an der Front heißt es etwa: „Und wieder fiel die Stille wie ein Würgeengel über die Liegenden. Sie türmte sich über ihnen auf wie ein Gebirge aus Blei und Grauen." (1, 18) Die Charakterisierung „grauenhaft" trifft gleichermaßen diese Stille, den Krieg überhaupt und seinen „Atem" (1, 37), das „Dasein, Soldat zu sein" – und offenbart (ebenso wie das Attribut „sinnlos" in seiner stereotypen Verwendung) wiederum das Grundproblem dieser Kriegsliteratur: erzählend auszudrücken, was sich der Erfahrung verweigert.

Rainer Nägele hat diese Spannung zwischen Realismus und Symbolik als Ausdruck der gesellschaftlichen Situation – und als eine Grundstruktur von Bölls Erzählen – gedeutet und an der Kurzgeschichte ‚Die Botschaft' (1947) erläutert, die lange als Bölls erste Publikation angesehen wurde.[11] Die Handlung ist aus der Alltagsrealität des Kriegsendes genommen und erinnert ein wenig an Borcherts ‚Draußen vor der Tür‘. Ein Kriegsheimkehrer will der Frau eines gefallenen Kameraden die ‚Botschaft‘ von dessen Tod bringen, trifft sie im Zusammenleben mit einem anderen Mann an und erlebt ihre Konflikte in dieser Situation mit. Aber die Handlung selbst nimmt, wie Nägele bemerkt, „nur minimalen Raum" ein. Die „Erzählweise", die zum Ausdruck der Gemütsverfassung des Ich-Erzählers wird, dominiert den Text und seine Wirkung auf den Leser. Die triste Umgebung wird zur Allegorie von Trostlosigkeit, Verlorenheit und Sinnlosigkeit der menschlichen Existenz schlechthin überhöht. Das geschieht durch erzählerische Entwicklung, „Verallgemeinerung" des konkret Erzählten, durch Ketten von Symbolwörtern und Bildern wie „Unendlichkeit", „ewige Unfruchtbarkeit", „Reich der Trostlosigkeit", „unendlicher Abgrund", „Ewigkeit von Grau und Schwarz". Diese Charakterisierungen der äußeren Realität geben in ihrer Summierung viel eher ein Bild von der inneren Befindlichkeit des Erzählers, der die Botschaft überbringt; sie wird zum eigentlichen Thema, das in dem Maße hervortritt, wie eine „fast völlige Auflösung der gegenständlichen Welt" erreicht wird. So geht die Geschichte nicht nur über die konkrete Handlung, sondern auch über die historische Situation hinaus. „Der geschichtliche Augenblick wird zur scheinbar zeitlosen ‚existentiellen‘ Konfrontation; die Loslösung von der geschichtlichen Basis wird im letzten Satz noch ausdrücklich hervorgehoben: ‚Da war mir, als sei ich für mein ganzes Leben in Gefangenschaft geraten.‘"[12]

Wenn man den Handlungsanlaß gerade für diese Empfindung des Erzählers bedenkt (auf dem Bahnhof wird die Verspätung des Zuges für die Heimkehr angekündigt), so tritt die Tendenz erzählerischer Überhöhung ins Existentielle deutlich genug hervor.

Schlüsselbegriffe wie „sinnlos", „Trostlosigkeit", „Grauen", oder das Bild der „Gefangenschaft" markieren eine Stimmung, die man pauschal als *Existentialismusnähe* bezeichnen könnte. Damit soll nicht so sehr auf direkte literarische Einflüsse hingewiesen werden, obwohl Böll die Bedeutung von Jean-Paul Sartre und Albert Camus für sich selbst und die westdeutsche Nachkriegsliteratur durchaus einräumt (vgl. BM, 50 ff.) – und auch andere literarische Anreger wie Hemingway, Graham Greene, William Faulkner, Georges Bernanos ‚existentialistische' Untertöne anklingen lassen. Daß solche Einflüsse wirksam werden, verweist ja wiederum auf gesellschaftliche und individuelle Dispositionen. Ein populärer deutscher Existenzphilosoph hat die existentialistische Haltung wie folgt zu erklären gesucht: „Nachdem der Mensch in jedem objektiven Glauben enttäuscht und ihm alles zweifelhaft geworden war, nachdem alle inhaltlichen Sinngebungen des Lebens (…) in Frage gestellt waren, blieb nur der Rückgang auf das eigene Innere, um hier in einer letzten (…) Tiefe denjenigen Halt zu gewinnen, der in einer objektiven Weltordnung nicht mehr zu finden war. Diesen letzten, innersten Kern des Menschen bezeichnet man mit dem (…) Begriff der Existenz."[13] Deutlich ist die Übereinstimmung mit dem Selbstverständnis der ‚Nullpunkt'-Autoren; deutlich ist aber auch, daß diese abstrakte Erklärung einen bestimmten historischen Situationszusammenhang zugleich voraussetzt und ignoriert. Carl Pietzcker hat ihn im Blick auf die ‚Existentialismusnähe' des frühen Brecht umrissen: „In der mit dem Ende des Ersten Weltkriegs, der Weltwirtschaftskrise (…) offenbar gewordenen – jedoch nicht erst entstandenen – Krise der bürgerlichen Gesellschaft verlieren die einzelnen bürgerlichen Individuen die Sicherheit, welche ihnen die jetzt brüchige und in ihren Augen nicht mehr legitimierte soziale Ordnung bisher gewährte. Verlassen, ohnmächtig dem ausgeliefert, was mit ihnen geschieht, und auf sich selbst zurückgeworfen, erfahren sie, ohne es zu begreifen, nur deutlicher, was ihnen schon begegnete, bevor es manifest wurde: die stets gegenwärtige, wenn auch meist latente ökonomische und politische Krise (…). Diese Erfahrungen werden nun nicht als historische aus einem bestimmten Stadium des Kapitalismus begriffen, sondern (…) losgelöst, idealistisch subjektiviert und ontologisiert. Die nicht begriffene Entfremdung kehrt wieder als Fremdheit des Menschen in einer fremden Welt."[14]

Die subjektiven Formen, in denen diese Fremdheit ins Bewußtsein tritt, sind durch Begriffe wie Angst, Sinnlosigkeit, Grauen bezeichnet. Daß sie in erzählerischer Umsetzung, häufig genug sogar wörtlich, als Schlüssel- und Leitbegriffe Bölls frühe Erzählungen prägen, läßt sich fast auf jeder Seite belegen. Symbolische (und zugleich historisch sehr reale) Orte solcher Fremdheit und Ziellosigkeit sind der Bahnhof, genauer: der Wartesaal, und das Lazarett als „Wartesaal des Leidens und des Todes". Sie erscheinen in zahlreichen Kurzgeschichten und in den frühen Romanen als „Vorzimmer des Schicksals, wo der Mensch (...) in Passivität erstarrt. Das Warten ist (...) eine der durchsichtigsten Formen jenes Überdrusses, der bei Böll eine so große Rolle spielt, eine Art Vorhölle, nach der Art (...) Sartres."[15] Mit diesem und ähnlichen Hinweisen hat der Belgier Henri Plard bereits früh – ohne den Begriff zu verwenden – auf Bölls Nähe zum Existentialismus aufmerksam gemacht. In seinem für die Böll-Forschung grundlegenden, nach wie vor lesenswerten Aufsatz über ‚Krieg und Nachkrieg im Werk Heinrich Bölls' heißt es: „Vor allem der Krieg schließt bei ihm jede Hoffnung aus. In einem der Absurdität und der Zerstörung geweihten Land kann alles nur schlecht enden; in einem befriedeten Land, sei es das erniedrigte Deutschland des Jahres Null, kann das Leben wiedererstehen. Somit zerfallen Bölls Werke vom Stoff und den Ausblicken her in zwei Gruppen: Kriegserzählungen, in denen der Mensch aus Feigheit in die Niederlage, in die Abgründe der Vernichtung stürzt; Nachkriegsromane, Rückkehr aus der Hölle, Wiedergeburt dessen, was sich im Menschen an das Leben klammert."[16]

Das ist vereinfachend insofern, als ja auch die Kriegserzählungen nicht ohne ein Element von Hoffnung (oder Erinnerung) sind: allerdings dient es dort nur der erzählerischen Kontrastierung, macht indirekt das ‚Grauen', die Hoffnungslosigkeit der Figuren deutlich. Es wird eingeführt als Assoziation des Erzählers (‚Der Angriff'), als sehnsuchtsvolle Erinnerung (‚Wiedersehen in der Allee'), als unerwartete Begegnung (‚Auch Kinder sind Zivilisten'). Stets aber wird es von der katastrophischen Realität überwältigt, niemals kann es den Betroffenen eine reale Hoffnungsperspektive oder Verhaltensperspektive geben; es verschärft vielmehr ihre Empfindung der Ausweglosigkeit, ihre Todesgewißheit (‚Wiedersehen in der Allee‘, ‚Wir Besenbinder‘ u.a.). Andererseits suggeriert eine Kurzgeschichte wie ‚Die Botschaft‘, in der sich bereits die Nachkriegsthematik ankündigt, die vollständigste Trostlosigkeit. Dennoch kann man Plards Unterscheidung in den Grundlinien übernehmen. Die meisten Erzählungen mit Nachkriegsthematik zeugen von einer neuen gesellschaftlichen und individuellen Lage, von einer neuen Erzähl- und Lebensperspektive, von einem neuen Erzählton. Besonders deutlich wird diese neue ‚Stimmung‘ in dem kurzen Text ‚An der Brücke‘ (1949), den man fast als Modell des späteren Werks verstehen kann. Er weist bereits Grundpositionen von Bölls Gesellschaftskritik und Erzählhaltung auf, die weiterentwickelt werden bis hin zum ‚Gruppenbild mit Dame‘ von 1971. Schon der Erzählbeginn läßt dies Neue erkennen: „Die haben mir meine Beine geflickt und haben mir einen Posten gegeben, wo ich sitzen kann: ich zähle die Leute, die über die neue Brücke gehen. Es macht ihnen ja Spaß, sich ihre Tüchtigkeit mit Zahlen zu belegen, sie berauschen sich an diesem sinnlosen Nichts aus ein paar Ziffern, und den ganzen Tag, den ganzen Tag geht mein stummer Mund wie ein Uhrwerk, indem ich Nummer auf Nummer häufe, um ihnen abends den Triumph einer Zahl zu schenken." (1, 55)

Die neue gesellschaftliche Situation ist die der *Restauration:* Die Brücke steht, wie auch in späteren Texten, als Symbol der Gesellschaft selber. Aber das Neue ist Fortsetzung des Vergangenen mit anderen Mitteln, so wie Benjamin den Krieg als Vorausbild künftigen „Alltags" durchschaut hatte.[17] Gleichartig ist die Monotonie als bestimmende Erfahrungsweise in Krieg und Arbeit, die Anonymität der bestimmenden Mächte („*Die* haben mir ...") – schließlich auch die soziologische Perspektive ‚von unten‘. Der Landser kehrt wieder als Kriegsinvalide, der, so gut es geht, in den Wiederaufbau, den Arbeitsprozeß integriert wird. Zugleich aber ist er, wie hier der Ich-Erzähler, von der Gesellschaft beschädigt – „Abfall", wie Böll später sagt. Und diese Beschädigung macht ihn partiell dysfunktional, kritisch, „abfällig". Der drohenden Funktionalisierung und Automatisierung im Arbeitsprozeß erwehrt er sich durch Unzuverlässigkeit. „Wenn meine kleine Geliebte über die Brücke kommt – und sie kommt zweimal am Tage – dann bleibt mein Herz einfach stehen. Das unermüdliche Ticken meines Herzens setzt einfach aus, bis sie in die Allee eingebogen und verschwunden ist. Und alle, die in dieser Zeit passieren, verschweige ich ihnen." (1, 55)

Der Einzelne gewinnt so einen begrenzten Spielraum autonomen Verhaltens zurück, der sich auf individuelle Emotion, Zuneigung gründet. Er sichert sich Erfahrung, ein qualitatives Zeiterleben, indem er eben diese Zeit der statistischen Verarbeitung als Ausdrucksform gesellschaftlicher Verdinglichung unterschlägt. Das bleibt eine sehr private, innerliche Form gesellschaftlichen Widerstands: die *Verweigerung*, die von vielen späteren Figuren Bölls aufgegriffen wird, bis sie unterm ironischen Kürzel der „Lvw." (Leistungsverweigerung) im ‚Gruppenbild mit Dame' als Grundhaltung menschenwürdigen Lebens gefeiert wird. Beim Erzähler von ‚An der Brücke' führt die Verweigerung noch nicht zur offenen Konfrontation mit der Leistungsgesellschaft und ihren Normen. Da er von diesen nicht auffällig abweicht, seine Verweigerung mit List verbindet, kann er die Anerkennung des „Oberstatistikers" gewinnen und auf Versetzung „zu den Pferdewagen" hoffen; eine Beförderung, die er sogleich seinen privaten Zwecken nutzbar machen will: „Pferdewagen wäre herrlich. Zwischen vier und acht dürfen überhaupt keine Pferdewagen über die Brücke, und ich könnte spazierengehen oder in die Eisdiele, könnte sie mir lange anschauen oder sie vielleicht ein Stück nach Hause bringen, meine kleine ungezählte Geliebte ..." (1, 57)

Wenn anderen Texten mit Nachkriegsthematik auch der hier spürbare Humor fehlt – eine Haltung, die nach Böll „einen gewissen minimalen Optimismus und gleichzeitig Trauer" voraussetzt (II, 89) –, so gestalten doch auch sie, und sei es nur ansatzweise, die Sehnsucht und Möglichkeit sinnvollen Weiterlebens. Existentielle Grundlage für diese Möglichkeit sind durchweg private Bindungen, die zumeist aus unerwartet-zufälligen Begegnungen entstehen. Als Liebe oder Vertrauen werden sie Keimzelle einer privat bleibenden Utopie, die ein „richtiges Leben im falschen" (Adorno) zumindest verspricht. In ‚Kumpel mit dem langen Haar' (1947) begegnet der Ich-Erzähler aus der Schwarzmarkt-Szene, auf der Flucht vor einer Razzia, im Wartesaal einem Mädchen („Dieser kurze Blick hat mich getroffen." [1, 21]), fährt gemeinsam mit ihr ins Ungewisse und findet bei ihr, die ebenfalls heimatlos ist, paradoxerweise Geborgenheit. „Seitdem sind wir zusmmen", so schließt die Geschichte, „– in dieser Zeit." (1, 24) Ähnlich in der Kurzgeschichte ‚Der Mann mit den Messern' (1948). Hier läßt sich der Ich-Erzähler von einem ehemaligen Kriegskameraden, der jetzt als Messerwerfer in einem Variété auftritt, als ‚Zielfigur' benutzen, wodurch die Attraktivität der Nummer (und das Honorar) steigt. Den Mut dazu, trotz eingestandener Angst, gewinnt der Erzähler aus dem Vertrauen zu seinem Kameraden (1, 31); anschauliches Zeichen dieses Vertrauens sind das geteilte Brot und der gemeinsam genossene Tabak: „vier Kippen" (1, 27).

Der Tabak, manchmal auch eine Tasse Kaffee, mehr noch das Brot, sind immer wiederkehrende Leitmotive, ‚Ding-Symbole' in Bölls gesamtem Erzählwerk: reale Lebensmittel einerseits, Überlebens-Mittel in der Zeit des Hungers und der Verzweiflung, andererseits aber Symbole der Lebenserhaltung, der Menschlichkeit und Mit-Menschlichkeit. Vor allem das Brot gewinnt Symbolwert in fast sakramentalem Sinne: Noch die trostlose Szene, in der zwei Landser oder Heimkehrer ihr Brot teilen, bleibt hintergründig bezogen aufs Pathos des Abendmahls oder der Bergpredigt. „Brot ist immer noch *auch* ein Zeichen", notiert Böll sehr viel später und in ganz anderem Zusammenhang, und zwar ein „Zeichen von Brüderlichkeit" (II, 308). An solcher Symbolik ist zweierlei zu erkennen: Einmal, daß die ‚existentialistischen' Bestimmungen menschlichen Lebens wie Angst, Grauen, Sinnlosigkeit, aufgefangen und aufgewogen werden durch den Bezug auf eine – säkularisierte – christliche Vorstellungs- und Symbolwelt: „Der kirchlich etablierten Sakramentalität wird hier eine andere, irdische, menschliche Sakramentalität entgegengesetzt" (III, 132); Bölls Wort über den Roman ‚Brot und Wein' des Italieners Ignazio Silone trifft auch einen Grundzug des eigenen Werks, der sich allerdings erst in den folgenden Erzählungen und Romanen deutlicher entfaltet. Zum anderen zeigt das Brot-Symbol beispielhaft Bölls Erzählweise eines „symbolischen Realismus",[18] für den Realgegenstand und Symbolzeichen unmittelbar identisch werden. Im Blick auf die Erzählweise Borcherts hat Böll sehr früh diese Technik gerühmt: „Wo das Röntgenauge eines Dichters durch das Aktuelle dringt, sieht es den ganzen Menschen, großartig und erschreckend – wie er in Borcherts Erzählung ‚Brot' zu sehen ist." (I, 164) Man wird indessen fragen müssen, wieweit diese Verfahrensweise, die man fast als *sakramentalen Realismus* bezeichnen könnte, über die Beschreibung und Deutung ‚existentieller' Grundsituationen hinaus, wie sie in den frühen Texten versucht wird, sinnvoll und tragfähig bleiben kann. „Es ist ein riskanter Versuch, Symbol und Wirklichkeit ineinander und übereinander zu bringen", sagt Böll – wiederum über Silone (III, 132). Wo umgreifende gesellschaftliche Zusammenhänge in den Blick rücken, wo die Wahrheit zunehmend von täuschender Realität überlagert wird, mag auch diese ‚primitive' Symbol- bzw. Realismuskonzeption zu kurz greifen. Es wird also darauf zu achten sein, ob und wie Böll seine erzählerischen Mittel zu differenzieren versteht, wenn er sich in der Folgezeit weiteren Stoffkomplexen und anderen Formen zuwendet.

III. Sinnloses Sterben, vergebliche Heimkehr

‚Der Zug war pünktlich' (1949), *‚Wo warst du, Adam?'* (1951)

In verschiedenen Gesprächen, 1961 wie 1977, und mit einer gewissen Hartnäckigkeit hat Böll – inzwischen vor allem als Romancier geschätzt – die Kurzgeschichte als die ihm „liebste", „reizvollste Prosaform" benannt und zugleich vor der Annahme gewarnt, er habe als Prosaschreiber eine „Entwicklung von der kleinen zur großen Form" durchgemacht. (IV, 13 f., vgl. BM, 69) Das ist mit dem Hinweis auf frühe unpublizierte Romanmanuskripte verbunden, aber auch mit der Bemerkung: „Man beurteilt einen Autor mit Recht nur nach dem, was er veröffentlicht hat." (IV, 14) Folgt man diesem Vorschlag, so zeigt sich in der Tat, daß bereits im Winter 1946/47 neben den frühen Kurzgeschichten die erste längere Erzählung ‚Der Zug war pünktlich' entstanden ist, die zwei Jahre später gedruckt wird (vgl. III, 52 ff.). Dennoch ist die These einer ‚Entwicklung' von der erzählerischen Klein- zur Großform plausibel. Denn ohne Zweifel liegt das Schwergewicht der frühen Produktion auf den Kurzgeschichten; zweifellos auch entsprechen sie am besten der gewählten Erzählperspektive und -problematik und wirken deshalb ‚fertiger' als die ersten größeren Texte. An diesen ist hingegen sehr gut ein allmählicher Ablösungsprozeß vom Modell der Kurzgeschichte zu beobachten, die allmähliche und nicht unproblematische Erweiterung des Blickwinkels und Differenzierung der epischen Mittel. Zunächst werden die bewährten Themen und Motive der Kurzgeschichten „fortgeschrieben", wird die Erzählperspektive ‚von unten' ebenso beibehalten wie die typische, fast stereotype Zentralfigur, eine „Art von sehr stillem, sehr sanftem Antinazi", wie Jürgen Manthey bemerkt (BM, 61). Die Ausweitung der erzählerischen Struktur geht schrittweise, fast tastend vor sich. Man könnte vereinfachend sagen, daß der erste dieser Texte, ‚Der Zug war pünktlich' (1949 als erste Buchveröffentlichung Bölls erschienen) eine novellistisch gedehnte Kurzgeschichte ist, der zweite aber, ‚Wo warst Du, Adam?' (1951), ein durch episodische Reihung von quasi-Kurzgeschichten entstandener Kurzroman.

Die Erzählung ‚Der Zug war pünktlich' knüpft bereits im Titel, aber auch mit einem wesentlichen Handlungsstrang an die zuerst von Plard bemerkte Eisenbahnsymbolik an.[1] Nicht nur der Aufenthalt im Wartesaal, auch die unfreiwilligen und sinnlosen, häufig mit ungewissem Ziel unternommenen Fahrten in Militärzügen, Urlauber- und Krankentransporten sind Ausdruck einer perspektivelosen, absurden Situation. Bernhard faßt die Handlung wie folgt zusammen: „Im Herbst 1943 besteigt der Soldat Andreas, der tiefen Abscheu gegen den Krieg empfindet, in einer rheinischen Stadt den Zug, der ihn wieder an die Front im Osten bringen soll. Seinem Willen zu leben widerspricht der aus einer plötzlichen Eingebung beim Abschied geäußerte Satz: ‚Ich werde sterben ... bald.' Da alle Versuche, in die Zukunft zu denken, fehlschlagen, ist es für Andreas unumstößlich, daß er ‚bald' sterben wird. Mit zwei Soldaten, dem Blonden und dem Unrasierten, die sich wie er von den anderen Zuginsassen absondern wollen, zieht er sich in die Ecke eines Abteils zurück, versucht, durch Spiel und Trunk seine Gedanken zu betäuben. In Lemberg führen ihn seine Begleiter in ein Bordell. Hier begegnet er dem Mädchen Olina, einer Musikstudentin, die in Warschau tief unter der faschistischen Herrschaft gelitten hat und jetzt Partisanen über deutsche Truppenbewegungen informiert. Die geistig-seelische Übereinstimmung, in der sich Andreas und Olina finden, verstärkt die Skrupel des Mädchens, durch die Unterstützung des antifaschistischen Kampfes am Tode von Unschuldigen beteiligt zu sein. Olina will deshalb mit Andreas in ein Karpatendorf fliehen. Das Auto des Generals, eines ‚Kunden' von Olina, aber wird von Partisanen beschossen, und beide finden den Tod."[2] Zentral für diese Erzählung ist also, bei fast völliger Ausschaltung des eigentlichen Kriegsgeschehens, die existentielle Erfahrung von Angst und Ausgeliefertsein. Und zwar einmal als passives Ausgeliefertsein an die ungreifbaren Mächte, die den Krieg und die Geschichte bestimmen. Für Andreas werden sie zunächst in den „sonoren Stimmen" sinnlich faßbar, die bei jedem Aufenthalt die Stationsnamen ansagen (1, 72: „Alles Unglück kommt von diesen sonoren Stimmen; diese sonoren Stimmen haben den Krieg angefangen, und diese sonoren Stimmen regeln den schlimmsten Krieg, den Krieg auf den Bahnhöfen.") Immer stärker macht sich sodann das Ausgeliefertsein an den Tod als schicksalhafte Gewißheit geltend. Für den Erzähler Böll, der diese Gewißheit seiner Figur vor allem unter Verwendung des ,inneren Monologs' zu gestalten sucht, stellt sich damit auf neuer Ebene wiederum das Problem, wie extreme Situationen und ,Erfahrungen' erzählt werden können.

„Es ist wunderbar draußen", läßt er Andreas monologisieren, „fast noch sommerlich, September. Bald werde ich sterben, diesen Baum dahinten, diesen rotbraunen Baum vor dem grünen Haus dahinten werde ich nie mehr sehen. Dieses Mädchen mit dem Fahrrad an der Hand, in dem gelben Kleid unter dem schwarzen Haar, dieses Mädchen werde ich nie mehr sehen, nichts mehr werde ich sehen von alledem, an dem der Zug vorbeirast ..." (1, 78) „Nie mehr werde ich Deutschland sehen, Deutschland ist weg. Der Zug hat Deutschland verlassen, während ich schlief. (...) Keiner weiß ja, daß ich es nicht mehr sehen werde, keiner weiß, daß ich sterben werde, keiner im Zug. Niemals werde ich den Rhein sehen. Der Rhein! Der Rhein! Niemals mehr!" (1, 93) An Stellen wie diesen ist Bölls Gestaltungsproblem klar zu erkennen: die Gefahr, vor dem ,Unsagbaren' in überfrachtete oder sentimentale Rhetorik auszuweichen. – Man vergleiche, wie eine ähnliche Situation durch einen lapidaren Stil, durch kalkuliertes Verschweigen, zu ungleich stärkerer Wirkung kommt: etwa in Hemingways Bürgerkriegsroman ,Wem die Stunde schlägt', den Böll als besonders prägende Lektüre der ersten Nachkriegsjahre rühmt (BM, 49).

Bereits in den Kurzgeschichten kontrastiert, wie zu sehen

war, das Grauen und die Sinnlosigkeit des Krieges mit einer – wenn auch flüchtigen – Erinnerung an oder Hoffnung auf Glück, Frieden, Heimat. Dies gilt auch hier; neu aber ist, daß die idyllisch-utopischen Elemente innerhalb der Handlung breiter entfaltet werden, was wiederum die erweiterte Erzählform mitbedingt. Schon während seiner Fahrt nach Osten bemüht Andreas Gebet, „Erinnerung, Hoffnung und Traum" (1, 95) als Gegenkräfte zur Todesangst, die diese freilich nicht aufheben können. Vor allem die „Zehntelsekunde", in der er einst „wirklich menschliche Liebe kennengelernt" hat (1, 126, vgl. 94 ff.): die flüchtige Begegnung mit einem französischen Mädchen an der Westfront, ist Bezugspunkt von Andreas' Erinnerung – und zugleich Vorausdeutung auf die ebenfalls zufällige Begegnung mit Olina. Andreas verbringt die Nacht, von der er weiß, daß sie seine letzte sein wird, in einem Bordell; in einer jener paradoxen Verkehrungen, die man bei Böll auch später häufig findet, ermöglicht nun gerade dieser Ort der völlig verdinglichten Beziehungen die Erfahrung inniger Gemeinsamkeit und tiefen Verstehens. Die „schmutzige, kleine polnische Bar" (1, 162) des Etablissements, wo Andreas und Olina die Nacht verbringen, wird zum Schutzraum, zur *Idylle*. Die von beiden geliebte Musik erweist sich als Medium, in dem sie Gemeinsamkeit artikulieren können. Weitere Erfahrungen treten hinzu: die der Generationsgemeinschaft, der Zukunftslosigkeit und einer „Liebe (...) ohne Begehren" (1, 160), in der Andreas und Olina sich als Geschwister erleben (1, 136). In diesem Schutzraum wird sogar möglich, was von der Realität des Kriegs sonst erdrückt wird: Erfahrung erweist sich als mitteilbar. Denn die idyllische Gemeinschaft realisiert sich wesentlich auch darin, daß Andreas und Olina sich ihre Vorgeschichten „erzählen" (so ein strukturierendes Schlüsselwort – vgl. 1, 136 ff.). Aber der Idylle, Keimzelle einer Böllschen „Gemeinschaftsutopie", wie Bernhard sagt,[3] ist von vornherein alle Dauer versagt. Olinas „wahnwitzige Hoffnung" auf Rettung (1, 154), auf Dauer des flüchtigen Glücks („Es gibt winzige Nester in den Karpaten, wo uns niemand finden wird." [1, 162]) erweist sich sehr schnell als illusionär. Der Krieg als

Schicksal duldet nicht den privaten Eskapismus, den Olina plant (sie will die Partisanen verlassen, deren Kampf ihr nun „sinnlos" erscheint [1, 146]). Anschaulich wird dies, noch vor dem Ende der Erzählung, als Andreas das Bordell verläßt und hinaustritt in die Nacht: „Kalt und unabwendbar wie alle die Kriegsnächte, voll kalter Drohung, voll von einem grauenhaften Spott; draußen in den schmutzigen Löchern ... in den Kellern ... in den vielen, vielen Städten, die sich ducken unter Angst ... heraufbeschworen diese schauerlichen Nächte, die morgens um vier ihre schrecklichste Macht erreicht haben, diese grauenvollen, unsagbar schrecklichen Kriegsnächte. Da ist eine vor der Tür ... eine Nacht voll Entsetzen, eine Nacht ohne Heimat, ohne auch nur den kleinsten, kleinsten warmen Winkel, in dem man sich verbergen könnte ... diese Nächte, die von den sonoren Stimmen heraufbeschworen sind ..." (1, 165)

Diese Stelle führt nochmals vor Augen, wie sehr der Text aus der Spannung von Geborgenheit und „Drohung", von Idylle und Katastrophe lebt. Sie erinnert aber zugleich an die Schwierigkeiten, die Böll mit der Darstellung des ‚Unsagbaren' hat, – ob es sich nun um das reale Grauen („diese grauenvollen, unsagbar schrecklichen Kriegsnächte"!) oder das geträumte Glück handelt. Gewiß sind diese Schwierigkeiten nicht allein in mangelnder Gestaltungskraft des Autors, sondern auch im problematischen Gegenstand selber begründet. Jedenfalls aber machen sie es schwer, die positive, ja euphorische Einschätzung zu teilen, die das Buch nach Erscheinen verschiedentlich gefunden hat. Die „Todesangst einer ganzen Epoche", schreibt Gert Kalow 1955, sei „da mit einer mächtigen Sammellinse zusammengezogen, zusammengepreßt auf hundertundfünfzig Buchseiten – und überwunden." Als „ersten Geniewurf", den Böll „nicht wieder erreicht" habe, wertet er die Erzählung. Allzu deutlich prägt hier eigene Betroffenheit und fehlender zeitlicher Abstand die Leseerfahrung („etwas, das wie ein Blitz traf") und das kritische Urteil. „Aus einem Guß, ganz Feueratem, ganz Aufschrei"[4] ist diese Erzählung wohl nicht. Aus größerer Distanz erkennt Peter Demetz genauer die Zwiespältigkeit des Textes: „(...) die Erzählstruktur bricht auseinander. In der ersten Hälfte ist die Geschichte durch atmosphärische Genauigkeit, den ökonomischen Gebrauch der Leitmotive und den geschickten Übergang vom zitierten Gedanken zu Andreas' innerem Monolog außerordentlich wirksam, im zweiten Teil aber übt Böll keine Kontrolle mehr über die sentimentalen Motive (...)."[5] In gleichem Sinne hat früher schon Hans Schwab-Felisch das „Abgleiten in den Kitsch" und die „melodramatische Sentimentalität" in der Gestaltung der Bordell-Episode bemängelt.[6]

Ähnliche Darstellungsprobleme und stilistische Schwächen wie in dieser novellistischen Erzählung sind auch in Bölls erstem ‚Roman' ‚Wo warst Du, Adam?' zu finden, der 1951 erschien. Strukturell ist dies ein Versuch, zu einer komplexeren Erzählform zu kommen, der vorerst nur teilweise gelingt; thematisch schließt der Text unmittelbar an ‚Der Zug war pünktlich' an. Ort und Zeit sind durch den Rückzug der deutschen Wehrmacht aus Osteuropa 1944/45 umrissen, dessen Etappen man in den einzelnen Episoden des Textes verfolgen kann – von Ungarn über die Slowakei bis zurück ins Rheinland. Das ist freilich nur ein Rahmen. Ausgefüllt wird er durch neun Episoden, die zumeist ein abgeschlossenes Geschehen umfassen und im Grunde nur durch das Auftauchen schon bekannter Requisiten und Figuren (die aber nicht immer eine wichtige Funktion für die jeweilige Episode besitzen) locker miteinander verkettet sind. Man wird also eher von einer Annäherung an die Romanform als von deren Ausführung sprechen müssen.

Die dominierende Perspektive ist, ähnlich wie in den Kurzgeschichten oder auch in ‚Der Zug war pünktlich', wiederum die „Wurmperspektive" (vgl. 1, 63) des einzelnen Soldaten niederen Dienstgrades, der dem Kriegsgeschehen wehrlos ausgesetzt ist. Aber die Träger dieser Perspektive sind weitgehend austauschbar; der Soldat Feinhals, der in manchen Episoden eine Zentralstellung einnimmt, tritt in anderen völlig an den Rand. So fällt dem Erzähler, der hier als traditionelle epische Vermittlungsinstanz deutlicher wird als in Bölls früheren Texten, die Aufgabe zu, eine Integration der disparaten Episoden zu leisten. In Richtung einer solchen epischen Integration zielt auch das konsequent durchgehaltene Zentralthema: die *Sinnlosigkeit des Krieges*. Das Thema wird, in verschiedenen Variationen, von fast allen Episoden durchgespielt. Pointiert erscheint es in mehreren Kapiteln als sinnloser, absurder, ja grotesker Tod der jeweiligen Zentralfigur.

Man könnte eine Reihe solcher Todesszenen aufstellen: Der Sanitätsfeldwebel Schneider (in der 3. Episode) will mit der Rotkreuzfahne ein Feldlazarett, in dem sich nur noch ein Schwerverletzter und ein Arzt befinden, den vorrückenden Russen übergeben und wird von einem explodierenden Blindgänger, der längst aus dem Garten hätte entfernt werden sollen, zerrissen. Unteroffizier Finck (in der 6. Episode), „Kantinenwirt eines großen Lazaretts bei Linz an der Donau", ist von seinem Chef nach Ungarn geschickt worden, „um echten Tokaier zu holen" (1, 382). Mit seinem Koffer voll Süßwein gerät er nun in die Kämpfe und wird tödlich getroffen. „Es gab einen ungeheuren Krach, als die Granate in Fincks Koffer schlug – der Deckel des Koffers, der absegelte, verursachte ein wildes Fauchen, schlug zwanzig Meter von ihnen entfernt gegen einen Baum, Scherben rasten wie ein Schwarm irrer Vögel durch die Luft, Feinhals fühlte, wie ihm der Wein in den Nacken spritzte (...)." (1, 383 f.) Beim gleichen Artillerieangriff wird der Oberleutnant Dr. Greck von einem Darmkrampf gepackt, der ihn bewegungsunfähig macht und von seiner Truppe abschneidet. „Er weinte noch, als ein Geschoß den Stützbalken einer Scheunenüberdachung durchschlug und das große hölzerne Gehäuse mit seinen Ballen gepreßten Strohs ihn unter sich begrub." (1, 392)

Und schließlich, in erneuter Variation der gleichen Konstellation, der Tod des Soldaten Feinhals am Romanende: Er hat sich von der in Verwirrung geratenen Truppe abgesetzt und das heimatliche Dorf im „Niemandsland" erreicht. Dort, vor dem „Haus seines Vaters", wird er von einem der wenigen Geschosse getroffen, die eine außerhalb stationierte deutsche Batterie nicht etwa auf die amerikanischen Stellungen, sondern auf die weißen Fahnen abgibt, die im Dorf bereits gehißt sind. „Er lächelte wieder, warf sich aber plötzlich hin und wußte, daß es zu spät war. Sinnlos, dachte er, wie vollkommen sinnlos. Die sechste Granate schlug in den Giebel seines Elternhauses – Steine fielen herunter, Putz bröckelte auf die Straße, und er hörte unten im Keller seine Mutter schreien. Er kroch schnell ans Haus heran, hörte den Abschuß der siebenten Granate und schrie schon, bevor sie einschlug, er schrie sehr laut, einige Sekunden lang, und er wußte plötzlich, daß Sterben nicht das einfachste war – er schrie laut, bis die Granate ihn traf, und er rollte im Tod auf die Schwelle des Hauses. Die Fahnenstange war zerbrochen, und das weiße Tuch fiel über ihn." (1, 447)

Das Motiv des sinnlosen Kriegstodes erfährt hier seine äußerste Zuspitzung als absurde ,Heimkehr in den Tod'. An der Grenzlinie zum Frieden – zeitlich wie räumlich – wird der Soldat Feinhals vom Krieg eingeholt, die Friedensfahne bedeckt ihn als Leichentuch. Nachdrücklich, in einer fast aufdringlichen Symbolik, drückt sich darin die einzige Erfahrung aus, die am Krieg zu gewinnen ist: die Erfahrung des Absurden. Für Böll und seine Figuren ist der Krieg – ganz im Gegensatz zu seiner heroischen Stilisierung durch Autoren wie Ernst Jünger[7] – das absolut Unheroische: kein Abenteuer, „nur Abenteuer-Ersatz. Der Krieg ist eine Krankheit." So formuliert es jedenfalls der französische ,Existentialist' Antoine de Saint-Exupéry, den Böll in einem vorangestellten Motto zitiert (vgl. 1, 308).

So zeigt sich die Sinnlosigkeit des Krieges im nutzlosen, ja unwürdigen Sterben der einzelnen. Zumindest andeutungsweise wird sie auch auf anderer Ebene, im Blick auf das Gesamtphänomen ,Krieg' veranschaulicht. Das ist deshalb bemerkenswert, weil im Übergang von der Gestaltung subjektiven Erlebens und Erleidens zur Darstellung gesellschaftlicher Zusammenhänge der entscheidende Schritt in der Weiterentwicklung von Bölls Erzählkunst zu sehen ist. In der vorletzten Episode – die unter dem Titel ,Die Brücke von Berczaba' auch als Hörspiel gesendet wurde[8] – erscheint die gesamte ,Veranstaltung' des Krieges als eine einzige sinn- und nutzlose *Verschwendung* von Menschen, von Arbeit und gesellschaftlichem Reichtum. Dies wird besonders deutlich aus der naiv-verfremdenden Perspektive einer slowakischen Wirtin, welche die deutschen Soldaten beherbergt, die eine nahegelegene Brücke bewachen (aber dies erst tun, seit sie von Partisanen zerstört worden ist!). „Die Soldaten schienen viel Geld und sehr viel Zeit zu haben. Was sie zu tun hatten, fand sie lächerlich, zwei hatten immer zusammen einen bestimmten Weg abzugehen (. . .), sie wurden alle zwei Stunden abgelöst; und auf dem Dach saß einer, der mit dem Fernglas in der Gegend herumguckte und alle drei Stunden abgelöst wurde." (1, 411) Im Blick auf diese Soldaten hier und in Gedanken an ihren Mann, der als Soldat nach Rumänien verschickt worden und dort gefallen war, resümiert die Wirtin: „Wahrscheinlich bestand der Krieg daraus, daß die Männer nichts taten und zu diesem Zweck in andere Länder fuhren, damit niemand es sah – jedenfalls widerwärtig war es ihr und lächerlich, diese Männer zu sehen, drei Jahre lang, die nichts taten, als die Zeit stehlen, und viel Geld dafür bekamen (. . .)." (1, 415)

Die Brücke wird nun von einem Bautrupp unter Leitung eines ebenso sympathischen wie tüchtigen Bauführers wieder aufgebaut: „Er hatte schon eine Menge Brücken gebaut – Brücken, die fast alle inzwischen schon wieder gesprengt worden waren, aber eine Zeitlang hatten sie doch Dienst getan, und noch niemals war er mit seinen Terminen in Schwierigkeiten gekommen." (1, 423) Am Tage nach ihrer Wiederherstellung wird die Brücke dann von einem deutschen Pioniertrupp erneut gesprengt, um den Vormarsch der nahenden russischen Verbände aufzuhalten: die Brücke von Berczaba bietet genau das gleiche Bild wie vor ihrer Reparatur (1, 430, vgl. 409 f.). Der Schein produktiver Arbeit im Kriege ist trügerisch, zweckrationales Handeln absurd. (In der Dialektik von Bauen und Sprengen aber kündigt sich bereits die Symbolik von ‚Billard um halbzehn‘ an.)

Struktureller und thematischer ‚Kern‘ des ‚Romans‘ sind indessen die miteinander verklammerten Episoden 5, 6 und 7. Der Soldat Feinhals trifft in einer als Lazarett verwendeten ungarischen Schule auf die Lehrerin Ilona, eine katholische Jüdin. Die Spannung von Liebesbegegnung und äußerer Bedrohung bestimmt auch hier Verhalten und Bewußtsein der Figuren:

„‚Geben Sie mir einen Kuß‘, sagte er.

Sie wurde rot und blieb stehen. Die Straße war leer und still. Sie standen an einer Mauer, über die welke Rotdornzweige herüberhingen.

‚Wozu küssen?‘ sagte sie leise; sie sah ihn traurig an, und er hatte Angst, sie würde weinen. ‚Ich habe Angst vor der Liebe.‘

‚Warum?‘ fragte er leise.

‚Weil es sie nicht gibt – nur für Augenblicke.‘

‚Viel mehr als ein paar Augenblicke werden wir nicht haben‘, sagte er leise. Er setzte seine Tasche auf die Erde, nahm ihr das Paket aus der Hand und umarmte sie. Er küßte sie auf den Hals, hinter die Ohren und spürte ihren Mund auf seiner Wange." (1, 372 f.)

Kurz danach wartet Feinhals auf die verabredete Rückkehr Ilonas, die einen Verwandtenbesuch im Getto machen will: „Er wußte, daß es sinnlos war, zu warten, und wußte zugleich, daß er warten mußte. Er mußte Gott diese Chance geben, alles so zu wenden, wie es schön gewesen wäre, obwohl es für ihn sicher war, daß es sich längst anders gewendet hatte: sie würde nicht zurückkommen. (...) es war vielleicht Anmaßung, eine Jüdin zu lieben in diesem Krieg und zu hoffen, daß sie wiederkommen würde. Er wußte nicht einmal ihre Adresse, und er mußte die Hoffnung praktizieren, indem er hier auf sie wartete, obwohl er keine Hoffnung hatte." (1, 374) Hier stößt man auf einen ideellen Kern des Romans. Was Böll hier und an entsprechenden Stellen indirekt zu formulieren sucht, ist ein „Plädoyer für den Menschen, indem er selbst in den hoffnungslosesten Situationen noch einen Rest religiöser Bindung erkennen läßt."[9] Die „Weltkatastrophe" soll nicht dazu dienen, „ein Alibi zu finden vor Gott" – diese Reflexion des katholischen Philosophen Theodor Haecker, die dem Roman ebenfalls als Motto vorangestellt ist (ihr entstammt auch die Titelformulierung ‚Wo warst du, Adam?‘), artikuliert ein moralisches Postulat, das dem Erlebnis und der Erkenntnis des Krieges als „Krankheit" entgegengesetzt wird. Die Spannung der beiden Motti – ihre religiöse bzw. existentialistische Fundierung – markiert eine Tiefenstruktur des Textes selbst.

Der Soldat Feinhals wird, in der oben zitierten Situation, von einer Militärstreife aufgegriffen, ein „großer, roter Möbelwagen" (1, 378) bringt ihn mit anderen zurück zum Fronteinsatz (Episode 6). Währenddessen ist Ilona mit anderen Bewohnern des Gettos verhaftet und in einem „grünen Möbelwagen" (vgl. 1, 392 f.) in ein Konzentrationslager abtransportiert worden. Dort findet (in der Episode 7) das Geschehen eine neue Zuspitzung in der Konfrontation Ilonas, die bei aller Angst und Todesgewißheit im Glauben gefaßt ist, mit dem Lagerkommandanten Filskeit. Er verkörpert eine „widersprüchliche Synthese von Ästhetizismus und Brutalität",[10] wie sie im Faschismus auch historisch häufig zu finden war. Einerseits ein fast technokratischer Verwalter des Todes (vgl. 1, 401), ist er andererseits ein fanatischer Musikliebhaber. „Er fand das Leben sehr ernst, den Dienst noch ernster, aber am ernstesten die Kunst." (1, 398) So läßt er ein „Vorsingen" pedantisch über das Schicksal jedes neuen Häftlings entscheiden. Die Note „Null bekamen nur wenige, sie kamen sofort in den Lagerchor, und wer zehn hatte, hatte wenig Aussicht, länger als zwei Tage am Leben zu bleiben." (1, 401) Dies mörderisch-perverse Ritual versagt vor Ilona, vielmehr: Filskeit wird überwältigt von dem, was er selbst völlig pervertiert hat, der Einheit von Ästhetik und Moral. Als Ilona zu singen beginnt: die „Allerheiligenlitanei nach einer Vertonung, die sie erst kürzlich entdeckt und herausgelegt hatte, um sie mit den Kindern einzustudieren" (1, 407), erfährt er schockhaft, was er selbst sein Leben lang „vergebens" gesucht hatte: „Schönheit und Größe und rassische Vollendung, verbunden mit etwas, das ihn vollkommen lähmte: Glauben." Die Scheinrationalität des Terrors bricht zusammen, „während die Frau weitersang: Sancta Dei Genitrix … er nahm mit zitternden Fingern seine Pistole, wandte sich um, schoß blindlings auf die Frau, die stürzte und zu schreien anfing – jetzt fand er seine Stimme wieder, nachdem die ihre nicht mehr sang. ‚Umlegen', schrie er, ‚alle umlegen, verflucht – auch den Chor – raus mit ihm – raus aus der Baracke –', er schoß sein ganzes Magazin leer auf die Frau, die am Boden lag und unter Qualen ihre Angst erbrach … Draußen fing die Metzelei an." (1, 408)

Man mag dies vielleicht melodramatisch finden, wichtig aber – und neu für Böll – ist, daß hier der Terror zumindest ansatzweise aus seinen *sozialpsychologischen Bedingungen* erklärt wird, hier: aus der kleinbürgerlich-autoritären Vorgeschichte, den Frustrationen und Machtträumen des SS-Mannes Filskeit. So sagt Durzak mit Recht, der „Irrsinn der nationalsozialistischen Logik" werde hier „überzeugend an einem Modell demonstriert, das auch in der Distanz (...) nichts an Wirkung verloren hat."[11]

Dies kann für die Filskeit-Episode, aber nicht ohne weiteres für den Roman insgesamt gelten. Er zeigt, in der Summierung, das sinnlose Sterben all derer, die mehr oder weniger bewußt die „Sinnlosigkeit" des Krieges erleben und dennoch einen Rest moralischer, humaner und religiöser Bindung zu bewahren suchen. Er zeigt andererseits das Überleben, ja die erfolgversprechende Anpassung derer, die den Krieg gewollt und geführt haben, an die neue Situation. Leitmotivisch werden sie durch den ganzen Text hindurch als Träger nationalsozialistischer Orden von den ‚Opfern' abgesetzt, die wie Feinhals oder Greck allenfalls das Verwundetenabzeichen tragen. „Das Orden-Motiv gliedert jene Romanfiguren aus, für die der Krieg einen ‚Sinn', den von der faschistischen Ideologie unterlegten Sinn hat. Für sie bekräftigen die Orden das Richtige ihres Handelns."[12] Den namenlosen General, der am Beginn des Romans die Soldaten in die aussichtslose Schlacht schickt („auf der Brust hatte er Orden genug, es blitzte von Silber und Gold, aber sein Hals war leer, ohne Orden" [1, 308]), sieht Feinhals kurz vor seinem eigenen Tode in der Sicherheit amerikanischer Gefangenschaft: „er sah besser aus, entspannter, und er hatte jetzt das Kreuz am Hals, er schien sogar zu lächeln (...) sein Gesicht war ebenmäßig, ruhig, gebildet und human (...)." (1, 435)

Indirekt wird hier bereits der politische Sieg der militärisch Geschlagenen vorweggenommen, der ein zentraler Gegenstand von Bölls Gesellschaftskritik in den Nachkriegsromanen sein wird. Dennoch dringt ‚Wo warst du, Adam?' insgesamt nicht zu einer historisch und soziologisch tiefgreifenden Analyse von Krieg und Faschismus vor – sie bleiben, wie Böll später in ‚Über mich selbst' sagt, ein „Unheil, (das wir) zu entziffern versuchten und die Formel nicht fanden" (I, 285). Problematisch ist, daß kleinbürgerliche Figuren wie Feinhals, Greck u. a. primär als *Opfer des Faschismus* gestaltet werden; daß also Böll, gemessen an der historischen Realität, dazu neigt, den „Kleinbürger (zu) entschuldigen oder in Schutz (zu) nehmen" (BM, 64). Problematisch ist weiterhin, wie Bernhard anmerkt, die „fatalistische Komponente" von Bölls Weltbild, die im sinnlosen Sterben sich konkretisiert: ‚Sinnlos' aber muß für Böll der Krieg bleiben, „weil die geschichtlichen Prozesse seiner Entstehung nicht aufgedeckt werden, weil die historische Notwendigkeit und der Charakter eines gesellschaftlichen Neubeginns noch nicht ins Blickfeld treten."[13]

IV. Von der amtlichen und von der heimlichen Kirche

,Und sagte kein einziges Wort' (1953),
,Haus ohne Hüter' (1954), *,Irisches Tagebuch'* (1954/7)

In der Auswahl und Verarbeitung seiner Stoffe und Themen folgt Böll der Zeitgeschichte sozusagen auf dem Fuße, vom Zweiten Weltkrieg bis in die achtziger Jahre. Die fiktionale Handlungszeit der Romane und größeren Erzählungen reicht fast ausnahmslos dicht an die reale Schreibgegenwart heran. – Nur unter den Kurzgeschichten finden sich einige satirisch oder parabolisch zugespitzte Stücke, die einer näheren zeitlichen Fixierung nicht bedürfen; daneben auch der einzige Text, in dem Böll einen *historischen Stoff* erzählerisch gestaltet: gemeint ist die kurze Erzählung ,Die Waage der Baleks' von 1952. Sie ist nicht nur als der wohl verbreitetste Böll-Text überhaupt, als Klassiker des Mittelstufenlesebuchs von Interesse,[1] sondern auch wegen ihrer Thematik und Erzählweise. In Anlehnung an die traditionelle Form der Kalendergeschichte faßt Böll einen Handlungszusammenhang von kapitalistischer Ausbeutung, proletarischer Gegenwehr und gescheiterter Revolte[2] in deutlicher Analogie zum traditionellen ,Weber'-Stoff. Nirgendwo sonst sind die Mechanismen der kapitalistischen Klassengesellschaft von Böll wieder so klar und entschieden gezeichnet worden wie in dieser Geschichte, die ins Jahr 1900 und in eine rückständige österreichisch-ungarische Provinz verlegt ist. Die unbezweifelbare Wirkung, die von ihr ausgeht, ist Resultat eines ungekünstelt souveränen, eben: volkstümlichen Erzählens in der Tradition Hebels und Kleists.[3] Bedenkt man die Einbußen, die Bölls erzählerische Aussage in manchen der größeren Werke durch Formexperimente erleidet, so erscheint es bedauerlich, daß er diese Traditionslinie in seinem Werk nicht fortgeführt hat.

Im Blick auf die umfangreichen Erzähltexte ist festzuhalten, daß das Thema Krieg nach ‚Wo warst du, Adam?‘ zumindest aus der Gegenwartsschicht verschwindet und nur noch in erinnernden Rückgriffen, Vorzeithandlungen usw. eine Rolle spielt. In einigen Kurzgeschichten dagegen wird der Krieg noch anfangs der sechziger Jahre thematisiert (vgl. 4, 11 ff., 28 ff.). Der Roman ‚Und sagte kein einziges Wort‘, erschienen 1953, markiert in diesem Sinne den definitiven Übergang zur Nachkriegsthematik. Daß er gleichzeitig den Beginn von Bölls schriftstellerischem Erfolg, auch im Ausland, markiert, mag zum Teil mit eben dieser unmittelbar interessierenden Thematik zusammenhängen (vgl. IV, 140). Gegenstand des Erzählens werden jetzt die Schicksale Einzelner, die – zumeist noch vom Kriege beschädigt – in den Trümmern der Städte und ihrer Hoffnungen sich einzurichten suchen, bedrängt von materiellem, aber auch von moralischem Elend. Bölls Romane sind in diesem Sinn *Zeitromane*,[4] sie sind aber zugleich, indem sie ihr Personal durchgängig in einer „spezifischen Wirklichkeitsprovinz", dem „katholische(n) Rheinland in engster Nachbarschaft Kölns"[5] ansiedeln, auch *„Lokalromane"* (so Böll über den ‚Ulysses‘ von Joyce; I, 349). Diese Verwurzelung in einem konkreten regionalen Milieu garantiert der Erzählung einerseits Authentizität, andererseits steht sie auch in Gefahr, die spezifisch katholische und „kölnische Wirklichkeit unhistorisch zur Weltbühne" zu erweitern;[6] von daher dürften sich gewisse Rezeptionsschwierigkeiten für Leser ergeben, die dem Milieu fremd gegenüberstehen.

Es deutet sich bereits an, daß Bölls Realitätsdarstellung sozialkritisch akzentuiert ist; die gesamtgesellschaftliche Restauration in der Bundesrepublik, besonders aber die Herausbildung von Strukturen der Ungerechtigkeit, der Scheinheiligkeit, der Manipulation und Korruption ist Gegenstand solcher Kritik. Konkret wird sie vorerst nur als *Kritik am institutionalisierten Katholizismus,* der sich als tragende ideologische Säule der kapitalistischen Restauration erweist. Im Gespräch mit Heinz Ludwig Arnold hat Böll später die Verwurzelung solcher Kritik in eigenen Erfahrungen aufgedeckt, in „frühen Erfahrungen der

Unsolidarität der Amtskirche mit den, nennen wir es so, hungernden, notleidenden Menschen sowohl ihrer Konfession wie auch derer, die nicht dazu gehören, die ich bewußt ab 1933/34 gesehen habe und die ich fortschreitend sehe." (IV, 146)

Bezeichnend für diesen Roman – und für die Position des katholischen Erzählers Böll – ist nun, daß solche Kritik an der Amtskirche durch die zentralen Handlungsfiguren selbst artikuliert wird, daß der Erzähler sie durch eine ätzend satirische Zeichnung kirchlicher Amtsträger und Rituale verschärft (z. B. eine Prozession [2, 112 ff.], die Predigt des Bischofs [2, 125]); daß andererseits aber jene Handlungsfiguren zumeist in einer tiefen, freilich sehr *privaten Gläubigkeit* verankert sind. Käte Bogner etwa, die weibliche Zentralgestalt und Ich-Erzählerin, mahnt ihren abfällig gewordenen Mann: „Du solltest beten (...), wirklich. Es ist das einzige, was nicht langweilig sein kann." (2, 183) Dagegen hat sie „Angst, den Leib Christi zu essen", „die heilige Messe zu hören" (2, 88), weil die Wirkung von Sakrament und Ritual ihr nur als zunehmende Verhärtung und Unchristlichkeit derer vor Augen stehen, die sie regelmäßig empfangen. Sie schleicht sich in Kirchen „zu Zeiten, in denen kein Gottesdienst mehr stattfindet", und kann dort „den unendlichen Frieden" empfinden, „der von der Gegenwart Gottes ausströmt" (2, 88). Und selbst ihr eher haltloser Ehemann Fred, der komplementär zu seiner Frau ebenfalls als Erzähler fungiert, empfindet am Rande der Prozession, bei allem Abscheu vor der Scheinheiligkeit veräußerlichter Religiosität, „daß Gott unschuldig war und daß es keine Heuchelei war, vor ihm niederzuknien." (2, 113) Die nur scheinbar widersprüchliche Verbindung von Kritik an der kirchlichen Autorität und einer allein auf den Glauben fundierten christlichen Lebenspraxis ist die zentrale Figur des katholischen Erzählers Böll. Häufig hat man sie in den Zusammenhang eines katholischen Nonkonformismus (‚Linkskatholizismus') gestellt; man könnte sie aber – im Sinne des *sola fide* – auch als seinen heimlichen Protestantismus verstehen. Jedenfalls schien diese Haltung und ihre literarische Umsetzung, wie Bernhard bemerkt, „auch einer bürgerlich-apologetischen Kritik akzeptabel".[7]

Der tonangebende westdeutsche Literaturkritiker der fünfziger Jahre, Friedrich Sieburg, lobt Böll als einen „echte(n) Erzähler, der von Buch zu Buch wächst", und führt über den Roman aus: „Was Böll zu sagen hat, vollzieht sich in drei Tagen und ist, äußerlich gesehen, das Drama der Wohnungsenge. Der Angestellte Bogner, den ‚die Armut krank gemacht' und aus der Einzimmerwohnung, fort von Frau und Kindern, verjagt hat, trifft sich mit seiner Frau in einem schlechten Hotel und treibt am Montagmorgen wieder in sein zielloses Leben zurück. Diesmal soll es, so will es die Frau, die Trennung für immer sein, aber wenige Stunden später gewahrt er die Gefährtin, mit der er fünfzehn Jahre gelebt hat, noch einmal im Gewimmel, und da ist es, als ob er sie zum ersten Mal sähe. Wie vom Anhauch der Gnade wird er vom Sinn der menschlichen Bindung berührt, und er weiß, daß er zu ihr zurückkehren wird. So eng die Ereignisse auch zusammengedrängt sind, so vollständig tritt uns aus ihnen das Drama der Ehe entgegen. (...) Die Gewißheit ihrer Unauflöslichkeit triumphiert über die praktischen Unmöglichkeiten, die in jedem Zusammenleben von Mann und Frau sichtbar werden. Es ist nicht so sehr die – mit viel kritischer Unbedingtheit gesehene – Atmosphäre der katholischen Stadt und die noch nicht ganz zerstörte Glaubensübung der Eheleute, die dem Buch den religiösen Unterton geben. Die Kraft, sich wieder zusammenzufinden, wird nicht aus den Geboten Gottes geschöpft. Aber der Augenblick, in dem sich die Augen des Mannes öffnen, ist ein religiöses Ereignis, das die Macht des Menschen allein nicht herbeiführen kann."[8]

Dies ist gewiß nicht falsch gesehen; wichtig aber wird, daß der ‚positive' Gehalt des Buches trotz Elendsbeschreibung und Kirchenkritik beifällig aufgenommen wurde; das war keineswegs selbstverständlich. Doch konnte er geeignet scheinen, den Mut zur Bewältigung eines mühseligen Lebens bei den Lesern zu bestärken – und mochte insofern zur ideologischen Aufrüstung Nachkriegswestdeutschlands beitragen. „Trug den entschiedensten Katholiken unter unseren jungen Dichtern" – so fragt 1955 Gert Kalow – „jene Woge erneuerter Frömmigkeit empor, die nach dem Kriege besonders in Deutschland die Kirchen füllte? (...) Böll verbindet Katholizismus, in einer etwas kleinbürgerlichen Spezialfärbung, mit Elementen des englisch-amerikanischen Puritanismus. Alle diese (...) Verknüpfungen entsprechen den geheimen Erwartungen ihrer Zeit."[9] Erst aus größerer Distanz wird erkennbar, daß noch diese „privatistische Lösung"[10] der Glaubenskrise im Kontext der gesamtgesellschaftlichen Situation ‚aufbauende‘, stabilisierende Funktion hat: als Gegentendenz zum kriegsverursachten Nihilismus sind noch die privatesten „Heilkräfte der Liebe"[11] und des Glaubens nützlich. Dies hat von den zeitgenössischen Literaturkritikern am klarsten Günter Blöcker gesehen, der konstatiert: „So kraß und ‚zeitnah‘ Bölls Stoffe oft zu sein scheinen, ihr Untergrund ist Begütigung, ihr Klima der Ausgleich, ihr Endeffekt die Gewißheit, daß der Mensch trotz aller Anfälligkeit des einzelnen gut und das Leben trotz aller Fehlerhaftigkeit der Institutionen sinnvoll ist."[12]

Aus der kritischen Rückschau gewinnen aber auch Elemente in Bölls Erzählung Gewicht, die von der affirmativen Kritik kaum wahrgenommen worden sind. Zum einen zeigt die genauere Analyse, daß die Sicherung christlicher Lebensweise nicht allein innerlich geschieht, sondern auch auf eine neue, ja utopische Sozialform abzielt. Der Priester mit dem Bauerngesicht, selbst von Misere und Zweifeln, auch Aversionen gegenüber der Hierarchie geprägt, ist die erste ausgeführte Figur in der Reihe jener abfälligen Diener der Kirche, die als deren wahrhafte Repräsentanten gelten müssen: Er weist auf ähnliche Gestalten in ‚Billard um halb zehn‘, den ‚Ansichten eines Clowns‘ und schließlich in ‚Ende einer Dienstfahrt‘ voraus. Das Mädchen in der Imbißstube, das mit unreflektierter Selbstverständlichkeit Nächstenliebe praktiziert, verkörpert als Laiengestalt die „Gewißheit, daß es möglich ist, christliche Gesinnung in dieser Welt zu bewahren."[13] Unter Einschluß von Käte und Fred Bogner, die sowohl mit dem Priester zusammentreffen als auch durch das Mädchen „berührt" (2, 184) werden, konstituiert sich schließlich eine Gruppe, die der institutionalisierten Kirche als eine *heimliche Gegenkirche* konfrontiert ist, bei der zwar nicht das Amt und Ritual, aber die Substanz christlichen Glaubens und Handelns aufgehoben ist.

Zum anderen reflektiert die Erzählung, insbesondere in der Erfahrung und im Verhalten Fred Bogners, Momente der gesellschaftlichen (Fehl-)Entwicklung, die über den Katholizismus hinausgreifen. Langeweile und Sinnlosigkeit sind die ‚existentiellen' Erfahrungen Fred Bogners, auch bei ihm in Fortsetzung der für fast alle Böll-Figuren bestimmenden Kriegserfahrungen. Allerdings kann Bogner auch erkennen: die „Armut hat mich krank gemacht" (2, 158). Individuelle Entfremdung wird als Reflex sozialer Verhältnisse, eines Klassenantagonismus zumindest instinktiv erfaßt (und damit durchaus realistisch auf die Frühphase der Bundesrepublik bezogen). Das wird unterstützt von der *satirischen Zeichnung* des sich entwickelnden Konsum- und Reklamewesens. Bogners berufliche Untüchtigkeit wird von Bernhard als „Ausdruck des individuellen moralischen Protestes gegen die entfremdete Arbeit im Kapitalismus" interpretiert – vielleicht aber auch überinterpretiert? Problematisch bleibt in jedem Fall die Aufhebung solcher Entfremdung durch „den unmittelbaren Zusammenhalt zweier Partner einer Liebesbindung",[14] wie ihn der Romanschluß mit Bogners verheißungsvollen „nach Hause" in Szene setzt. Manfred Durzak beurteilt ‚Und sagte kein einziges Wort' als „eines von Bölls problematischsten Büchern"[15] – das ist zu streng, wenn man einerseits den zeitgeschichtlichen und ideologischen Kontext und andererseits die merklich gestraffte epische Komposition berücksichtigt. Immerhin sind hier Ansatzpunkte einer Gesellschaftskritik aufzufinden, die in späteren Werken „fortgeschrieben" und wirkungsvoll entfaltet werden.

Wie dieser Roman handelt auch der nächste, bereits ein Jahr später publiziert, von den Schwierigkeiten, in der moralisch wie materiell zerrütteten Nachkriegsrealität neue Lebensordnungen und Wertorientierungen zu gewinnen. Im Titel ‚Haus ohne Hüter' wird dies schon ebenso angedeutet wie in der Erzähloptik. Die Technik der Komplementärperspektive aus ‚Und sagte kein einziges Wort' wird hier weitergeführt, wenn auch die „Handlung stärker episch ausgefaltet" ist.[16] Als Zentral- und

Erzählerfiguren sind zwei miteinander befreundete Jungen gewählt. Das ermöglicht eine besondere Akzentuierung der Thematik: denn die Orientierungslosigkeit, die bei den erwachsenen Handlungsfiguren als Ergebnis unbewältigter Vorgeschichte, vor allem des Krieges, erscheint, wird bei den Jungen durch die spezifischen Orientierungsschwierigkeiten der Pubertät ‚naturhaft‘ verstärkt. Zugleich wird damit eine *kritisch-verfremdende* Optik des Erzählens erreicht: in den Augen der Kinder erscheinen die Moralbegriffe, Verhaltens- und Redeweisen der Erwachsenen aller Selbstverständlichkeit entkleidet, von neuem fragwürdig. Schließlich führt die Doppelperspektive des Erzählens auch zu einer sozialen Differenzierung im Erzählten, die für Böll neu und bemerkenswert ist: „Martin Bach und Heinrich Brielach haben ihre Väter im Krieg verloren. Martin entbehrt den Vater vor allem, weil er fast ständig sich selbst überlassen bleibt. Nella, seine Mutter, lebt in einer Traumwelt, in der sie ein Leben mit Rai, ihrem Mann, weiterführt und die sie nur verläßt, um Zerstreuung zu suchen. Sie glaubt, sie bei Menschen zu finden, die ihr im Grunde zuwider sind, da sie nur die Bekanntschaft mit der Witwe des Dichters suchen, der für die zeitgenössische Lyrik Bedeutung hat. Auch Martins ‚Onkel‘, der Zeichner Albert Muchow, ein Freund Nellas und Rais, vermag dem Jungen das Gefühl der Verlassenheit kaum zu nehmen. Allerdings wächst Martin ohne alle materielle Not auf, denn er lebt mit der Mutter und dem ‚Onkel‘ im Haus der Großmutter Holstege, der Frau eines Marmeladenfabrikanten. Heinrich Brielach dagegen wurde von seinen ersten Lebenstagen an ‚nicht geschont‘. Rechnen lernte er schon, bevor er zur Schule kam, auf dem Schwarzmarkt. Rechnen muß er mit jedem Pfennig, um den Unterhalt – für den zu sorgen ihm übertragen ist – für sich, seine Schwester und seine Mutter, die in einer Bäckerei arbeitet, zu garantieren. Heinrich hat in seinem jungen Leben schon viele ‚Onkels‘ kennengelernt, die eine Zeitlang mit der Mutter lebten. (...) doch keiner der Männer vermochte den Vater zu ersetzen."[17]

Die Unterschiede von bürgerlicher und proletarischer Sozialisation treten hervor: Für Heinrich steht wie für seine Mutter die Sicherung der materiellen Existenz im Vordergrund, während Martin, Nella und Albert stärker mit psychisch-affektiven Problemen befaßt sind. Selbst der problematische Zusammenhang von Sexualität und Moral, der – entwicklungsbedingt – für die Jungen immer wichtiger wird, prägt sich je nach sozialer Lage unterschiedlich aus: Frau Brielach ist aus ökonomischen Gründen zu ständig neuen Beziehungen gezwungen, während Frau Bachs subjektivistische Befangenheit ihr die Aufnahme substantieller Bindungen unmöglich macht. Asymmetrisch erscheint das Erzählgefüge deshalb, weil vor allem im ‚bürgerlichen‘, also in Martins Bereich eine Thematik entwickelt wird, die nicht nur in diesem Roman, sondern „im gesamten Schaffen Bölls eine zentrale Stellung einnimmt: *Erinnern und Vergessen*.“[18] Nella Bach – aber auch Albert – leben rückgewandt, „auf der dritten Ebene (...), in jenem Leben, das hätte gelebt werden können, aber nicht gelebt worden war.“ (2, 409) Insbesondere Nella ist durch die Fixierung auf ihren Mann und dessen Tod in eine Handlungsunfähigkeit geraten, die sich in der Vernachlässigung ihres Sohnes ebenso ausdrückt wie in der Abwehr neuer Bindungen und in hektischen Ersatzaktivitäten, alles in allem in einem gravierenden Realitätsverlust. (Das weist bereits auf Konstellationen in den späteren Romanen ‚Billard um halb zehn‘ und ‚Ansichten eines Clowns‘ voraus.)

Auf der Gegenseite stehen Figuren, die „alles vergessen, (...) systematisch (ihre) Erinnerung geschlachtet“ haben (vgl. 2, 436), vor allem Gäseler, der als Leutnant vor einem Jahrzehnt Nellas Mann bewußt und bösartig in den sicheren Tod geschickt hatte. Das überraschende Zusammentreffen mit ihm, der jetzt Feuilletonredakteur einer katholischen Zeitung ist und Rais Gedichte in einer Anthologie abdrucken will, bildet das einzige Spannungsmoment des Romans. Zugleich einen Wendepunkt, denn Nella erfährt sich als unfähig, die Rache zu nehmen, die sie oft genug phantasiert hat: „Haß kam nicht, nur Gähnen“ (2, 435). Figuren wie Gäseler oder auch der Alt-Nazi Schurbigel, die ihre schuldhafte Vergangenheit verdrängen und sich nun als wichtige ideologische Stützen der Restaurationsgesellschaft etablieren, verfallen – wie die Amtskirche – der bitteren Kritik des Erzählers: „Männer ohne Erinnerungsvermögen", wie Böll sagt (I, 276) – oder in Nellas Worten: „Mörder waren festbesoldete Streber, hielten Vorträge über Lyrik und hatten den Krieg vergessen." (2, 463) Auch dies ein Typus, der in Bölls folgenden Werken wieder auftaucht: vor allem ‚Ansichten eines Clowns' und ‚Doktor Murkes gesammeltes Schweigen' präsentieren weitere prächtige Exemplare des opportunistischen, sich christlich gebenden Kulturfunktionärs.

Im Gegensatz zu Gäseler, aber auch entschiedener als Nella bemüht sich Albert, durch befreiende Erinnerung das Vergangene zu überwinden. Er konfrontiert Nella und sich selber mit den Zeugnissen der Vergangenheit, mit Rais Briefen, die er im wörtlichen wie im übertragenen Sinne ‚aus dem Keller' holt (vgl. 2, 332 ff.). Und er konfrontiert Martin mit der Vergangenheit seines Vaters, der von den Nazis verfolgt und gefoltert wurde: „Vergiß es nicht" (2, 470 f.). Verarbeitung der Vergangenheit als Voraussetzung für die Bewältigung von Gegenwart und Zukunft – dieser Zusammenhang wird in ‚Haus ohne Hüter' zum ersten Mal klar herausgearbeitet. Wie diese Zukunftsgestaltung allerdings aussehen soll, bleibt fraglich. Im Romangeschehen nimmt sie unübersehbar *idyllische,* das heißt aber eskapistisch-regressive Züge an. Richtiges Leben scheint es nur im Rückzug vor dem falschen, nur in einem Schutzraum zu geben. So reist Albert mit Martin in das Dorf Bietenhahn, wo seine alte Mutter ein Ausflugslokal betreibt; er erwägt auch, mit dem Jungen dort zu bleiben, Heinrich Brielach und seine kleine Schwester werden mit einbezogen; angedeutet wird schließlich die Bindung Alberts an Frau Brielach, Nellas an einen für den Roman sonst unwichtigen Redakteur.

Daß alles gut werden könne, ist das Versprechen dieser Handlungsführung – freilich nur, wenn man die Welt draußen den „Männer(n) ohne Erinnerungsvermögen, (den) Vitalen, Gesunden" (vgl. I, 276) überläßt. Während von Albert – und wohl auch Nella – *individuelle* Handlungsfähigkeit zurückgewonnen wird, bleibt *gesellschaftliches* Handeln perspektivelos. Als Gegenbild zur kapitalistisch restaurierten Wirklichkeit kann nur eine ländlich begrenzte Idylle, das heißt ein vorkapitalistischer Zustand vorgestellt werden.[19] Daß die Abkehr von der restaurativen GELD-Welt, zumindest in Bölls gestalterischer Perspektive, notwendig *regressive Züge* annimmt, belegt auch die Erzählung ‚Das Brot der frühen Jahre', die 1955 in Irland entstanden ist. Die unerwartete Begegnung mit dem Mädchen Hedwig bricht hier den Ich-Erzähler Friedrich Fendrich, einen jungen Techniker, innerhalb weniger Stunden aus allen Zusammenhängen des prosperierenden ‚Wirtschaftswunders', in die er bislang bewußtlos integriert ist. Die Liebesbegegnung verspricht ein erfülltes, menschenwürdiges Leben, verspricht auch die ‚Bewältigung' unaufgearbeiteter Vergangenheit – fordert aber zugleich den Bruch mit der bisherigen, auf materielles und privat-konventionelles Vorwärtskommen ausgerichteten Lebensweise: „Ich wußte, daß ich nicht vorwärtskommen wollte, zurückkommen wollte ich, wohin wußte ich nicht, aber zurück." (3, 172) Das sind Fendrichs letzte Worte in der Erzählung; sie bezeichnen Ambivalenz und Problematik von Bölls kritisch-regressiven Gegenentwürfen zur unerträglich werdenden Realität des restaurierten Kapitalismus und der korrumpierten Moral.

Unverkennbar ist, daß Böll mit ‚Haus ohne Hüter' ein Spektrum von Themen und Motiven, von ‚positiven' und kritisch gesehenen Figuren entfaltet, das für sein Schaffen auf längere Zeit bestimmend bleibt. Im Bereich der erzählerischen Technik ist ein verstärktes Experimentieren festzustellen: eine emblematisch wirkende *Motivtechnik,* die Leitbegriffe wie GELD, UNMORALISCH usw. explizit und typographisch hervorhebt, ist ebenso auffällig wie die Ansätze erzählerischer *Montagetechnik* oder die durchgängige Verwendung der Film-Metaphorik, die die Distanz von Realität und Scheinwelt im Bewußtsein der Hauptfiguren veranschaulicht. Trotz mancher Effekte im einzelnen wird aber der moralkritische Grundzug von Bölls Erzählen durch solche Formalismen eher verdeckt. „Details dieser Art", so urteilt 1954 schon Friedrich Sieburg, „sind reine Spielereien eines von seiner Erzählkunst bedrängten Schriftstellers. Aber sie vermögen den Zugang zu den menschlichen Herzen nicht zu verstellen, für deren Nöte der Autor auch durch die verspieltesten Linien hindurch beschwörende Zeichen findet."²⁰ Der Entwurf idyllischer Gegenwelten bleibt nicht auf Bölls Romane und Erzählungen beschränkt. Sein ‚Irisches Tagebuch' ist aus einem längeren Ferienaufenthalt 1954 entstanden, als Buch aber erst 1957 erschienen. Die Kritik nimmt es durchweg sehr positiv auf, wenn auch mit unterschiedlichen Begründungen. Die souveräne Erzählweise und die – scheinbare – Abkehr von Sozialkritik in diesem Text belegen etwa für Curt Hohoff, daß Böll der drohenden Gefahr, „ein engagierter Autor zu werden", entgangen sei, daß er sich „von den Dünsten des schlechten Tabaks und der Waschküchen befreit" habe.²¹ Böll hat darauf in seiner ‚Verteidigung der Waschküchen' nicht so sehr sich als vielmehr mit großem Ernst und mit Schärfe die Literaturfähigkeit des „Armeleutemilieus" gegen literaturkritische Arroganz verteidigt (vgl. I, 298 ff.).

Hohoffs Urteil ist umso weniger einleuchtend, als gerade das Motiv der Armut in Bölls Irland-Buch zentralen Stellenwert hat, allerdings in einer Weise, die als Umkehrung der gewohnten Sozialform erscheinen muß: „Armut war hier nicht nur ‚keine Schande' mehr, sondern weder Ehre noch Schande: sie war – als Moment gesellschaftlichen Selbstbewußtseins – so belanglos wie Reichtum (…)" (3, 11). Einer der ersten Sätze im ersten Kapitel: er läßt bereits durchscheinen, was von scharfsichtigen Kritikern auch 1957 schon erkannt wurde: daß dies Irland-Buch „insgeheim ein Buch über Deutschland" sei, oder, wie Bernd Balzer jetzt formuliert, „Irland wird hier zum Kontrastbild zu den deutschen Verhältnissen".²² In diesem Sinne ist das Irland-Motiv dann auch in andere Erzählwerke und Essays von Böll eingegangen, wo es jeweils eine Gegenwelt zur schlechten deutschen Wirklichkeit anzeigt (vgl. 2, 356, 4, 291, II, 255 ff.).

Als „Ausnahmeland" erscheint Irland auch Böll: „das einzige Volk Europas, das nie Eroberungszüge unternahm" (3, 15), von „einer überwältigenden Frömmigkeit" (3, 17), die mit jener erwähnten Armut zusammengeht – „katholisches Proletariat habe ich bisher nur in dem Ausnahmeland Irland entdeckt" (II, 175). Durchaus ist also von Armut, Abfälligkeit, auch Glaubensverlust die Rede; wenn die Darstellung dieser Phänomene dem Autor idyllisierend gerät, so deshalb, weil er sie als weithin ‚naturgegeben‘ sieht, nicht verschärft vom gnadenlosen Profitprinzip, das alle Bereiche des gleichzeitigen Wirtschaftswunderlandes durchdringt, das Armut zur Schande und den Glauben fast unmöglich macht. Im Kontrast hierzu erscheint das ‚Irische Tagebuch‘ dann tatsächlich als *Idylle* im klassischen Sinn: als „Darstellung unschuldiger und glücklicher Menschheit".[23] Sie lenkt freilich mit Notwendigkeit den Blick auch auf das, was aus ihr ausgeschlossen bleibt.

Keineswegs ist der Text, wie sein Titel vermuten läßt, ein Reise*tagebuch* im strengen Sinn; er ist aber auch nicht, wofür der erste flüchtige Blick ihn halten könnte, ein kultur- und kuriositätenseliges Reisefeuilleton. Nur die Anfangs- und Schlußkapitel geben mit Ankunft und Abfahrt des Erzählers und seiner Familie in Irland einen Rahmen, der den Erlebnischarakter und die Besucherperspektive betont. Dazwischen aber reihen sich Episoden, die verschiedene Seiten und Aspekte irischen Lebens, durchaus in seiner alltäglichen Widersprüchlichkeit und Vertracktheit, hervortreten lassen. Oft scheint der Erzähler einfach Selbsterlebtes zu berichten, dann gewisse Erlebnisse, Wahrnehmungen, Personen fiktional zu verlängern, weiterzuspinnen bis sie zu einer abgerundeten Erzählung werden. Die Grenze zwischen Reisebericht und Fiktion ist also nicht streng gezogen; aber gerade in der fiktiven, bisweilen phantastischen Verlängerung des Tatsächlichen (‚Der tote Indianer in der Duke Street‘ – 3, 61 ff.) erweist sich der Blick des Dichters für die Eigenart dieses Landes.

Er behalte sich das Recht vor, Geschichte „bildhaft" zu sehen, hat Böll im Blick auf Deutschland gesagt (vgl. II, 335); das gilt auch für die fremde Kultur und Geschichte. Die *Dominanz des Bildhaften*, Episodischen – die ja noch in der Publizistik Bölls spürbar ist – prägt auch sein ‚Irisches Tagebuch‘. Ein früher Rezensent hat bemerkt, daß darin „kaum ein Wort über die verzwickte Ökonomie und die noch verzwicktere Geschichte dieses kleinen Staates gesagt wird und daß dennoch das ganze Irland in diesem Tagebuch eingefangen zu sein scheint."[24] Dies gelingt, weil Böll es versteht, durch die bildhaften Impressionen hindurch (die im schlechten Reisefeuilleton *alles* sind) moralische und historisch-ökonomische Realitäten sichtbar zu machen. Nicht immer ohne Sentimentalität, aber immer ohne sentimentale Beschönigung. Das Problem der irischen Überbevölkerung, besser: Unterbeschäftigung (das ja auch mit dem Katholizismus und seiner Familienpolitik zusammenhängt), wird etwa aus einer idyllischen Familienszene herausentwickelt, ganz bildhaft und dadurch „rührend":

„Sicher ist, daß von den neun Kindern der Mrs. D. fünf oder sechs werden auswandern müssen. Wird der kleine Pius, der eben von seinem ältesten Bruder geduldig geschaukelt wird, während die Mutter für ihre Pensionsgäste Spiegeleier brät, Marmeladentöpfchen füllt, weißes, braunes Brot schneidet, Tee aufgießt, während sie im Torffeuer Brot bäckt (...) – wird dieser kleine Pius in vierzehn Jahren, im Jahre 1970, auch am 1. Oktober oder 1. April, vierzehnjährig, mit einem Pappkoffer in der Hand, mit Medaillen behangen, mit einem Extrapaket besonders gut belegter Brote, von seiner schluchzenden Mutter umarmt, an der Bushaltestelle stehen, um die große Reise anzutreten, nach Cleveland, Ohio, nach Manchester, Liverpool, London oder Sidney zu irgendeinem Onkel, einem Vetter, einem Bruder vielleicht, der versichert hat, er werde sich um ihn kümmern und etwas für ihn tun.

Diese Abschiede auf irischen Bahnhöfen, an Bushaltestellen mitten im Moor, wenn die Tränen sich mit den Regentropfen mischen und der atlantische Wind weht; der Großvater steht dabei, er kennt die Schluchten von Manhattan, kennt die New Yorker Waterfront, er hat dreißig Jahre lang die ‚Faust im Nakken' gespürt, und er steckt dem Jungen schnell noch eine Pfundnote zu, dem Kahlgeschorenen, noch rotznäsigen, um den geweint wird, wie Jakob um Josef weinte; vorsichtig hupt der Busfahrer, sehr vorsichtig, aber er, der schon Hunderte, vielleicht Tausende, die er hat aufwachsen sehen, an den Zug gefahren hat, er weiß, daß der Zug nicht wartet, und daß ein vollzogener Abschied leichter zu ertragen ist als einer, der noch bevorsteht. Winken, in die Einöde hinein, das kleine weiße

Haus im Moor, Tränen mit Rotz gemischt, am Laden vorbei, an der Kneipe, in der Vater abends seinen halben Liter trank; vorbei an der Schule, an der Kirche – ein Kreuzzeichen, auch der Busfahrer macht eins – der Bus hält; neue Tränen, neuer Abschied, ach, Michael geht auch weg, und Sheila geht; Tränen, Tränen – irische, polnische, armenische Tränen ..." (3, 74 f.).

Die Fähigkeit zu suggestiver Vergegenwärtigung des Erzählten, eine scheinbar kunstlose, in Wirklichkeit assoziativ komponierte Erzählweise, ein sicher durchgehaltener Erzählton zeichnen dies Buch aus. Gründe genug, es als Bölls „bisher schönstes" zu loben.[25] Der Kritiker Roland H. Wiegenstein hat angemerkt, Bölls kritische Romane seien wohl notwendig, das ‚Irische Tagebuch' sei ein Geschenk.[26] Das kann man auch umdrehen: das idyllische Geschehen macht die anderen Erzählwerke nicht überflüssig, seien sie auch in vielem problematischer, weil von problematischer Wirklichkeit handelnd.

V. „. . . nach fünfundvierzig der Aufbau nach den alten Plänen"

‚Doktor Murkes gesammeltes Schweigen und andere Satiren'
(1958), *‚Billard um halbzehn'* (1959)

Je mehr der Erzähler Böll sein Interesse auf die westdeutsche
Nachkriegsrealität richtet, desto deutlicher, aber auch dringli-
cher wird eine Differenzierung seiner Erzählweise. Neben die
symbolisch-realistische Darstellung gesellschaftlicher Wirklichkeit, die auch weiterhin bestimmend bleibt, tritt nun einerseits der *idyllisierende* Entwurf von Gegenwelten, andererseits
aber zunehmend auch die *satirische* Zeichnung der Realität. Sie
war in frühen Kurzgeschichten (‚An der Brücke') und Roman-
passagen (in ‚Und sagte kein einziges Wort' bzw. ‚Haus ohne
Hüter') ansatzweise schon zu erkennen. In den fünfziger Jahren ist dann eine Reihe von Kurzgeschichten und kleineren Erzählungen entstanden, die man als reine Satiren bezeichnen
darf;[1] für eine der frühesten, ‚Die schwarzen Schafe', hat Böll
schon 1951 den sparsam dotierten, aber prestigefördernden
‚Preis der Gruppe 47' erhalten. In Zeitungen publiziert, von
Rundfunk und Fernsehen gesendet, schließlich gesammelt in
dem Band ‚Doktor Murkes gesammeltes Schweigen und andere Satiren' (1958), haben diese Texte wesentlich zu Bölls Erfolg
beim breiten Publikum beigetragen. Daneben bleibt satirisches
Erzählen ein wichtiges Gestaltungsmittel in den Romanen und
großen Erzählungen, von ‚Billard um halb zehn' bis zum ‚Ende
einer Dienstfahrt' und darüber hinaus. Die breit angelegte
„Verschmelzung der Satire mit dem realistischen Roman",[2] die
Hans Magnus Enzensberger in einer Rezension der kurzen Satiren von Böll erhoffte, ist ihm aber wohl doch nicht gelungen.
Denn analog zum symbolisch-realistischen Erzählen bleibt
auch das satirisch-kritische bei Böll vorzugsweise ans Detail ge-

bunden, das freilich oft fürs gesellschaftliche Ganze stehen soll; auch und gerade im Satirischen macht ihm die Darstellung umgreifender Realitätszusammenhänge bisweilen Schwierigkeiten.

Was aber heißt nun satirisches Erzählen? Man könnte es allgemein als eine Form epischer Veranschaulichung verstehen, die Mißstände, Verkehrtheiten der zeitgenössischen Realität aufgreift und sie durch Überspitzung, Übertreibung in ihrem (Un-)Wesen entlarvt, das heißt: der Lächerlichkeit preisgibt. Dabei ist das Lachen des Lesers nicht selten mit einem gewissen Schauder vermischt: sofern er nämlich im Zerrbild der Satire mit Schrecken wiedererkennt, „was jetzt und hier geschieht".[3] Ein von Bölls satirischen Kurzgeschichten mehrfach variiertes Grundmodell besteht darin, einzelne Funktionen und Tätigkeiten aus den gesellschaftlichen Subsystemen von Wirtschaft, Bürokratie, Kulturindustrie aufzugreifen und zur Hauptbeschäftigung, ja Identität einer Person – die bezeichnenderweise meist als namenloser Ich-Erzähler erscheint – zu hypostasieren. Da gibt es hauptberufliche „Wegwerfer" (3, 281), Leutezähler oder Hundefänger (1, 55; 2, 207), „Lacher" (2, 43), „Trauernde" (3, 202) usw. Nur wenigen gelingt es wie dem die Passanten zählenden Invaliden in ‚An der Brücke', die eigene absurde Funktionalisierung subversiv zu unterlaufen; die meisten Figuren gehen in ihrer jeweiligen Tätigkeit auf, werden zu bloßen Anhängseln ihrer Funktion. Beschrieben wird also ein Aspekt jenes Prozesses, den die Gesellschaftstheorie als *Entfremdung* oder *Verdinglichung* bezeichnet; die Erfahrung, daß „dem Menschen seine eigene Tätigkeit, seine eigene Arbeit als etwas Objektives, von ihm Unabhängiges, ihn durch menschenfremde Eigengesetzlichkeit Beherrschendes gegenübergestellt wird. (...) Der Mensch erscheint weder objektiv noch in seinem Verhalten zum Arbeitsprozeß als dessen eigentlicher Träger, sondern er wird als mechanisierter Teil in ein mechanisches System eingefügt, das er fertig und in völliger Unabhängigkeit von ihm funktionierend vorfindet, dessen Gesetzen er sich willenlos zu fügen hat."[4]

Solch subjektiv erfahrene Fragmentarisierung des Menschen

drücken Bölls Erzählungen bildhaft in Tätigkeiten aus, bei denen exaktester Ablauf im einzelnen mit der Sinnlosigkeit des Ganzen zusammenfällt; die im Grunde nur noch der Reproduktion des ökonomischen oder bürokratischen Systems dienen („Der Wegwerfer', ‚An der Brücke') – oder die spontane Äußerungen von Subjektivität zur abrufbaren Ware machen (‚Der Lacher'). Die Erzählung reagiert auf die realen Phänomene der Entfremdung, indem sie sie kunsthaft übersteigert, *verfremdet*. Als „Linienverlängerung" hat Klaus Jeziorkowski, einen Begriff Adornos aufnehmend, das Formprinzip solchen Erzählens benannt; „Beobachtungen am gegenwärtigen Zustand der Zivilisation sind aus ihrer eigenen Teleologie vorgetrieben bis zur unmittelbaren Evidenz ihres Unwesens."[5] So entstehen begrenzte, aber anschauliche Modelle der Entfremdung, deren Ineinander von instrumenteller Rationalität und grundsätzlicher Irrationalität an die Faschismus-Darstellung in ‚Wo warst Du, Adam?' erinnert.

Am konsequentesten wird ein solcher Mechanismus in der Kurzgeschichte ‚Der Wegwerfer' (1957) entwickelt, die Enzensberger wie folgt charakterisiert: „Bölls Trick besteht darin, eine Tätigkeit, die jedem von uns Woche für Woche einige Stunden raubt, das Wegwerfen von Drucksachen und Verpackungen, auf einen besonderen Angestellten zu konzentrieren. Das ist ein durchaus einleuchtendes Beispiel fortschreitender Arbeitsteilung, und der Leser ertappt sich bei der Überlegung, ob nicht auf Rationalisierung bedachte Großfirmen sich Bölls Erfindung zu eigen machen werden. Auch hier also wieder Mimesis der minimalen Diskrepanz, Grenzübergang zwischen satirischem Entwurf und bestehenden Verhältnissen; und der Schock, den die Lektüre hervorruft, entspringt nicht der Unähnlichkeit, sondern der Ähnlichkeit von Realität und Satire. Die Realität, um die es geht, ist hier die unserer Produktions- und Konsumtionsverhältnisse insgesamt; denn es ist kein Zweifel daran möglich, daß das absurde Modell des ‚Wegwerfers' auch für andere Bereiche unserer Arbeitswelt gilt, daß Leerlauf und Verschleiß mit unserer ganzen ökonomischen Verfassung aufs engste zusammenhängen."[6]

Daß die von objektiven, daß heißt ökonomischen Faktoren bestimmte Verdinglichung sich auch die Subjektivität der Arbeitenden unterwirft, wird dadurch anschaulich, daß der Wegwerfer nicht etwa notgedrungen seinen „Beruf" ausübt, sondern „Jahre (...) damit verbracht" hat, ihn „zu erfinden, kalkulatorisch plausibel zu machen" (3, 274). Die „rationelle Mechanisierung" ragt, wie Georg Lukács es theoretisch faßt, „bis in die ‚Seele' des Arbeiters hinein: selbst seine psychologischen Eigenschaften werden von seiner Gesamtpersönlichkeit abgetrennt, ihr gegenüber objektiviert, um in rationelle Spezialsysteme eingefügt und hier auf den kalkulatorischen Begriff gebracht werden zu können."[7] Bölls Wegwerfer macht sich selbst zum Agenten dieses Prozesses, indem er rastlos, ja wahnhaft seiner „ökonomischen Phantasie" (3, 280) freien Lauf läßt: „Wahrscheinlich werde ich Wegwerferschulen einrichten. Vielleicht auch werde ich versuchen, Wegwerfer in die Postämter zu setzen, möglicherweise in die Druckereien; man könnte gewaltige Energien, Werte und Intelligenzen nutzen, könnte Porto sparen, vielleicht gar so weit kommen, daß Prospekte zwar noch erdacht, gezeichnet, aufgesetzt, aber nicht mehr gedruckt werden. Alle diese Probleme bedürfen noch des gründlichen Studiums." (3, 278)

Ein „REFA-System des Unsinnigen", wie Jeziorkowski[8] treffend sagt, eine verkehrte Welt, wie die Satire sie seit alters her entworfen hat – aber doch auch mehr. Die Vision einer Wegwerf-Gesellschaft, die in ihren eigenen Abfällen zu ersticken droht, ist in den drei Jahrzehnten seit Erscheinen dieses Textes wesentlich ‚realistischer', bedrohlicher geworden. Immer mehr steht die Satire in Gefahr, von der Wirklichkeit eingeholt, gar überholt zu werden. So zeigt sich – und diese Doppelbödigkeit macht die besondere Qualität der Böllschen Satire aus – ein rationaler Kern in der scheinbaren Unvernünftigkeit der „Wegwerftheorie", ein Moment von – utopischer – Wahrheit: „Täglich werden Milliarden von Wegwerfbewegungen gemacht, werden Energien verschwendet, die, könnte man sie nutzen, ausreichen würden, das Antlitz der Erde zu verändern." (3, 278)

Die ökonomische Erkenntnis des Wegwerfers, „daß die Verpackung einen größeren Wert darstellt als der Inhalt" (3, 280), gilt nicht nur für die Pillenschachtel, an der er sie gewinnt. Sie gilt ebenso für den Industriezweig, der die Verbreitung von Kultur-Waren zum Ziel hat. Die Dominanz des kulturellen Tauschwerts über den Gebrauchswert wird augenfällig in der Titelerzählung ‚Doktor Murkes gesammeltes Schweigen' (1955), die als „Geschichte eines mehrfachen Tausches" erscheint: „Den feierlichen Rundfunkschwätzer Bur-Malottke reut es, in seinen Vorträgen so eindeutig Gott beim Namen genannt zu haben. Er zieht – die Zeiten haben sich geändert – jetzt die unverbindlichere Wendung ‚jenes höhere Wesen, das wir verehren' vor (. . .). Jedenfalls läßt er ‚Gott' aus den fertigen Tonaufnahmen herausschneiden und dafür die Formel von jenem höheren Wesen einkleben. Das vielfach überflüssig gewordene ‚Gott' aber findet in einer anderen Sendung prompt Verwendung: Auf die Fragen eines Atheisten, auf die als Antwort bis dahin eigentlich nur Schweigen vorgesehen war, antwortet nun Bur-Malottkes ‚Gott'. Was übrigbleibt, ist das reine Schweigen. Das nimmt Murke mit nach Hause."[9]

So entlarvt die satirische Parabel den Gesinnungsopportunismus verschiedener Spielarten von Kulturproduzenten. Darüber hinaus zielt sie auf die institutionellen Bedingungen, die ihn erst ermöglichen, ja fordern: die Unersättlichkeit des ständig sich reproduzierenden Apparats. Daß dem etablierten Massenkommunikationssystem die spezifischen Inhalte, die es verbreitet, ziemlich gleichgültig sind, haben Benjamin und Brecht schon in den dreißiger Jahren erkannt und an der entschärfenden Integration „revolutionärer Stoffe" in Rundfunk oder Film illustriert.[10] Von solchen Stoffen ist bei Böll – im restaurativen Klima der fünfziger Jahre – ohnehin nicht die Rede. Aber auch die totale Austauschbarkeit von „Gott", „höherem Wesen" und – Nichts belegt die Gleichgültigkeit der Rundfunk-Botschaft: da werden „Worte aus substanziellen Bedeutungsträgern zu qualitätslosen Zeichen"; andererseits ersetzt das Programm selbst, als Formierung des Bewußtseins eben das, wovon jene Worte sprachen, als sie noch Sinn trugen: Religion.[11]

In diesem System der Bewußtseinsprogrammierung spielt nun der wackere Titelheld Doktor Murke eine höchst ambivalente Rolle. Es ist die des intellektuellen Produzenten, der die Funktion der Programmindustrie und sein eigenes Funktionieren in ihr durchschaut, sich vom Opportunismus seiner Kollegen angewidert distanziert – und objektiv doch zum „Komplizen" dieser Industrie wird, an der „Zementierung etablierter Herrschaft"[12] mitwirkt. Illusorisch müßten ihm die Hoffnungen einer revolutionären Intelligenz erscheinen, die mit Benjamin noch glaubte, die Kommunikationsapparate gleichzeitig beliefern und verändern zu können. So weicht er ins Schweigen aus: schweigt selbst, wo er zu den Praktiken des Betriebs allerhand sagen könnte – und lauscht in privater Zurückgezogenheit dem „gesammelten" Schweigen, das er aus den abfälligen Tonbandschnipseln montieren ließ. „Es ist eine ganz ins Private zurückgenommene Rebellion. Sie verändert nichts, sie hat auch keine Absicht, zu verändern, sie entwirft keine Gegenbilder. Ihr Gehalt ist der Widerspruch. Ein fast stummes, aber hartnäckiges Nein; aber es hält einen großen Argwohn wach."[13]

In diesem Sinne ist Murke eine typisch Böllsche Widerstandsfigur. Geistesverwandte sind in vielen Werken vorher und später zu finden, nicht zuletzt auch im nächsten Roman, in dem satirische Züge nicht fehlen, aber doch zurücktreten vor dem epischen Anspruch, ein Gesamtbild deutscher Nachkriegsrealität zu entwerfen: ‚Billard um halbzehn', erschienen 1959. In mehrfacher Hinsicht schreibt er bereits vertraute Themen und Strukturen fort; aber forcierter als bislang sucht er sie in einen komplexen, ja komplizierten epischen Großentwurf zu integrieren.

Leicht zu erkennen ist, daß ‚Billard um halbzehn' in seiner erzählerischen Struktur die dialektische Spannung von Gegenwarts- und Erinnerungshandlung weiterführt, ja radikalisiert, die an den meisten früheren Werken Bölls zu beobachten war. Der Roman „erzählt einen Tag der Architektenfamilie Fähmel, der exakt als der 6. September 1958 bezeichnet wird." So verdeutlicht Jeziorkowski in seiner detaillierten Formanalyse die Textstruktur: „Dieser zeitliche Rahmen, der mit den Geschehnissen des 6. September 1958 ausgefüllt ist, wird nun ständig historisch nach rückwärts, seltener nach vorn in die Zukunft hinein, durchbrochen. (...) Der so genau fixierte erzählte Tag ist Höhepunkt und summa einer über ein halbes Jahrhundert hinweg verfolgten Familiengeschichte, die in ihrer Entwicklung und der Konstellation ihrer Figuren so angelegt ist, daß sie notwendig auf diesen Septembertag des Jahres 1958 hinführen muß."[14]

Gebrochen in der Erinnerung verschiedener Romanfiguren, werden die entscheidenden Stationen jener Familiengeschichte ,vergegenwärtigt': die Geschichte dreier Generationen der Familie Fähmel seit 1907. Rein inhaltlich stellt sich der Roman damit in eine bedeutende Traditionsreihe: er beginnt – sozialgeschichtlich gesehen – etwa da, wo die von Heinrich Böll geschätzten ,Buddenbrooks' (vgl. II, 78 f.) aussetzen . Wo aber Thomas Mann bürgerliche Dekadenz, den ,Verfall einer Familie' konstatierte, setzt bei Böll, in Einklang mit der realhistorischen Entwicklung, gerade ein bürgerlicher Aufschwung ein. Im Jahre 1907 gelingt es Heinrich Fähmel, dem jungen Architekten, der vom Lande gekommen ist, um in der Stadt (Köln) sehr kalkuliert seine Karriere zu machen, gegen die Koryphäen des Fachs den Auftrag zum Bau der Abtei Sankt Anton zu erhalten. Dieser Auftrag – in Verbindung mit Fähmels sozialer Anpassungsfähigkeit – sichert seinen gesellschaftlichen Aufstieg. Die Ehe mit Johanna Kilb, Tochter eines angesehenen Notars, dokumentiert ihn auch nach außen. Von den vier Kindern, geboren zwischen 1909 und 1917, sterben zwei ganz jung; Otto, der jüngste Sohn, fällt 1942, nur Robert figuriert an zentraler Stelle noch in der Gegenwartshandlung.

Der ,Verfall einer Familie', ihre Desintegration im physischen wie moralischen Sinn, war allerdings schon seit 1935 deutlich geworden. Als fanatischer Parteigänger der Nazis bespitzelt Otto die Eltern und bedroht den Bruder. Der ist eher zufällig mit einer Gruppe von pazifistischen Nazi-Gegnern in Kontakt gekommen, die sich selbst als „Lämmer" bezeichnen. Als sie nach dem dilettantisch erfolglosen Attentatsversuch eines ihrer Mitglieder verfolgt werden, muß Robert Fähmel wie sein Freund Schrella außer Landes gehen. 1939 kehrt er zurück, nachdem seine Mutter durch ‚Beziehungen' eine Amnestie erwirkt hat, heiratet Schrellas Schwester Edith und steigt bald darauf, wegen seiner Fachkenntnisse als Statiker, in der Wehrmacht bis zum Hauptmann auf. In den letzten Kriegstagen gelingt es ihm, in Ausführung eines strategisch unsinnigen Befehls, den er selbst provoziert hatte, die Abtei Sankt Anton durch Sprengung zu zerstören – aus Protest gegen die Verstrickung der Kirche in den faschistischen Terror und als Mahnung an die Opfer des Faschismus, „ein Denkmal für die Lämmer, die niemand geweidet hatte" (3, 428), darunter seine von Bomben getötete Frau Edith.

Roberts Sohn Joseph – damit ist die Gegenwartshandlung erreicht – soll nun, im Zuge seiner Architektenausbildung, am Wiederaufbau der Abtei mitwirken. Bei einem Besuch dort entdeckt er an diesem 6. September in den Trümmern die unverwechselbaren Kreidezeichen für die Sprengladungen, die sein Vater angebracht hatte. Am gleichen Tag ist Schrella aus dem Exil zurückgekehrt, um zu erfahren, daß er immer noch auf den offiziellen Fahndungslisten steht und daß seine faschistischen Peiniger von einst als militante ‚Demokraten' Schlüsselstellungen im neuen Staat einnehmen. Schließlich verläßt an diesem Tag Johanna Fähmel, die Frau Heinrichs und Mutter Roberts, die Heilanstalt Denklingen, wohin sie sich 1942 begeben hatte, „um den Mördern zu entrinnen" (3, 421). Die Teilnahme an der Feier zum 80. Geburtstag ihres Mannes soll ihr an diesem Abend die Gelegenheit geben, eine alte Rechnung zu begleichen. Mit einem Revolver will sie einen der alten Nazis erschießen, die ihre Familie zerstört haben und an diesem Abend einen Aufmarsch alter „Kämpfer" im Zentrum der Stadt zelebrieren.

Was hier als chronologische Anordnung erscheint, taucht – wie angedeutet – im Roman in „zeitliche(r) Verstellung des Erzählten" auf;[15] die Ereignisse der Vergangenheit figurieren innerhalb der Erinnerungen der verschiedenen Hauptfiguren (v. a. Heinrich, Johanna, Robert Fähmel), wobei sie sich je nach Perspektive in verschiedenen Konstellationen anordnen. Die epische Integration wird also nicht durch den Geschehenszusammenhang, sondern durch eine differenzierte Verwendung von Motiven, Symbolen, Zitaten und Leitmotiven geleistet, die als Momente des Erinnerungsstroms zugleich strukturierende und deutende Funktionen annehmen und personenübergreifend verwendet werden. Die verschiedenen Erinnerungsstränge, als tragende Stützen der epischen Konstruktion, laufen schließlich wie in einer Kuppel am Ende der Gegenwartshandlung zusammen. Der Schuß, den Johanna Fähmel nun nicht auf einen der alten Nazis, sondern auf einen neuen Opportunisten abgibt (den Herrn M., einen Politiker, der die „Kämpfer" für seinen Wahlkampf benutzen will), wird von den verschiedenen Personen der Handlung, auf dem Weg zur Geburtstagsfeier, aus komplementären Perspektiven wahrgenommen.

Es stellt sich die Frage nach Notwendigkeit und Leistung dieser ‚künstlichen' Erzählkonstruktion, die sich von Bölls bislang eher schlichten Strukturmodellen deutlich absetzt. Einerseits gelingt es auf diese Weise zweifellos, das *Fortwirken von Vergangenheit* in der Gegenwart anschaulich zu machen. Der „Weg aus den Schichten vergangener Vergänglichkeit in eine vergängliche Gegenwart" (II, 621), von dem Böll in seiner Nobelpreisrede spricht und den er schon in ‚Über mich selbst' als persönliche Erinnerungssequenz skizziert hatte – er wird hier episch umgesetzt, auf die fiktionalen Figuren ‚verteilt'. Es entsteht eine *Monolog-Montage,* in der verschiedene Formen der Erinnerungswiedergabe (erlebte Rede, innerer und äußerer Monolog, dialogische Äußerungen) dominieren. – Andererseits scheint es, als sei Böll hierbei auch einem gewissen Modernitätsdruck erlegen, der aus der Thematik des Romans nicht zwingend abzuleiten ist. In den späten fünfziger Jahren ist ja auch in Deutschland die Wandlung der traditionellen Romankonzeption zum ‚modernen' Roman diskutiert worden, den man durch Merkmale wie Auflösung der chronologischen Handlung, Relativierung des Zeitablaufs und der Zeiterfahrung, Übergewicht innerer über die äußere Handlung usw. gekennzeichnet sah.[16] Man darf wohl vermuten, daß Böll, der zuvor vergleichsweise simple und konventionelle Erzählmuster bevorzugte, hier nun den Nachweis seiner ‚Modernität‘, seines artistischen Könnens suchte. Zumindest manche Einschätzungen des Romans durch die Kritiker deuten darauf hin. So hat Karl August Horst ‚Billard um halbzehn‘ als Ankündigung für eine „neue Phase" des Böllschen Schaffens verstanden, den Roman in die Nähe der artistischen Konfigurationen des *nouveau roman* in Frankreich gebracht und schließlich konstatiert: „Böll hat in seinem neuen Werk den Zeitroman über die Zeit hinausgeführt. Er hat ein Gebilde konstruiert, das so geschlossen und in Stil und Sprache so kohärent ist, daß jedem positiv geladenen Teilchen ein negatives an geheimnisvollem und transzendentem Gehalt zufliegt. Er hat Formeln geprägt, deren einschließende Energie zu Aufschlüssen verhilft."[17] Selbst wenn man die thematisch-strukturelle Geschlossenheit der Konstruktion anerkennt, bleibt die Frage, ob sie die „Aufschlüsse" – das heißt Erkenntnisprozesse – tatsächlich fördert oder eher behindert; ob „dieser neue Roman von Böll" tatsächlich „die Wirrnis der Geister zu klären" hilft oder nicht selbst verwirrende Wirkungen zeitigt.

In diesem Sinne gibt es denn auch einschränkende Bewertungen des Romans. Trommler rügt die „umständliche Symbolkonstruktion" und konstatiert, die „Projizierung wilhelminischer, faschistischer und bundesrepublikanischer Verhältnisse auf die Familie Fähmel" bleibe „künstlich".[18] Man darf demzufolge nicht, wie Horst oder auch Jeziorkowski, die artistischen Momente des Werks als Modernitäts- und Qualitätsmerkmal verabsolutieren. Zu fragen wäre vielmehr, was die verwendeten Kunstmittel für die erzählerische Verarbeitung des geschichtlich-gegenwärtigen Stoffs und der in ihm enthaltenen Probleme leisten können und was nicht. Exemplarisch kann man diese Frage anhand der *Symbolbildung* verfolgen, die ja gerade wegen der Desintegration der Romanhandlung als Integrations- und Deutungselement besonders wichtig wird. Wie also wird „miterlebte Geschichte" durch symbolische Verweisungen erzählerisch gestaltet? Die Antwort bleibt widersprüchlich. Es sind vor allem zwei Symbole, die auf unterschiedlicher Ebene und in unterschiedlicher Verwendung den Roman strukturieren. Das erste ist vergegenständlicht im Lebenswerk des alten Fähmel: „Ja, ja Kind," sagt er zur Sekretärin seines Sohnes, die ihm beim Aufräumen alter Akten hilft, „das alles betrifft die Abtei Sankt Anton; das zieht sich durch Jahre, Leonore, Jahrzehnte, bis auf heute; Reparaturen, Erweiterungsbauten (...)." (3, 356 f.) Sankt Anton ist also einerseits Realgegenstand in der erzählerischen Fiktion, mit dem Schicksal der Familie so eng verbunden, daß es zum Sinnbild ihrer Geschichte und darüber hinaus zum Symbol der Gesellschaft wird: „und nach fünfundvierzig der Aufbau nach den alten Plänen" (3, 357). Die Abtei hat für ,Billard um halbzehn' eine ganz ähnliche Funktion wie das Buddenbrook-Haus in Thomas Manns Roman; sie verweist darüber hinaus als sakrales Bauwerk auf die gesellschaftliche Funktion der Kirche (das wird vor allem für Robert Fähmel bedeutsam, der sie zerstört). Weniger ausgeprägt stehen daneben andere Bauwerke mit zugleich realer und symbolischer Funktion: so Sankt Severin, das dem Kölner Dom so ähnlich ist wie Sankt Anton dem Kloster Maria Laach und dessen Schattenzone eben den Bereich umfaßt, in dem gesellschaftliche Macht sich konzentriert; so auch das Hotel „Prinz Heinrich", Schauplatz wichtiger Handlungsphasen und gleichzeitig „Sinnbild des Unheils und Lasters, der Lüge und Käuflichkeit".[19]

Die plausible Verankerung des Symbols Sankt Anton in der Realhandlung macht es möglich, ein ganzes Motiv- bzw. Symbolfeld aus ihm abzuleiten, ohne daß der Eindruck von Künstlichkeit entsteht. Allein die mit diesem Bauwerk verbundene Berufstätigkeit der Männer aus drei Fähmel-Generationen ergibt eine Fülle von Möglichkeiten der Personencharakterisierung. Heinrich Fähmel ist nach seiner Lebensgeschichte, aber auch in seiner Einstellung, der Mann des wohlberechneten und ungebrochenen Aufbaus (erst am Ende seines Lebens wird er ihm fragwürdig). Sein Sohn Robert ist Statiker, nicht mehr Architekt: ihn interessieren die abstrakten Gesetze von Schwerkraft, Masse und Bewegung, die sowohl dem Bauen wie dem Sprengen zugrunde liegen. Seine historischen Erfahrungen geben den Ausschlag dafür, in entscheidender Situation sein Wissen *destruktiv* einzusetzen. (Das Billardspiel, das er täglich von halb zehn bis elf Uhr morgens betreibt, und das dem Roman den Titel gibt, ist eine Variante dieses Symbolfelds.) Und drittens Joseph, Heinrichs Enkel, der am Wiederaufbau der Abtei mitwirkt, durch die Entdeckung von seines Vaters Zerstörungswerk nun aber verunsichert ist.

Schließlich kann, das ist jedenfalls die These Jeziorkowskis, Robert Fähmels Wissenschaft und Berufsübung, die Statik (wie ihre spielerische Variante: Billard) sogar zum Symbol werden, das über die inhaltliche Ebene hinausverweist: auf die *Romanstruktur* selbst. Als „Lehre vom Gleichgewicht der Kräfte" erläutert Robert diese Wissenschaft einmal, „und das Gegenteil von Statik ist die Dynamik, das klingt nach Dynamit, wie man es beim Sprengen braucht und hängt auch mit Dynamit zusammen." (3, 346) Jeziorkowski kommentiert: „Die gesamte Struktur von ‚Billard um halbzehn' ist ein Ausbalancieren von Kräften und Verhältnissen, die Konstruktion des Romans hat ihr formales spielerisches Gleichgewicht darin, daß sich die konträren und komplementären Gesetze der Statik und der Dynamik gegeneinander einpendeln zu einer freien und schwebenden poetischen Konstruktion."[20] Ob man dem nun zustimmt oder nicht, unstrittig dürfte sein, daß das Symbolfeld des Bauens, das sich um die Abtei Sankt Anton zentriert, die ihm zugedachten Verweisungsfunktionen tragen kann, gerade weil es zwanglos aus der Handlungsschicht des Romans herauswächst; es wirkt kaum je ‚aufgesetzt'.

Dies wird man vom zweiten zentralen Symbol bzw. Symbolfeld des Romans nicht ohne weiteres behaupten können. Es wird aus einer Szene der Erinnerungshandlung entwickelt: aus einem Schlagballspiel im Juli 1935, bei dem Robert durch besonderen Einsatz seinen Kameraden Schrella vor den Quälereien faschistischer Mitschüler und Lehrer beschützt, ohne doch den Grund für diese Schikanen zu verstehen, den er dann von Schrella erfahren will: „‚Warum', fragte ich, ‚warum? Bist du Jude?' ‚Nein.' ‚Was bist du denn?' ‚Wir sind Lämmer', sagte Schrella, ‚haben geschworen, nie vom Sakrament des Büffels zu essen.'" (3, 328) Diese bildhaften Bezeichnungen werden nun leitmotivisch entfaltet, um den die Erinnerungshandlung dominierenden Widerspruch von Verfolgern und Verfolgten zu veranschaulichen. Dem „Sakrament des Büffels" sind nicht nur die Nazis selber zuzurechnen, die Schrella und später Robert verfolgen und foltern; es wird vielmehr – von verschiedenen Figuren des Romans – bezogen auf die gesamte aggressiv-nationalistische Tradition deutscher Geschichte, vom „großen Büffel (...) *Hindenburg*" (3, 411) bis zu den Politikern des neuen Staates (vgl. 3, 509). Auch in Fähmels „Haus" wurde das „Sakrament des Büffels" gebracht, „verwandelte den Jungen, den ich liebte (Otto – J.V.), in einen Fremden" (3, 392). Andererseits vereint das „Sakrament des Lammes" auf eine undeutlich bleibende Weise eine Gruppe pazifistisch und antifaschistisch Gesinnter, zu denen sich auch Robert hingezogen fühlt.

Böll selbst hat die Schlagballepisode und das Lamm-Symbol als „erste Zelle dieses Romans" benannt: „Und diese Zelle ist entstanden aus einer historischen Begebenheit. Im Jahre 1934, glaube ich, war es, da ließ Göring hier in Köln vier junge Kommunisten durch Handbeil hinrichten. Der jüngste von ihnen war siebzehn oder gerade achtzehn, so alt wie ich damals war (...). Das Thema hat sich dann verwandelt, vielfach verwandelt, als ich in Gent den Altar der Gebrüder van Eyck sah, in dessen Mitte das Gotteslamm steht." (IV, 16) Gerade wenn man die „miterlebte Geschichte" bedenkt, die hier zugrunde liegt, muß man zu einer skeptischen Einschätzung der verwendeten Symbolik gelangen. Sie ist in ihrer biblischen Ableitung[21] wohl kaum geeignet, zu einem *historischen Verständnis* des Faschismus bzw. des antifaschistischen Widerstandes beizutragen. Typisch für Bölls Sicht erscheint die Verschiebung aus der politischen in die religiöse Sphäre: Am ehesten könnte man die Gemeinschaft der Lämmer, wie Heinz Hengst vorschlägt, als „Beschwörung" einer „neuen Sozialform der Kirche" verstehen, als Gegenmilieu, als – freilich diffus bleibenden – Entwurf einer „heimlichen Kirche".[22]

Daneben bleibt, wie Durzak einwendet, insbesondere die „Ableitung des Büffel-Zeichens ausgesprochen künstlich", ein der Handlung und der geschichtlichen Realität aufgesetztes, nicht aus ihr heraus entwickeltes Symbol; insgesamt wird man die „Projektion der Zeitgeschichte in einen religiösen und (...) heilsgeschichtlichen Kontext" als problematisch bezeichnen müssen.[23] Böll selbst hat, in Gesprächen im Jahre 1977, auf die Gefahr solch symbolischer „Reduzierung" komplizierter historischer Zusammenhänge hingewiesen: „das ist wirklich heute nicht mehr zu machen", und: „Ich würde es heute nicht mehr gebrauchen, nein." (BM, 66; IV, 424)

In ähnlichem Sinne problematisch ist auch die fast heitere Schlußszene des Romans, die im Zeichen des Lammes und einer ,bewältigten Vergangenheit' die Familie vereint, eingeschlossen den als „Lamm Gottes" von Robert adoptierten Hotelboy Hugo, Gesprächspartner und Zuhörer bei zahllosen Billard-Monologen. So gelungen einerseits die ironische Symbolisierung wirkt, wenn der alte Fähmel in kritischer Rückwendung auf seinen Lebensplan das „Kuchenmodell" der Abtei Sankt Anton, ein Geburtstagsgeschenk seines Stammcafés, anschneidet und seinem Sohn, der den Bau in Realität zerstört hat, demonstrativ das erste Stück überreicht (3, 535) – so fragwürdig ist andererseits diese fast idyllische Abrundung. „Als Held" – so konstatieren Alexander und Margarete Mitscherlich im Blick auf ,Billard um halbzehn' und andere Werke der deutschen Nachkriegsliteratur – „bleibt aber ein unschuldiger, meist passiver Mensch zurück, der nur als Einsamer in resignierendem Rückzug (...) das Leben unter seinen opportunistisch gewandten Landsleuten zu ertragen vermag."[24] Ob im Gruppenbild des Romanendes solche Resignation (die vorher vor allem bei Robert deutlich war) definitiv überwunden wird, bleibt unentschieden. Dagegen spricht, daß gerade diejenigen aus der Idylle ausgeschlossen bleiben, die die Vergangenheit am schärfsten erfahren und am genauesten bewahrt haben. Nicht nur für Schrella gilt dies, der auf Grund seiner historisch wohlbegründeten Skepsis unintegrierbar, auf Dauer ein Exilierter bleibt; es gilt vor allem für Johanna Fähmel, die Attentäterin, die wiederum aus dem Familienkreis entfernt ist. Dabei ist gerade sie es, die sich am entschiedensten der Auseinandersetzung mit Vergangenheit und Gegenwart stellt. Das beginnt bereits mit ihrer freiwilligen Isolation in der Anstalt, die zur Bedingung einer qualitativen Zeiterfahrung, ihrer Erinnerungsfähigkeit wird. Wenn in ihren Monologpartien die verschiedenen Vergangenheitsschichten miteinander und mit der Gegenwart verschmolzen werden, so ist dies keineswegs Ausdruck eines Wahns, sondern des Beharrens auf dem, was geschehen ist, von den meisten aber nur allzu gern vergessen wird. „Männer ohne Erinnerungsvermögen", so konstatiert 1958 der Publizist Böll, beherrschen in der Bundesrepublik das Feld, „die Vitalen, Gesunden, die nicht ‚rückwärts‘ blicken und nicht jenem verpönten Laster frönen, das Nachdenken heißt" (I, 276). Ähnlich charakterisiert Johanna Fähmel den Minister, auf den sie dann ihre Pistole richten wird: „anständig und keine Spur von Trauer im Gesicht; was ist ein Mensch ohne Trauer?" (3, 509). Stellvertretend für die erinnerungs- und trauerlose Umwelt leistet eine Figur wie Johanna Fähmel die *Trauerarbeit* des „Erinnerns, Wiederholens, Durcharbeitens";[25] damit weist sie bereits auf Hans Schnier in ‚Ansichten eines Clowns‘ voraus. Und schließlich ist auch ihre Rückkehr in die äußere Zeit, ihre symbolische Gewalttat gegen die fortbestehende Gewalt des Büffel-Sakraments, Zeichen solcher Auseinandersetzung; nach Lukács „eine der wenigen menschlich echten Bewältigungen der faschistischen Vergangenheit in Deutschland, gerade weil in diesem Bewältigungsversuch auch die Vorgeschichte und die Nachgeschichte Hitlers gemeint ist."[26]

So wie diese Einschätzung im einzelnen nicht unwidersprochen bleibt (Peter Demetz: „antifaschistischer Kitsch, den Georg Lukács sehr bewundert"[27]) so bleiben auch die Bewertungen des Romans insgesamt widersprüchlich. Durzak führt dies auf die Zwiespältigkeit des Textes selbst zurück: „Von der Absicht des Autors her liegt sicherlich in ‚Billard um halbzehn‘ Bölls ambitioniertester Versuch vor. Aber es bleibt auf dem Hintergrund der Werkgeschichte Bölls ein Experiment, dessen formale Kühnheiten die thematischen Widersprüche nicht überwinden und das damit als Ganzes mit künstlerischen Einbußen verbunden ist."[28]

VI. Der Clown als Stellvertreter

,Ansichten eines Clowns', (1963),
,Aufsätze. Kritiken. Reden' (1967)

„Die publizistische und essayistische Tätigkeit Bölls erreicht nach dem Erscheinen von ,Billard um halbzehn' eine neue Stufe", konstatiert Bernhard.[1] Gewiß nehmen die nicht-erzählenden Schriften, die man pauschal als literarisch-politische Publizistik bezeichnen könnte, in der ersten Hälfte der sechziger Jahre an Zahl, Umfang und kritischer Schärfe zu. Doch macht dies den Erzähler noch nicht zum „Essayisten im eigentlichen Sinne";[2] weder drängt es ihn zum großen, bildungsgesättigten Aufsatz in der Art Thomas Manns, noch wird die essayistische Form zum Medium kritischer Kunst- und Gesellschaftstheorie wie bei Adorno, Benjamin oder Bloch. Bölls Arbeiten sind *Gelegenheitsschriften* mit Bezug aufs Aktuelle, in dem sich allerdings die grundsätzlichen Probleme der Zeit und Gesellschaft abzeichnen. Seine Publizistik ist anlaßgebunden und operativ, das heißt *eingreifend:* deshalb auch sind die Argumente oft ungeschützt, die Schlußfolgerungen provokativ – „Fehlbarkeit immer vorausgesetzt", wie der Autor selber einräumt.[3] Am ehesten wären diese Aufsätze und Stellungnahmen wohl mit der literarisch-politischen Publizistik Heinrich Manns in der Weimarer Republik und im Exil zu vergleichen, die allerdings mehr begrifflich-rhetorisch, weniger bildhaft-erzählend ist als diejenige Bölls.

Wichtig ist jedoch, daß der Publizist Böll sich nicht an die Vielfalt der Themen und Anlässe verliert, welche Tagesgeschehen und Literaturbetrieb ihm zutragen; daß er vielmehr auch sie einem Fortschreibungsprozeß integriert, der zugleich ein Prozeß gesellschaftlicher Erkenntnis und der Selbstverständigung ist. An dem Band ,Aufsätze. Kritiken. Reden' (1967) kann man studieren, wie verschiedene Gegenstände und Formen – von der Glosse bis zur Rezension, vom Reisefeature bis zum Offenen Brief – in diesen Prozeß einbezogen werden. Ein gewisses Übergewicht subjektiv, ja polemisch getönter Formen betont die Perspektive des Autors, dem gesellschaftliche Zustände und Mißstände zum Gegenstand individuellen Interesses, Mißtrauens und Zorns werden. Es sind aber höchstens die jeweiligen Anlässe von zufälliger Art, nie die Probleme, die sich dahinter verbergen. Sie stehen durchweg im Zusammenhang mit dem Grundzug der gesellschaftlichen Entwicklung: mit der Restauration des Kapitalismus in Westdeutschland. In erster Linie sind es dabei bestimmte Interessenkonstellationen, Strategien und Steuerungsmaßnahmen im politischen, sozial-psychologischen und ideologischen Sektor, die Bölls Argwohn erregen.

Die polemische Glosse ‚Hast Du was, dann bist Du was‘ (1961) setzt kritisch bei dem Versuch an, durch Streuung von Kleinvermögen (sog. Volksaktien) besonders die Arbeiterschaft zu systemkonformem Bewußtsein und Verhalten zu veranlassen. Daß diese „neue Weltanschauung des identitätsstiftenden Besitzes"[4] aber nicht nur von interessierten Gruppen in Kapital und Politik lanciert, sondern von der katholischen Kirche offiziell propagiert wird, macht für Böll den eigentlichen Skandal aus. Er zitiert aus einem bischöflichen Hirtenbrief, daß jene Maßnahme „die soziale Ordnung im Volke wesentlich befestigen, die wirtschaftliche Kapitalbildung sichern, die Arbeiterschaft und überhaupt die minderbemittelten Volkskreise gesellschaftlich heben und in das Volksganze eingliedern" solle (I, 456) – um sodann polemisch zu fragen, wie derartige Auffassungen mit der christlichen Utopie der Armut vereinbar seien. Die „Heiligsprechung des Habenichts von Assisi war wohl ein Irrtum" fragt Böll; er schlägt vor, dem heiligen Franziskus im Zuge dieser neuen ‚Soziallehre‘ doch zumindest „ein bisher geheimgehaltenes Sparkonto oder ein posthum entdecktes Aktienpaket in den Nachlaß" zu schmuggeln und schließt mit der Frage: „Ob auf uns die fürchterliche Formel lauert: HAST DU NICHTS, BIST DU KEIN CHRIST?" (I, 457)

Von hier fällt der kritische Blick fast von selbst auf die generelle Funktion der katholischen Kirche im politischen System der frühen Bundesrepublik. „Es geht um die Zweideutigkeit", so heißt es im ‚Nachwort zu Carl Amery: Die Kapitulation‘ (1963), „mit der der deutsche Katholizismus vor einem einzigen politischen Muster, das zum alleinseligmachenden erklärt wird, kapituliert hat. (…) Der deutsche Katholizismus ist auf eine heillose Weise mit jener Partei und ihren Interessen verstrickt, die sich als einzige das C (für christlich) angesteckt hat." (I, 542) Im Blick auf Bölls früheres Werk wird klar, daß solche Kritik nicht pauschaler Kirchen- oder gar Religionsfeindlichkeit sich verdankt, sondern im Gegenteil: einem eher hartnäckigen Festhalten an ursprünglich christlichen Forderungen und Werten. Gerade sie aber werden in Bölls Sicht von einer Kirche verraten, die vor allem anderen „einen geistigen Führungsanspruch für den Wiederaufbau von Gesellschaft und Staat"[5] beansprucht – und die entsprechenden Machtpositionen. Verloren geht dabei die seelsorgerliche Verantwortung, die Legitimation der Kirche gegenüber ihren Gliedern: „Es gibt sechsundzwanzig Millionen westdeutscher Katholiken und einen westdeutschen Katholizismus. Die Frage, ob und wie dieser sechsundzwanzig Millionen repräsentiert, ist nie so recht gestellt worden." (I, 54) Der „Kapitulation des deutschen Katholizismus vor dem Nachkriegsopportunismus" (I, 540) werden mahnend die vereinzelten Figuren einer *katholischen Gegentradition* in Deutschland (vgl. II, 186 ff.), werden pastorale Vorbilder wie Franz von Assisi oder „der gute Papst Johannes" XXIII., wird ein „Evangelium der Armen" (II, 257) entgegengehalten. Die politische Brisanz eines scheinbar unpolitischen Reisefeuilletons wie ‚Assisi‘ (1961) wird erst in diesem Kontext deutlich.

Zu der Frage ‚In der Bundesrepublik leben?‘ hat Böll 1963 angemerkt, diese komme ihm „schon fast wie ein Einparteienstaat" vor (I, 536); das verweist nicht nur auf die Schwäche der politischen Opposition, sondern nimmt den Begriff des „CDU-Staats" vorweg, den später eine kritische Politikwissenschaft prägen wird.[6] Da Böll aber nicht von Systemtheorien, sondern von konkreter Erfahrung, „miterlebter Geschichte" (I, 537) ausgeht, wird ihm die Person Konrad Adenauers zum Symbol einer in falscher Richtung sich entwickelnden Nachkriegsgesellschaft. Die Rezension der Adenauer-Memoiren unter dem Titel ‚Keine so schlechte Quelle' (1965) wird so zu einer Art Generalabrechnung, die auch mit bitteren, bitterbösen Urteilen zur Person nicht spart. („Es ist viel Niedertracht in diesem Buch, und es bedurfte wohl des letzten Restes von Menschenverachtung, auch der allerletzten Verachtung unserer Sprache, es zu publizieren, nicht ahnend, wie viel Sprache verraten kann." [II, 184]) Aus der Stilkritik des Adenauer-Buches entwickelt Böll eine Ideologiekritik des Adenauer-Systems und benennt weitere Leitlinien der gesellschaftlichen Entwicklung der Bundesrepublik: einmal „die Diffamierung jeglicher Form des Sozialismus", die „auch die Sozialdemokratie auf eine fürchterliche Weise zerstört hat"; sodann die „gegen den Willen und gegen die Einsicht eines damals friedfertigen Deutschland nicht nur betriebene, sondern hochgetriebene Wiederaufrüstung"; schließlich ein halbherzig-zynisches Verhalten zur faschistischen Vergangenheit, das deren ernsthafte ‚Bewältigung' verhindere (II, 182 f.).

An der Schwelle zwischen Adenauer-Ära und der Kanzlerschaft Ludwig Erhards verweist Böll, eher nebenbei, auf künftige Tendenzen der gesellschaftlichen Entwicklung, wenn er von der „formierten Gesellschaft" (ein programmatisches Schlagwort Erhards) sagt,[7] sie sei in Wahrheit eine „deformierte Gesellschaft" ohne Platz für „Christ, Vaterland, Prolet" (II, 228 f.) – oder wenn er 1966 die kommende „große Koalition" prognostiziert (II, 2).

Auf die Publizistik wird hier ausführlich hingewiesen, weil sie nicht nur als Parallelstrang zur erzählerischen Produktion immer wichtiger wird, sondern weil sie auch inhaltlich das gesellschaftskritische Feld absteckt, in dem der Erzähler Böll sich bewegt. Zugleich hat wohl die zunehmende Einsicht in die Folgenlosigkeit publizistischer Kritik (die u. a. auch durch das Scheitern eines von Böll angeregten und wesentlich mitgetragenen Zeitschriftenprojekts unter dem Titel ‚Labyrinth'[8] bestärkt wurde) zu einer deutlichen Verbitterung des Tons, ja zu resignativen Einstellungen geführt.

Verbitterung und Resignation kehren in dem Roman ‚Ansichten eines Clowns‘ von 1963 in epischer Umsetzung wieder. Er ist freilich auch Fortschreibung des bisherigen Romanwerks, insofern er dessen wichtigste Leitmotive wiederaufnimmt, insbesondere aber die thematische Linie von ‚Billard um halbzehn‘ weiterführt. Gemessen an diesem Roman sind die ‚Ansichten‘ ihrer Tendenz nach schärfer und pessimistischer, formal gesehen aber konzentrierter und zugespitzter. Wenn Bernhard diesem Werk den „geringste(n) Grad an epischer Objektivierung"[9] von allen Böll-Romanen zuschreibt, darf dies nicht als Mangel der erzählerischen Geschlossenheit verstanden werden. Vielmehr macht gerade eine strikte Subjektivierung der Erzählperspektive radikale Kritik möglich. ‚Ansichten eines Clowns‘ ist, wie der Titel vermuten läßt, „ganz konsequent ein Ich-Roman";[10] aber diese Perspektive ist nicht mehr, wie oft bei Bölls Ich-Erzählern in den Kriegs- und Nachkriegsgeschichten, an Passivität und Angst gebunden. Sie wird vielmehr, in eigenwilliger und erzählerisch reizvoller Weise, geprägt von gesellschaftlicher Erkenntnis, Aggressivität und dann erst – Resignation.

Der Ich-Erzähler Hans Schnier ist das ‚schwarze Schaf‘ aus der Industriellenfamilie der „Braunkohlenschniers" (4, 244). Vor Jahren hat er, kurz vor dem Abitur, sein Elternhaus verlassen und lebt seither als „Clown, offizielle Berufsbezeichnung Komiker, keiner Kirche steuerpflichtig, siebenundzwanzig Jahre alt" (4, 67). Der Roman gibt, insofern durchaus ‚novellistisch‘ zugespitzt, eine Existenzkrise im Verlauf eines einzigen Abends wieder. Nach einem Sturz auf der Bühne, der den vorläufigen Tiefpunkt seines künstlerischen Niedergangs markiert, kehrt Schnier deprimiert und ohne Geld in seine Wohnung nach Bonn zurück. Die äußere Krise läßt ihn die private Verlassenheit besonders stark empfinden, in der er lebt, seit seine Freundin Marie, mit der er längere Zeit zusammengelebt hat, ihn „verlassen hat, um Züpfner, diesen Katholiken, zu heiraten" (4, 67). In wenigen Stunden wird nun Schniers Situation immer mehr erhellt und immer stärker zugespitzt, und zwar in ständigem Wechsel von Schniers Monologen, seinen Erinnerungen (zurückreichend in die Zeit mit Marie und weiter noch bis in seine Jugend im ‚Dritten Reich') und einer Reihe von Telefondialogen mit verschiedenen Verwandten und Bekannten. Diese Gespräche – sowie ein Zusammentreffen mit Vater Schnier – sollen ihm einerseits Geld verschaffen, andererseits sind sie ein letzter, verzweifelter Versuch, wieder mit Marie in Kontakt zu kommen. Als beides gescheitert ist (Marie befindet sich mit ihrem Neuvermählten auf Hochzeitsreise in Rom, Privataudienz beim Papst eingeschlossen), setzt Schnier sich weißgeschminkt und im Clownskostüm auf die Treppe des Bonner Hauptbahnhofs, bettelnd und religiöse Lieder singend: ein Bild der äußersten Verzweiflung und zugleich der Provokation für die etablierte Gesellschaft.

Die Erzählstruktur verzichtet also auf die – eher verwirrende – Montage von Monologen verschiedener Personen, wie sie ‚Billard um halbzehn' bestimmt. Die Vielzahl der Themen, Episoden und Figuren erscheint im Medium *eines* subjektiven Bewußtseins, das seine Identität vor allem aus der *Erinnerung* bezieht. An den vorhergehenden Roman erinnert hingegen die strukturelle Spannung zwischen einer relativ kurzen und geschehensarmen Gegenwartshandlung und der Tiefendimension der erinnerten Vergangenheit, die ins gegenwärtige Bewußtsein eingespiegelt wird und dort weiterwirkt. Sich zu erinnern – oder besser: nicht vergessen zu können – ist, wie man noch sehen wird, nicht nur die erzähltechnisch wichtigste Eigenschaft der Kunstfigur Schnier, sondern auch die eigentliche Provokation, die der Clown einer allzu gern und schnell vergessenden Umwelt zufügt. Von Anfang an ist die Perspektive des Erzählers als subjektiv, er selbst als Außenseiter und Abweichler (allerdings mit intimer Kenntnis der gesellschaftlichen Machtzentren) gekennzeichnet. Die „Literatur des Abfälligen", die Böll wiederholt postuliert hat, gewinnt hier eine neue, zugespitzte Form: Einer, der abgefallen ist von Familie, Kirche und Gesellschaft, wird zum Erzähler und damit zum Medium direkter Kritik an diesen Institutionen. „Mit Hans Schnier, dem räsonnierenden Clown, wurde das gesellschaftskritische Engagement, das zuvor der Erzählung immanent gewesen war, selbst zum ‚Helden‘ der Darstellung."[11] Zugleich kann der Clown als Figur aus einer langen weltliterarischen Traditionsreihe verstanden werden: als Narr, der einer scheinbar wohlgeordneten Welt den Spiegel vorhält, in dem ihre eigene Verkehrtheit und Narrheit offenkundig wird.

Ohne allzu große Vereinfachung kann man in den ‚Ansichten eines Clowns‘ zwei thematische Schwerpunkte ausmachen, die zugleich Zielpunkte von Bölls Gesellschaftskritik sind. Einer liegt in der Frage, ob und wie die Ehe (als Modell zwischenmenschlicher Bindung überhaupt) in einer Sozialordnung möglich ist, deren Moralität korrumpiert ist. (Hieran schließen sich die Fragen nach der Rolle des offiziellen Katholizismus und, noch allgemeiner gefaßt, nach dem Verhältnis von öffentlicher und privater Moral an.) Der zweite thematische Schwerpunkt betrifft das Verhalten dieser gegenwärtigen Gesellschaft und insbesondere ihrer ‚Würdenträger‘ zur Vergangenheit, die im Zeichen von Faschismus und Krieg wesentlich schuldhafte Vergangenheit ist.

Dabei ist die *Eheproblematik* Fortschreibung eines Böllschen Zentralthemas seit ‚Und sagte kein einziges Wort‘ bzw. ‚Haus ohne Hüter‘. „Was geschieht dann, wenn eine Ehe lieblos wird oder wenn ein Liebesverhältnis, das keine Ehe ist, eheliche Form annimmt?" So fragt Böll in den ‚Frankfurter Vorlesungen‘ (II, 85) und spricht damit auch das ‚existentielle‘ Problem seines Clowns an. Die Frage, warum Marie ihn verlassen hat, „steht unausgesprochen im Zentrum des Romans, hält die Überlegungen Schniers" – und damit das Roman-Geschehen‘ – „eigentlich in Gang."[12] Der Roman setzt, wie Balzer bemerkt,[13] resigniert da ein, wo die früheren endeten: mit bzw. nach dem „happy end". Marie Derkum, Tochter eines ehemaligen Linkssozialisten, der jetzt ein ärmliches Tabak- und Zeitungsgeschäft führt, war für Schnier Anreiz und Zuflucht bei seiner Abkehr vom Elternhaus, dessen Opportunismus und moralische Skrupellosigkeit ihn unerträglich geworden war. Im Zusammenleben mit ihr, unter dürftigen Bedingungen, hat er („keiner Kirche steuerpflichtig"!) eine ‚Ehe‘ im ernsten, durchaus sakramentalen Sinne geführt. Aber Marie, durch konventionell-katholische Erziehung geprägt – und durch ein nur scheinbar ‚aufgeklärtes‘ katholisches Milieu zunehmend bedrängt –, hat ihn verlassen, weil er die katholische Erziehung etwaiger gemeinsamer Kinder ablehnt. Schniers Bitterkeit ist so in einer höchst paradoxen Situation begründet: „Mein fürchterlichstes Leiden" räsonniert er, „ist die Anlage zur Monogamie; es gibt nur eine Frau, mit der ich alles tun kann, was Männer mit Frauen tun: Marie, und seitdem sie von mir weggegangen ist, lebe ich wie ein Mönch leben sollte; nur: ich bin kein Mönch." (4, 74) Aus der Perspektive seines sehnsuchtsvollen Festhaltens an der Bindung zu Marie ergibt sich eine schmerzliche Umkehrung aller Werte: Die im kirchlichen Sinne illegitime Lebensform erfüllte das Kriterium der ehelichen Gemeinschaft, war ‚moralisch‘; Maries Eheschließung mit dem hochangesehenen Kirchenfunktionär aber erscheint ihm als „Überlaufen" (4, 68, 72), ja als „Hurerei" (4, 169). Im Telefongespräch mit dem Prälaten Sommerwild wird diese Verkehrung der Moralbegriffe ironisch-argumentativ durchgespielt (vgl. 4, 163 ff.). Aber die Konstellation ist nicht nur auf den erzählerischen Effekt abgezielt, sondern hat grundsätzliche Bedeutung. Sie betrifft, wie Hengst mit Recht betont, zentral die Frage kirchlicher Legitimation: „Hans Schnier, der erste Nichtkatholik unter den Böllschen Helden, reklamiert in diesem Roman gegen die Repräsentanten der Kirche eine theologisch unanfechtbare Interpretation des Ehesakraments für sich. Zum erstenmal wird hier im Erzählwerk Bölls um eine theologische Auffassung gekämpft. Der Clown Schnier verficht seine Ansicht von der Gültigkeit seiner Verbindung mit Marie Derkum als einer im Sinne der katholischen Theologie legitimen Ehe." Der Roman wird beherrscht von der „Behauptung, das wahre Sakrament sei nicht in den Händen der Kirche (...). Im Gegensatz zu ‚Billard um halbzehn‘ fehlt aber die breitere soziale Basis derer, die das echte Sakrament für sich beanspruchen."[14]

Der Clown bleibt desperater Einzelkämpfer, ein Michael Kohlhaas im Kampf mit der kirchlichen Feudalität. Vom Erzähler wird seine Auffassung freilich gestützt – an ‚auffällig versteckter' Stelle in der epischen Konstruktion. Dem Roman vorangestellt ist ein Motto, dessen Herkunft dort nicht nachgewiesen wird (vgl. 4, 67). Zu wenig ist bislang beachtet worden, daß es im Roman selber wörtlich wiederkehrt und dort als biblische Verheißung erkennbar wird. Beim Versuch, seinen Bruder Leo – er ist auf seine Weise aus dem Schnierschen Elternhaus desertiert: ins Priesterseminar – telefonisch zu erreichen, spricht Schnier zweimal mit einem „in Ungnade gefallenen" (4, 220) Pater, der dort den Telefondienst versehen muß. Daß diese Figur grotesk gezeichnet wird, darf nicht mißverstanden werden: Es belegt vielmehr ihre besondere Glaubwürdigkeit. Es handelt sich um einen aus der Reihe der abfälligen, von der Institution abfällig behandelten – und gerade deshalb vertrauenswürdigen Priester, die bereits aus früheren Romanen bekannt sind. Er ‚tröstet' den „ungläubigen" Schnier:

„‚Das macht nichts, gar nichts, (...) es gibt da eine Stelle bei Isaias, die von Paulus im Römerbrief sogar zitiert wird. Hören Sie gut zu: ‚Die werden es sehen, denen von ihm noch nichts verkündet ward, und die verstehen, die noch nichts vernommen haben.' Er kicherte bösartig. ‚Haben Sie verstanden?'" (4, 220)

Biblische Überlieferung stärkt die Legitimation des Häretikers gegenüber der Institution (vgl. Römerbrief XV, 21; Jesaia LIII, 15). Zugleich muß diese Institution, müssen ihre Repräsentanten und das von ihr geprägte Milieu sich die kritische Frage nach ihrer Moralität, das heißt nach der praktischen Realisation des biblischen Auftrags gefallen lassen. Die Antwort kann aus Schniers Perspektive nur negativ ausfallen. Erzählerisch umgesetzt wird sie vor allem in satirischen Partien. Es ist gewiß nicht richtig, die ‚Ansichten' als „Absage an die Satire"[15] zu verstehen, wenn auch deren Grenzen im Roman selber reflektiert werden. Zumindest in der Zeichnung des katholischen ‚Milieus' aber beweist Böll auch weiterhin satirische Treffsicherheit. Die Figuren der Kinkel, Sommerwild, Fredebeul, Blothert usw., diese Prälaten, Verbandsfunktionäre und halboffiziellen Ideologieproduzenten, die theologischen Manager im „Kreis fortschrittlicher Katholiken", in dem Marie und Schnier sich früher bewegt haben und den der Clown nicht zu Unrecht für Maries ‚Verrat' (vgl. 4, 147, 155) verantwortlich macht, ergeben eine abstoßende Szenerie der Scheinheiligkeit. Daneben wird die kritische Perspektive des Erzählers, werden Schniers Erfahrungen mit dem ‚Milieu' immer wieder zu räsonnierenden Aphorismen zugespitzt, die in ihrer Schärfe und Paradoxie den Widerspruch von veräußerlichtem Moralanspruch und Opportunismus, ja Menschenverachtung entlarven. „Sicher mußten die das Gute und Richtige auch dann tun," heißt es etwa im Blick auf rigoros vorgetragene ‚ethische' Verhaltenspostulate, „wenn es ihnen nützte." (4, 128) Oder: „Wenn es um Besitz geht, werden Christen unerbittlich, gerecht." (4, 250) Dies wird sogar als Vorwurf an Marie formuliert, die Schnier ohne Abschied und mit ihrer kompletten Garderobe verlassen hat: „Wie barmherzig wäre es gewesen, auch meine Klamotten mitzunehmen, aber hier in unserem Kleiderschrank war es ganz gerecht zugegangen, auf eine tödliche Weise korrekt." (4, 250) Dies ist besonders bitter, weil Marie selbst vor Jahren kritisch gefragt hatte, wo denn für die Kirche „die Diagonale zwischen Gesetz und Barmherzigkeit verlaufe." (4, 222) Daß hierauf keine Antwort erfolgt, daß der etablierte Katholizismus veräußerlichte Moralforderungen und Ordnungsvorstellungen (die häufig Machtinteressen kaschieren) bedenkenlos gegen den urchristlichen Auftrag zur Tröstung der Mühseligen und Beladenen durchsetzt, ist Schniers (Bölls?) zentraler und unwiderlegter Vorwurf an die Kirche.

Die Figur des katholischen Politikers Blothert, dessen stotterndes „ka ka ka" sowohl zum „Kanzler" wie zum „katholon" führen kann (4, 148), verweist in ihrer satirischen Zeichnung auf die machtorientierte Verstrickung der Kirche mit den gesellschaftlichen Herrschaftsträgern, mit der Partei des C (eine Verstrickung, die der Publizist Böll ja nicht weniger heftig angreift). Hierbei ist die katholische Kirche allerdings nur eine, wenn auch wichtige, Stütze des Systems. Darüber hinaus wird die Verfilzung aller ökonomischen, politischen und kulturellen Machtgruppen angegriffen: die Realität einer ‚formierten Gesellschaft', in der auch die Opposition ihre undankbare Rolle spielt; „zu denen von der SPD besonders nett sein, sonst bekommen sie noch mehr Komplexe", lautet eine Maxime des ‚Milieus' (4, 204).

Sozialer und epischer Ort für die Entfaltung dieser Thematik ist Schniers elterliche *Familie*. Sie ist ein Machtzentrum der westdeutschen Nachkriegsgesellschaft, repräsentiert selbst die ökonomische Macht der Schwerindustrie und steht in ständigem Kontakt mit den Repräsentanten und dienstbaren Ideologen anderer Machtgruppen: der staatstragenden Partei und der katholischen Kirche. So wird sie zum Ort der Gesellschaftssatire. Andererseits aber ist die Familie Schnier geeignet, die erzählerische Analyse auch historisch zu vertiefen, vor allem durch Hans Schniers erinnernde Rückgriffe auf seine Kindheit im Faschismus. Daß die alten Nazis sich zu neuen Opportunisten und Demokraten gemausert haben, ist ein Thema aus ‚Billard um halbzehn', das hier wieder aufgenommen wird (z. B. anhand der Figuren Brühl und Kalick – vgl. 4, 79 ff.). Auffällig ist, daß der Erzähler solche Wandlung besonders scharf seinen Eltern, in erster Linie seiner Mutter vorwirft. Sie hatte im Februar 1945 ihre Tochter Henriette – „sechzehn (...), ein schönes Mädchen, blond, die beste Tennisspielerin zwischen Bonn und Remagen" (4, 78) – gedrängt, sich freiwillig zur Flak zu melden, um „die jüdischen Yankees von unserer heiligen deutschen Erde wieder zu vertreiben" (4, 80). – „Sie kam nie mehr zurück," erinnert sich der Clown, „und wir wissen bis heute nicht, wo sie beerdigt ist." (4, 80)

Frau Schnier „ist inzwischen schon seit Jahren Präsidentin des Zentralkomitees der Gesellschaften zur Versöhnung rassischer Gegensätze; sie fährt zum Anne-Frank-Haus, gelegentlich sogar nach Amerika und hält vor amerikanischen Frauenclubs Reden über die Reue der deutschen Jugend, immer noch mit ihrer sanften, harmlosen Stimme, mit der sie Henriette wahrscheinlich zum Abschied gesagt hat: ‚Machs gut, Kind.'" (4, 84) So sinniert der Clown vor dem Anruf bei seiner Mutter im ‚Zentralkomitee', bei dem er sich mit den Worten meldet: „‚Hier spricht ein durchreisender Delegierter des Zentralkomitees jüdischer Yankees, verbinden sie mich bitte mit Ihrer Tochter.' Ich war selbst erschrocken. (...) Sie sagte: ‚Das kannst du wohl nie vergessen, wie?' Ich war selbst nahe am Weinen und sagte leise: ,Vergessen? Sollte ich das, Mama?'" (4, 86)

Vergessen bzw. *nicht vergessen können* – diese Stichworte, treffen einen zentralen sozialpsychologischen Mechanismus. Denn Frau Schniers Verhalten ist einerseits typisch für „den Sprung, den so viele vom Gestern ins Heute taten. Es war eine blitzartige Wandlung, die man nicht jedermann so mühelos zugetraut hätte."[16] Ermöglicht wird diese Wandlung durch Vergessen, genauer: durch die Abwehr der Erinnerung an die schuldhafte Vergangenheit, durch Verleugnung aller „Anlässe für Schuld, Trauer und Scham".[17] In diesem Fall wird die Trauer selbst abgewehrt, der „Schmerz um den Verlust eines Wesens", mit dem man „in einer tiefer gehenden mitmenschlichen Gefühlsbeziehung verbunden war."[18] Dies Ausweichen vor der *Erinnerungs- und Trauerarbeit* aber bewirkt, nach der sozialpsychologischen These von Alexander und Margarete Mitscherlich, daß man sich „ungebrochen der Gegenwart und ihren Aufgaben hinzugeben" vermag.[19] Ebendies wirft Schnier seiner Mutter und, in variierter Form, den meisten Stützen der neuen Gesellschaft vor. Damit fällt er selbst aus dem Muster der Restauration, die sozialpsychologisch auf der kollektiven Verleugnung vergangener Mitschuld basiert. Indem er nun andererseits *stellvertretend* die Trauerarbeit übernimmt, auch provozierend die Erinnerungslosen an ihre Vergangenheit mahnt, wird er als Querulant stigmatisiert: „Außenseiter, radikaler Vogel" (4, 85). Er ist geradezu ,geschlagen' mit Erinnerung, und zwar (ähnlich wie der Publizist Böll) mit einer konkreten, bildhaften Erinnerung. Daß er mit seiner Trauer – die die Trauer aller sein müßte – allein bleibt, macht ihn zugleich zum *Melancholiker* (vgl. 4, 68, 217, 219). Die Gesellschaft wehrt Trauer und Melancholie ab, weil sie handlungsunfähig machen würden und Handlungsfähigkeit für die gesellschaftliche Restauration nötig ist. Schnier, der Erinnerung und Trauer zuläßt, gerät seinerseits in Handlungsunfähigkeit und Melancholie.[20]

„Melancholie ist ein Zustand der Psyche. Er bildet sich aus (...), wenn Resignation den Charakter der End,gültigkeit' angenommen hat (...). Melancholie erscheint als dauerhaft und nicht auflösbar; (...) besonders jene Form (...), die gleichsam die verfestigte Reaktionsform auf ‚etwas‘ ist, was dem Menschen ‚zustößt‘. In Begriffen der Psychopathologie wäre hier von exogener Melancholie zu sprechen. Handlungshemmung ist Ursache oder Folge, manchmal beides zugleich (...). Damit zusammenhängend wuchert der Reflexionsdrang.“[21] Die sozialpsychologische Charakteristik trifft auf Schnier zu, dessen verbale Aggression als melancholische Ersatzaktivität gelten kann. Damit wird der scheinbar resignative Romanschluß auch zum Zeichen der *Provokation*. Das verweist wiederum darauf, daß der Clown nicht nur in seiner Trauerarbeit Stellvertreter ist; er vertritt auch gesellschaftlich oppositionelles Verhalten. Und dies reflektiert eine historische Situation: den Ausfall einer kraftvollen Opposition im CDU-Staat und die stellvertretende Opposition, die der Publizistik (man denke an den ‚Spiegel‘) und der Literatur bis in die sechziger Jahre zukam, ja aufgebürdet wurde. „Die Literatur sollte eintreten für das, was in der Bundesrepublik nicht vorhanden war, ein genuin politisches Leben. (...) Dieser Mechanismus sicherte der Literatur einen unangefochtenen Platz in der Gesellschaft, aber er führte auch zu Selbsttäuschungen, die heute grotesk anmuten.“[22] Es spricht für die ‚Ansichten eines Clowns‘, daß Schniers *Zweifel* an seiner satirischen Fähigkeit bzw. an deren Wirksamkeit noch die quasi-oppositionelle Funktionslosigkeit der Kunst – ‚romanversetzt‘ – reflektieren und in die Handlung einbeziehen. Nicht zu Unrecht hat man in der Gestaltung dieser Kunstskepsis wiederum Reflexe von Bölls eigenem Unbehagen gesehen („Die Gesellschaft erwartet ja inzwischen von der Literatur geradezu Prügel, aber kann es denn wirklich noch Spaß machen, mit dem Knüppel lauernd in einen immensen Brei von Schaum zu schlagen?“ [II, 169]). Das Ende des Romans – Schnier sitzt als „ein Professioneller (...) unter Amateuren“ (4, 266) im Karnevalsgetriebe auf der Bahnhofstreppe – signalisiert für den späteren Leser bereits eine andere Oppositionsbewegung, angedeutet im Kostüm eines „betrunkenen Jugendlichen“: Fidel Castro. Noch ist freilich nicht 1968.

Es bleibt die Frage nach einer Gesamteinschätzung. Die Rezeption des Romans in der Literaturkritik um 1963 wie auch in der Böll-Forschung ist sehr kontrovers verlaufen und erleichtert die Meinungsbildung nicht gerade. Wenig plausibel ist Marcel Reich-Ranickis These, allein die Liebesgeschichte zwischen Schnier und Marie sei gelungen und gewährleiste den Rang des Romans. Dagegen soll mit Bernhard das Werk als eine „Generalabrechnung"[23] mit der Restaurationsgesellschaft verstanden werden; eine Abrechnung, die gerade durch äußerste Subjektivierung ihre Schärfe und Treffsicherheit gewinnt. Daß die stereotype Symbolik, die nach ,Billard um halbzehn' dominierte, hier durch satirische Verfremdung korrigiert wird, markiert einen weiteren Entwicklungsschritt des Erzählers Böll. Allerdings bleibt die Sicht auf die Gesellschaft pessimistisch getönt – so sehr, daß Bernhard von einem „Schwund (des) utopischen Perspektiveansatzes"[24] der früheren Erzählungen spricht. Dies ist freilich nicht so sehr ein Problem des Erzählers Böll als eines der Gesellschaft, von der er erzählt.

Interessanterweise hat ein durchaus konservativer Kritiker, der Böll sonst eher skeptisch gegenüberstand, mit den ,Ansichten eines Clowns' eine neue Wertschätzung des Autors begründet. Günter Blöcker konstatiert eine „Schärfe und bittere Wahrhaftigkeit, wie man sie bisher an Böll nicht kannte", und weiter: Böll habe „die wattierte Kritik aufgegeben: Ein Frommer, der sich das Recht nimmt, gegen pervertierte Frömmigkeit und Unbarmherzigkeit in christlicher Vermummung schonungslos zu sein." Weiter bemerkt Blöcker die gesteigerte Differenziertheit der Böllschen Erzählweise, sein Abrücken vom symbolischen Klischee; fraglich erscheint allenfalls die Stilisierung ins Persönlich-Tragische: „Der Clown Hans Schnier scheitert, aber der Anblick seines Scheiterns leistet mehr als ein Sieg, denn er trifft uns wie eine persönliche Schuld."[25]

Richtig ist gewiß die Überlegung, daß diese erzählerische Linie in ihrer extremen Zuspitzung kaum weitergeführt werden kann. Handelt es sich also um eine künstlerische „Sackgasse", wie Manfred Durzak sagt? Durchaus, wenn man einräumt, daß Sackgassen bisweilen auf Gipfelpunkte führen können. Thematisch und wohl auch erzähltechnisch stellt der ,Clown' die Forderung nach einem Neuansatz. Hengsts Bemerkung, Böll habe hier das Thema des Katholizismus „ausgeschrieben",[26] deutet darauf hin. Und Böll selbst bestätigt dies 1967 im Rückblick, wenn er sagt, er sei es „schon lange leid, die Funktion eines innerdeutschen katholischen kleinen Frechdachses zu erfüllen". „Bis heute zuckt ja der etablierte innerdeutsche Katholizismus schmerzlich zusammen, wenn er sich des Jahres 1963 erinnert. Inzwischen meint das kleine katholische Fritzchen, das in jedem katholischen Akademiker steckt, ich *wäre* zahmer geworden. Keine Angst! Nur: an dem Stoff ‚innerdeutscher Katholizismus' bin ich nicht mehr interessiert, weil die Hände voll Staub, die er für mich bedeutet hat, verbraucht sind (. . .)." (II, 249)

VII. Utopie des Provinziellen

‚Frankfurter Vorlesungen' (1964/66), *‚Entfernung von der Truppe'* (1964), *‚Ende einer Dienstfahrt'* (1966)

Im Sommersemester 1964 – nach dem Erscheinen von ‚Ansichten eines Clowns' und einem längeren Irland-Aufenthalt, der ihn dem kritischen Handgemenge um diesen Roman entrückte – hielt Böll als Gastdozent für Poetik vier Vorlesungen an der Frankfurter Universität. 1966 als Buch veröffentlicht, stellen diese ‚Frankfurter Vorlesungen' den ausführlichsten Beitrag Bölls zu Fragen des schriftstellerischen Selbstverständnisses und der gesellschaftlichen Funktion von Literatur dar. Das heißt nicht, daß sie im systematischen Sinne eine Literaturtheorie entfalten: „es sind nicht Deduktionen, sondern Disgressionen, es wird soviel abgeschweift, daß der Gedankenweg kaum verfolgbar bleibt".[1] Böll ist – im Literarischen wie im Politischen – kein Theoretiker, sondern „in erster Linie (...) Erzähler, der nur gelegentlich (...) Aufsätze veröffentlicht" (IV, 402). Und so haben auch die nicht-erzählenden Schriften immer primär der Selbstfindung, Selbstverständigung des Erzählers Böll gedient. Das gilt für die ‚Frankfurter Vorlesungen' ganz besonders: man kann sie fast als Selbstgespräche, jedenfalls als Versuche verstehen, nachdenkend, beschreibend, umschreibend – also auch auf Umwegen – die Prämissen, die Ziele, die Wirkungsabsichten und -möglichkeiten der eigenen produktiven Arbeit zu verdeutlichen. Selbstverständigung also auch im Sinne einer Reflexion und Explikation dessen, was al historische oder biographische Voraussetzung, „Allgemeines zur Situation der Literatur und Persönliches" (II, 34), immer schon in den schriftstellerischen Schaffensprozeß eingeht. Die Konzentration auf wenige Kernmotive, die wiederholten Versuche, solcher Zusammenhänge sich begrifflich zu bemächti gen, lassen den Eigencharakter dieser Vorlesungen erkennen: Es sind kritisch-reflexive Annäherungen an den historischen Gehalt und die Intentionen des eigenen Erzählens (auch da, wo von anderen Autoren, seien es Adalbert Stifter oder Günter Eich, die Rede ist). Es sind Versuche ohne Bezug auf eine vorgegebene Literaturtheorie, ohne Rücksicht auf den ‚Stand der Diskussion‘ in Wissenschaft oder Literaturkritik, auf literarische Moden und Trends. Gehalten 1964 – also etwa in der Mitte seines Schaffens – sind diese Vorlesungen indirekter Selbstkommentar und Programmschrift zugleich.

Ausgangspunkt aller Überlegungen ist die gesellschaftliche und individuelle Situation des Autors, „gebunden an Zeit und Zeitgenossenschaft, an das von einer Generation Erlebte, Erfahrene" (II, 34). Dabei führt auch der Blick auf die gegenwärtige Entwicklung und Fehlentwicklung letztenendes zurück zu Krieg und Nachkrieg als den für die soziale wie die literarische Entwicklung bestimmenden Faktoren und Konstellationen. Die „Wurzeln" der gesellschaftlichen Prozesse, die die Gegenwart prägen, so fordert Böll in anderem Zusammenhang, sind „zurück bis 1945" zu verfolgen (II, 289). Das gilt für den literarischen Prozeß mindestens ebenso: die ‚Kahlschlag‘-Situation, wie problematisch sie der distanzierten Kritik auch erscheinen mag, bleibt zumindest im Selbstverständnis Bölls (und der Schriftstellergeneration, für die er repräsentativ steht) der Ausgangspunkt. „Ein wüstes Land nach einem dreißigjährigen Krieg, soeben befreit, verraten und verlassen." (II, 75) Ein Land zugleich, das sich erneut als Übungsfeld für „Autorität" und „Befehle" anbietet, alsbald wieder von einer „Garde der Zackigen, Eifrigen, Unterwürfigen" in Verwaltung genommen wird (II, 76). In dieser Konstellation, die einen wahren Neuanfang ebenso verhindert wie dessen allererst nötige Voraussetzung, eine tatsächliche ‚Bewältigung‘ des Vergangenen („Schuld, Reue, Buße, Einsicht sind nicht zu gesellschaftlichen Kategorien geworden, erst recht nicht zu politischen" [II, 34]), in dieser Konstellation ist bereits angelegt, was für die folgenden Jahrzehnte bestimmend bleibt: das Auseinandertreten von politisch-gesellschaftlicher und literarischer Entwicklung, zugleich damit die künftige Funktion der Literatur als Ersatz-Opposition.

Die „Literatur ging einen ganz anderen Weg: sie begab sich auf den mühseligen Weg der *Sprachfindung,* durchforschte den *Abfall* nach *Humanem,* verloren dahinschwimmend in einer wahren Flut nachgeholter ausländischer Literatur." (II, 76)[2] Die Schlüsselworte des Böllschen Literaturkonzepts sind damit gefallen: *Sprachfindung* ist die zentrale Aufgabe der traditionslos gewordenen Literatur. Und da für ihn Sprache nicht losgelöst von Inhalten und Geschichte zu denken ist, heißt Sprachfindung zugleich: das Auffinden von Lebenszusammenhängen, die eine menschenwürdige Existenz ermöglichen. Die deutsche „Nachkriegsliteratur als Ganzes" – schreibt Böll – sei eine „Literatur der Sprachfindung gewesen" (II, 61), ihre zentrale Aufgabe: „die Suche nach einer bewohnbaren Sprache in einem bewohnbaren Land" (II, 53). Das ist konkreter gemeint, als es klingt. Denn die Perspektive solcher Suche ist die des ‚heimatlosen' Einzelnen, die der „kleinen Leute", deren Autor genannt zu werden Böll als „Schmeichelei" (II, 39) empfindet. In dieser Perspektive aber heißt Suche nach einem „bewohnbaren Land" konkret: die Suche nach „Orte(n) und Nachbarschaft" (II, 57), nach „Heimat" und „Familie" (II, 45), nach „Liebe, Religion und Mahlzeiten" (II, 34) – alltägliche Bestimmungen des „Humanen", die man in Bölls Erzählwerk immer wieder finden kann.

Aber die Konzeption einer solchen Ästhetik des *Humanen* (II, 34), zugleich Konzeption von Bölls erzählerischer Fortschreibung, bleibt ambivalent. Kritisch könnte man die Gebundenheit ans Individuum und seine Schicksale als Begrenzung des Erzählhorizonts, als Pseudokonkretheit werten, die übergreifende historische und soziale Bedingungen und Kontexte ausblendet – oder sie doch, im Verlauf der Werkgeschichte, erst spät und zögernd greifbar werden läßt. In soziologischen Kategorien könnte man von einer starken Fixierung auf das kleinbürgerliche Milieu mit seinen Moral- und Wunschvorstellungen sprechen – Reinhard Baumgart konstatiert sie sogar beim Clown und „entsprungene(n) Millionärssohn" Hans

Schnier.[3] So sicher derartige Beschränkung einem kleinbürgerlichen Milieurealismus zugute kommt, so fraglich bleibt doch, ob der damit gewählte Wirklichkeitsausschnitt breit genug ist für eine im weiteren Sinne ‚realistische' Wiedergabe der gesellschaftlichen Wirklichkeit; ganz abgesehen von der Frage, ob denn das Kleinbürgertum in seiner historischen und gegenwärtigen Funktion angemessen geschildert oder nicht doch idealisiert wird.[4] Schließlich führt die Suche nach „Nachbarschaft", nach bewohnbaren Orten bei Böll rein stofflich zu einem – emphatisch vertretenen – *Provinzialismus*. „Wie ich Spott über Heimat für dumm halte, so halte ich es für provinzlerisch, Provinzialismus zu verachten. Es sieht ganz so aus, als wäre Provinzialismus für eine gute Weile unsere einzige Möglichkeit, vertrautes Gelände zu schaffen, Nachbarschaft zu bilden, wohnen zu können." (II, 57) Es ist keine Frage, daß Provinzialismus geschichtlich und gegenwärtig ein wichtiges, vielleicht ausschlaggebendes Moment deutscher Realität – und insofern auch Thema und Herausforderung einer deutschen Literatur – ist; wohl aber wird man fragen müssen, ob Böll diese Herausforderung ernst genug nimmt. Ob er nicht die Provinz zu schnell als Raum der Nachbarschaft, des „Humanen" idealisiert und die Provinz als Ort und Entstehungszusammenhang spezifischer Inhumanität übersieht. Dies soll weiter unten anhand eines Erzähltextes näher verfolgt werden.

Zuvor aber ist mindestens noch ein Kernpunkt von Bölls ästhetisch-moralischem Konzept zu erwähnen, der sich als produktiv, ja zukunftweisend gezeigt hat. Gegenüber dem literarischen Modernismus der sechziger Jahre, der das Individuum und seine lebensgeschichtliche Erfahrung als Bezugsgröße weitgehend verabschiedet hatte, gewinnt Böll seine eigene Position durch die von Kurt Batt gerühmte „ungebrochene Beziehung zur Konkretheit gesellschaftlichen Lebens, zu den menschlichen Grundbedürfnissen, denen Literatur nur solange zugerechnet werden kann, wie sie sich eben ihnen stellt."[5] Daß Literatur gesellschaftlich-konkrete Erfahrungen, Bedürfnisse, Nöte und Wünsche artikulieren kann und soll, ist ein Gedanke, der erst in den siebziger Jahren in der literaturtheoretischen

Diskussion wieder Fuß gefaßt hat. (Und zwar dürfte er auf dem ‚Umweg' über das Interesse von Studentenbewegung, Sozial- und Erziehungswissenschaften an eben solchen Erfahrungsbereichen dorthin gelangt sein.) Böll seinerseits hat ein solches Konzept schon sehr früh, wenn auch im akademischen Sinne ‚unsoziologisch' formuliert: eben in den ‚Frankfurter Vorlesungen' als Programm einer „Ästhetik des Humanen", deren Themen wie zitiert „das Wohnen, die Nachbarschaft und die Heimat, das Geld und die Liebe, Religion und Mahlzeiten" (II, 34) sind. Themen also, die allzu leicht – zumindest im Horizont betont moderner Literaturtheorien – als antiquiert gelten können; die dem Erzähler den Ruch der ‚Waschküchen'-Literatur,[6] der Kleine-Leute-Poesie eingetragen haben; die aber auch, besonders in ihrer kleinbürgerlichen Konkretisierung, gesellschaftlich abfällig betrachtet werden. Genau hier setzt Böll an. „Die Literatur kann offenbar nur zum Gegenstand wählen, was von der Gesellschaft zum *Abfall*, als *abfällig* erklärt wird",[7] heißt es in den ‚Frankfurter Vorlesungen', und im Blick auf die eigene Praxis: „Soweit es überhaupt noch eine Rechtfertigung des Humors in der Literatur gibt, könnte seine Humanität darin bestehen, das von der Gesellschaft abfällig Behandelte in seiner Erhabenheit darzustellen." (II, 71, 88)

Das sind mehrdeutige Begriffe: *Abfall* ist unbrauchbares Material, auch ‚Menschenmaterial', das im gesellschaftlichen Verwertungsprozeß ausgeschieden wird; *abfällig* kann heißen: geringschätzig, mißachtet, aber auch: abtrünnig, ketzerisch. Diese Bedeutungsvarianten schwingen im „Begriff der Abfälligkeit" mit, den Böll im Gespräch mit Linder als (s)eine zentrale literarische Kategorie weiterentwickelt: „Abfall ist ja vieles in unserer Gesellschaft, in den Augen der meisten. Auch Menschen; abfällig im sozialen wie auch juristischen Sinne. Und zwar weil sie zum Beispiel einfach nicht von der Mode vorgeschriebenen Klischees folgen. Man wird sehr schnell zum Abfall, wenn man nicht dauernd up to date ist, mit allem: Möbeln, Kleidern, Lebensgewohnheiten und so weiter. Und so produziert unsere – aber nicht nur unsere – Gesellschaft permanent abfällige Existenzen, die man als Abfall betrachtet, und sie sind, meine ich, der wichtigste Gegenstand der Literatur, der Kunst überhaupt." (IV, 411)

In der Tat könnte man von diesem Begriff aus fast das gesamte Erzählwerk Bölls aufschlüsseln. Abfall in diesem Sinn waren schon die Trümmer, durch die die Figuren der Kriegsgeschichten irrten, in denen die der Nachkriegsromane sich einzurichten suchten – und in Bölls ‚Bekenntnis zur Trümmerliteratur' von 1952, einem seiner frühesten Essays überhaupt (I, 31 ff.), kann man die Keimzelle der literarischen Programmatik sehen, die er später dann in den ‚Frankfurter Vorlesungen' entwickelt. – Aber Abfall ist auch der Wohlstandsmüll der Gegenwart, den Lenis Sohn Lev und seine Kollegen im ‚Gruppenbild mit Dame' beseitigen. Abfällig waren die Kriegskrüppel der frühen Kurzgeschichten und Romane, abfällig ist der ketzerische Clown, abfällig sind oder werden schließlich die zentralen Figuren in allen neueren Werken, von ‚Entfernung von der Truppe' bis zur ‚Verlorenen Ehre der Katharina Blum' und der ‚Fürsorglichen Belagerung'. Das kann hier nicht näher verfolgt werden; wichtiger ist zunächst der programmatische Aspekt. Wenn Böll in seiner Nobelpreis-Vorlesung „die Entdeckung ganzer Provinzen von Gedemütigten, für menschlichen Abfall Erklärten" als „wichtigste literarische Wendung" bezeichnet (III, 49), so ist der (ur-)christliche Impuls dieser Wertung noch in ihrer säkularisierten Form zu erkennen; zugleich aber wird in den ‚Frankfurter Vorlesungen' das Konzept einer *Literatur des Verdrängten* antizipiert,[8] das erst seit den späten sechziger Jahren breiter diskutiert und aufgenommen wird. Strömungen wie die neuere Dokumentarliteratur, die ‚Literatur der Arbeitswelt', die Literatur der Frauenbewegung zeigen ein neues Interesse an der Lebensrealität und den Bedürfnissen unterprivilegierter Bevölkerungsgruppen, an literarisch bislang nicht beachteten individuellen Erfahrungsbereichen an. Daß Heinrich Böll solchen Tendenzen – weniger in technisch-formaler Hinsicht als durch die Entwicklung von sozialer Sensibilität für das in seinem Sinne „Abfällige" – vorgearbeitet hat, ist wohl das größte Verdienst seines literarischen Konzepts.

Abfälligkeit, Abtrünnigkeit steht thematisch auch im Zentrum der nächsten, 1964 und 1966 erscheinenden größeren Erzählungen. Zugleich wird an ihnen die von Böll postulierte Aufgabe der Kunst ablesbar: zur Abfälligkeit anzuhalten. Die ‚Frankfurter Vorlesungen‘ zitieren ein Gedicht von Ingeborg Bachmann, in dem „die Flucht von den Fahnen", die „Nichtachtung jeglichen Befehls" als wahre Tapferkeit gepriesen werden (vgl.II, 55); Bölls Rede ‚Die Freiheit der Kunst‘ von 1966 proklamiert als „die einzig erkennbare Erscheinungsform der Freiheit auf dieser Erde" eben *die Kunst,* konfrontiert sie mit der „vollkommenen, sich bis ins letzte Detail erstreckenden Deformierung des Staates" und schreibt ihr die Aufgabe zu, „zu weit (zu) gehen, um herauszufinden, *wie* weit sie gehen darf, wie weit die ihr gelassene Freiheitsleine reicht." (II, 228 f.) In diesem Sinn kann man auch die genannten Erzählungen als Anleitungen zur „Befehlsverweigerung" (II, 55) verstehen: der Text ‚Entfernung von der Truppe‘ (1964) trägt diese Intention fast emblematisch im Titel. Es ist eines der eigenartigsten Erzählstücke des Autors, thematisch altvertraut, formal hochexperimentell – ein Übungsstück, könnte man meinen, für größere Formate. Ein Ich-Erzähler, der 47jährige Wilhelm Schmölders, montiert im Rückblick aus dem Jahr 1950 Erinnerungsfetzen, Gelenkstücke seiner Biographie: Reichsarbeitsdienst mit allerlei Schikanen, unerlaubte Entfernung von der Truppe, eine einwöchige Ehe, SA, Straflager, Kriegstote (darunter seine Frau), die Rückkehr in eine entfremdete Nachkriegsrealität, „Entfernung von der Truppe" auch hier. Ein älterer Bruder des Clowns, der sich aus der Welt, die nur äußerlich als Bölls Köln vertraut ist, zurückzieht in Resignation und Absonderlichkeit.

Das ist ausgeführt in einer nur andeutenden Erzählweise: immer wieder bemüht der Erzähler für seinen Text den Vergleich mit einem „jener Malhefte, die uns allen noch aus unserer glücklichen Kindheit bekannt sind (...). In diesen Heften waren teilweise Linien, oft nur Punkte vorgezeichnet, die man zu Linien verbinden" und „in *voller* künstlerischer Freiheit (...) mit Farbe ausfüllen" konnte. (4, 275) Die Analogie zum Erzählwerk („hier im Sinn von Uhrwerk zu verstehen" [4, 270]) impliziert die Aufforderung an den Leser, das Bild aus eigener Anschauung und Erfahrung zu vervollständigen. Denn das Gerüst einer Autobiographie, das der Erzähler bald dokumentarisch nüchtern, bald betont auktorial erstellt, kann auch als Gerüst einer „Kollektiv-Biographie"[9] dienen, das der Leser mit generationsspezifischer Geschichtserfahrung ausfüllen mag: eine Erzählweise, die hier noch unausgegoren wirkt, später aber – im ‚Gruppenbild mit Dame' – bewundernswert souverän gehandhabt wird.

Inhaltlich gelangt ‚Entfernung von der Truppe' kaum über die Position hinaus, die schon mit den ‚Ansichten eines Clowns' erreicht war: resignative Abtrünnigkeit. In einem nur scheinbar ironisch „*Moral*" überschriebenen Nachsatz heißt es schlicht: „Es wird dringend zur Entfernung von der Truppe geraten. Zur Fahnenflucht und Desertion wird eher zu- als von ihr abgeraten (...)." (4, 321) Alexander Kluge kommentiert diese politisch gemeinte Empfehlung und die Haltung von Figuren wie Schmölders: „Auch die Entfernung von der Truppe bleibt eine Reaktion im Affekt. Sie sind nicht ausgestattet und nicht robust genug, um mit dem Leviathan umzugehen. Daß die Gesellschaft lügt, mordet, schreibt Montaigne, ist nicht staatsnotwendig, sondern die Folge, daß wir sie nicht beherrschen. Die Bechtolds und die Schmölders werden sie nie beherrschen."[10]

Das Thema Abtrünnigkeit wird fortgeschrieben, aber auch weiterentwickelt: ‚Ende einer Dienstfahrt' (1966) könnte der Handlung nach ebenfalls ‚Entfernung von der Truppe' heißen. „Vater und Sohn Gruhl, beide Kunsttischler von Beruf, der jüngere dazu noch Soldat, haben einen Bundeswehrjeep feierlich verbrannt. Ihnen wird der Prozeß gemacht. Das Urteil ist milde, sechs durch die Untersuchungshaft verbüßte Wochen Gefängnis. Der Gerichtstag wird von Böll beschrieben. Und da erfährt man gleich zu Beginn, daß die Staatsmacht tiefstapelt, den Prozeß herunterspielt, nicht Brandstiftung, nur Sachbeschädigung und grober Unfug, nicht Schöffengericht oder große Strafkammer, sondern ein „müder alter Humanitätslöwe" als Einzelrichter. Die Staatsmacht hat offensichtlich alles Interesse daran, abzulenken – abzulenken von dem, was man heute geläufig die ‚Krise der Bundeswehr' nennt, von schleichendem Unbehagen und zündendem Protest."[11] So resümiert Werner Ross das Geschehen der Erzählung, die fast als klassische Novelle gelesen werden kann, oder besser: als Novelle, in der eine Satire versteckt ist, die wiederum eine Idylle verbirgt. Ein auktorialer Erzähler schildert souverän, mit „listiger Unscheinbarkeit"[12] den Gerichtstag, das Stilmittel der indirekten Rede unauffällig zur Einebnung der dramatischen Spannung, aber auch zur Rezeptions- und Sympathiesteuerung des Lesers benutzend. Denn die scheinbare Erzählerneutralität kann nicht verbergen, daß die Zuneigung den Angeklagten (und ihren ‚Sympathisanten' in der Handlung) gilt und gelten soll. Die Pointe besteht nun darin, daß das Vergehen der Gruhls, offensichtlich doch ‚Gewalt gegen Sachen' und Ausdruck staatsfeindlicher Gesinnung, gutachterlich und gerichtlich zum „Kunstwerk" (4, 481) zum „fünfdimensionalen", ja „fünfmusalen" Happening (vgl. 4, 482 f.) erklärt wird, wodurch die beiden Urheber fast straflos ausgehen und ein ironisch-klischeehaftes ‚happy-end' mit Hochzeit in Szene gesetzt werden kann.

Der Leser der ‚Frankfurter Vorlesungen' kann in der Erzählung die zentralen Momente, Alltag, Provinz, Nachbarschaft, schlüssig gestaltet finden und mag den Humor – nach Bölls Definition – als Gestaltungsprinzip genießen. Er mag sie als beispielhaft „‚volkstümliche' Erzählung"[13] oder auch als „Bölls bisherige Meisterleistung" schätzen[14] – und wird dennoch skeptische Fragen stellen. Eine könnte sich auf den *Kunstbegriff* beziehen, der von Böll sehr prononciert in die gedankliche Konzeption der Erzählung wie in ihre Handlung eingebracht wird. In einer ‚Einführung' (1966) erläutert er: „Um diese Zeit auch dachte ich besonders über die Tatsache nach, daß die komplette Nettigkeit der Kunst gegenüber ja nichts anderes als eine Art Gummizelle ist. Gleichzeitig las ich über die Provos in Amsterdam, las über Happenings, und die Erkenntnis, daß alle Kunst von dieser so fassungslosen wie unfaßbaren Gesellschaft ernst genommen wird, brachte mich auf die Idee, daß Kunst also auch Happening, eine, vielleicht die letzte Möglichkeit sei die Gummizelle durch eine Zeitzünderbombe zu sprengen

(...)." (II, 253) Das muß heute wieder fragwürdig erscheinen: Gewiß dient, in der Fiktion, der Kunstvorbehalt den Angeklagten dazu, nach getaner Provokation sich im Einverständnis mit allen Wohlmeinenden aus der Affäre zu ziehen. Aber die Tatsache, daß man „höherenorts", „andernorts", das heißt im Justizpräsidium der „nahe gelegenen Großstadt" (4, 359, 357) sich eben darauf einläßt – und sogar den uneingeweihten und scharfmacherischen Staatsanwalt ins Leere laufen läßt –, muß mißtrauisch machen. Offensichtlich ist die Happening-Theorie, ist der Kunstvorbehalt gerade recht, wenn es darum geht, einer subversiven Aktion breitere Öffentlichkeit in Form eines spektakulären Prozesses vorzuenthalten. Das wird *in diesem Fall* akzeptiert, weil die Täter selbst ,mitspielen' – und heißt keineswegs, daß bei gefährlicheren Provokationen nicht andere und direkt repressive Sanktionen angewendet würden. Anders gesagt: Als in der gesellschaftlichen Realität wenige Jahre später die ,begrenzte Regelverletzung', ,Gewalt gegen Sachen' zur bevorzugten Protest- und Widerstandsform der Studentenbewegung wird, reagiert man auch „höherenorts" in anderer Weise. Das Modell der ,Dienstfahrt' als „Aufforderung zur Aktion", Bölls Vorschlag, die „anerkannte Kunst als Vehikel für eine politische oder gesellschaftliche Aktion" zu nutzen (A, 34), bleibt ,literarisch'. In der Realität wird es unpraktizierbar, sobald eine solche Aktion tatsächlich bedrohlich erscheint. Der Kunstvorbehalt rettet dann keinen mehr vor Diffamierung und politischem Druck – wie der Schriftsteller Böll in den siebziger Jahren selbst schmerzlich erfahren wird.

Eine zweite skeptische Einwendung gegen ,Ende einer Dienstfahrt' müßte sich auf die regionale bzw. soziale Verankerung des Geschehens richten. Böll entwirft mit seinem Kreisstädtchen Birglar und den bodenständigen Handlungspersonen das lebens- und liebenswerte Bild *humaner Provinzialität* ganz im Sinne der ,Frankfurter Vorlesungen'. Zwischen den Beteiligten herrscht – unabhängig von institutionellem und sozialem Status – eine augenzwinkernde Solidarität, die allein das glimpfliche Ende der Dienstfahrt ermöglicht. Dem ortsfremden Richter, der als Beobachter „höherenorts" entsandt wurde,

kommt nicht zu Unrecht „fast alles in Birglar verdächtig vor"
(4, 494). Überhaupt sind es nur die Zugereisten, durchweg höhere Justiz-, Verwaltungs- oder Militärchargen, die ‚draußen'
bleiben und denen die erzählerische *Satire* gilt; der bodenständige Klüngel aber formiert sich zur humanen *Idylle*. Einzelne
Figuren ragen heraus, durchaus liebenswert, so der Amtsgerichtsrat Dr. Stollfuß, der am nächsten Tag in Pension geht
(und der erstaunlicherweise *keine* Nazi-Vergangenheit hat), so
der alte Ortspfarrer Kolb, der *in* der Amtskirche die heimliche
Gegenkirche repräsentiert. Er hat den „Katechismus nie im
Kopf gehabt, auch nie in den Kopf ‚hineinbekommen'" (4,
404), sieht Religion und Theologie als „zwei völlig voneinander verschiedene Bereiche" (4, 402), die Bundeswehr mit der
„Produktion absurder Nichtigkeiten, fast des totalen Nichts,
also der Sinnlosigkeit" (4, 447) befaßt: eine herausragende Figur in der Traditionsreihe abfälliger Priester in Bölls Werk –
aber ins provinzielle Gruppenbild fügt sie sich bruchlos ein.

Die „Originalität bleibt nicht Selbstzweck", schreibt Bernhard über diese Figuren: „Hinter ihr leuchtet die Bereitschaft
zur Selbstbehauptung – um nicht zu sagen zum Widerstand –
auf, die noch wenig Gemeinsamkeit hat, Ziel und Richtung ihrer Erscheinungsformen im Diffusen läßt, aber die Ablehnung
des ‚höhernorts' Gültigen und Erstrebten nicht leugnet."[15] Ein
hoffnungsvoller Entwurf – aber wohl auch ein utopischer. Bei
aller geglückten und gekonnten rheinländischen Regionalisierung des Erzählten – in Wirklichkeit liegt dies Birglar, wie
Baumgart treffend anmerkt, „irgendwo in Utopia, auf deutsch:
im Nirgendwo."[16] Mit anderen Worten: nur gelegentlich tauchen Momente auf, die die realen Bedingungen provinzieller
Existenz, ihre „Ungleichzeitigkeit" zum gesellschaftlichen Entwicklungsstand zur Sprache bringen. Ein solches Moment ist
die wirtschaftliche Ungleichzeitigkeit des Handwerks, wie sie
der „anachronistische Betrieb" des alten Gruhl im Verhältnis
zum „erbarmungs- und gnadenlosen" Wirtschaftsprozeß repräsentiert (vgl. 4, 451, 454). Es fehlt aber jeder Hinweis darauf, daß es auch eine ideologische und affektive Ungleichzeitigkeit geben könne: daß Provinzialität nicht kurzerhand mit

Humanität gleichzusetzen ist, sondern eben auch die Entstehung von „falschem Bewußtsein" (Ernst Bloch) begünstigt, ja – wie Adorno behauptet – eine „der Bedingungen des Grauens" konstituiert.[17] Nachbarschaft als spezifisch provinzielle Kategorie wird zum Beispiel fast ausschließlich als Form von Solidarität, kaum aber, was sie doch real zumindest *auch* ist: als Kontrolle und Repression gezeichnet. „Nirgendwo eine Andeutung, daß die Kleinstadt Sodom heißen könnte."[18]

Unter solchen Gesichtspunkten bleibt ‚Ende einer Dienstfahrt' ein ambivalenter, widersprüchlicher Text: ein Meisterstück humoristischen Erzählens gewiß; ein realistisches Modell von Selbstbehauptung und Widerstand – wohl kaum.

VIII. „... die ganze Last dieser Geschichte"

‚Gruppenbild mit Dame' (1971)

Fünf Jahre liegen zwischen dem Erscheinen von ‚Ende einer Dienstfahrt' und Bölls nächstem größeren Erzählwerk, dem Roman ‚Gruppenbild mit Dame' (1971), den Wellershoff – vom Autor unwidersprochen – als dessen „umfangreichstes und auch (...) umfassendstes Werk" (IV, 120) bezeichnet hat. Die an sich schon auffällige ‚schöpferische Pause' des Erzählers Böll fällt zudem in eine Zeit, in welcher sich die politische Szenerie der Bundesrepublik und ihr geistiges Klima wohl stärker verändert haben als in zwei Nachkriegsjahrzehnten zuvor. So wenig die Protestbewegung der Studenten ihre direkt formulierten Ziele dauerhaft hat einlösen können, so sehr hat sie doch Verschiebungen im politischen Kräftefeld (man denke an die 1969 unter großen Erwartungen angetretene ‚sozialliberale' Koalition) und mehr noch im ‚öffentlichen' Bewußtsein bewirkt oder mitbewirkt. Schlagwortartig könnte man vom definitiven Ende der Adenauer-Ära sprechen. Für einen Autor, der vorher mit einigem Recht als der kritisch-„repräsentative Schriftsteller der Bundesrepublik Adenauers"[1] verstanden werden konnte, stellt sich damit die Aufgabe, angemessen auf diese neue Situation zu reagieren, ohne doch andererseits seine zeit-, lebens- und werkgeschichtliche Kontinuität und ‚Gebundenheit' aufzugeben. „Es zerbrach die Kontur der Nachkriegszeit. (...) Jetzt wurde der Moralismus von Heinrich Böll sperrig, unzeitgemäß."[2]

Dies erweist sich vorerst an seiner *Publizistik,* die sich deutlich ‚politisiert' und doch zugleich die Funktion schriftstellerischer Selbstverständigung bewahrt. In Bölls literarisch-politischen Schriften seit etwa 1967 finden sich die wesentlichen Momente wieder, die das neue gesellschaftliche Krisenbewußtsein und die Hoffnung auf Erneuerung artikulieren. Da ist einmal die von der Studentenbewegung geschärfte kritische Aufmerksamkeit auf die neuen Techniken und Qualitäten gesellschaftlicher (De-)Formierung, wie sie in den sog. Notstandsgesetzen von 1968, aber auch in der ‚Bewußtseinsindustrie' der Massenmedien erkennbar werden. Da ist zum andern die „Hoffnung, eine hartnäckige Hoffnung" (II, 274) auf gesellschaftliche Erneuerung, Reform im emphatischen Sinne, – ob sie sich nun im (bald unterdrückten) tschechoslowakischen Konzept eines ‚Sozialismus mit menschlichem Gesicht' konkretisiert (vgl. ‚Der Panzer zielte auf Kafka' [II, 305 ff.]) oder auch im neugewonnenen Interesse für unterdrückte, verdrängte, öffentlich-politisch nicht repräsentierte Bevölkerungsteile (sog. ‚Randgruppen') und individuelle Erfahrungsbereiche. Eben dieses Interesse sehen Renate und Rolf Wiggershaus auch als Ansatzpunkt eines neuen literarischen Konzepts, das sie als „Literatur des Verdrängten" definieren: „Eine Literatur, die gesellschaftliche Erfahrungen, die durchaus in der Vereinzelung und privat erfolgen können, der Verdrängung, Verzerrung, Kanalisierung oder Umfunktionierung" innerhalb des herrschenden Kommunikationssystems zu entziehen sucht.[3] Nur auf den ersten Blick überrascht es, daß der oben zitierte Satz aus Bölls ‚Frankfurter Vorlesungen' (1963/64!) zur Maxime dieser Literatur erklärt wird, die sich in einiger Breite erst ab 1968 zu entfalten beginnt: „Die Literatur kann offenbar nur zum Gegenstand wählen, was von der Gesellschaft zum Abfall, als abfällig erklärt wird." (II, 71)

Ein mißverständlicher Satz übrigens: *die* Literatur *kann* natürlich vielerlei und durchaus anderes zum Gegenstand wählen und hat dies auch in den sechziger Jahren getan (man denke an Tendenzen wie die ‚Konkrete Poesie'); aber für Bölls literarisches Selbstverständnis hat jener Satz in der Tat Programmcharakter. Schon sein ‚Clown' des Jahres 1963 war abfällig im Doppelsinn: gesellschaftlich unbrauchbar, ‚Ausschuß' – und: von den gesellschaftlichen Normen abgefallen, ein Ketzer, Häretiker. Er verharrt freilich (als typische Anti-Figur der Adenauer-Zeit) in der Negation: resignativ, allenfalls provokativ.

Es scheint (noch) nicht möglich, von der Außenseiterposition her das Modell eines anderen Lebens (oder auch nur das Bedürfnis danach) zu entwerfen. Dies hat sich – fast ein Jahrzehnt später – geändert. „Die auf Repräsentanz der Nichtrepräsentierten" zielende Literatur, heißt es bei Wiggershaus, „korrespondiert einer Welt, in der angesichts der Infragestellung kultureller Traditionen durch die beschleunigte Ausweitung administrativer Tätigkeit und eines wachsenden Unverständnisses für das Abverlangen überflüssig gewordener Tugenden und Opfer die Forderungen nach Mit- und Selbstbestimmung zunehmen. Literatur wird ausdrückliches Bewußtsein von Nöten im gleichen Maße wie ausdrückliches Bewußtsein von Bedürfnissen und Fähigkeiten zur Selbstregulation und des Erkennens der Hindernisse, die sich dem in den Weg stellen."[4]

Für die Herausbildung einer solchen Literatur des gesellschaftlich Verdrängten spielt nun Bölls ‚Gruppenbild mit Dame' (wie dann auch ‚Die verlorene Ehre der Katharina Blum') eine wichtige Rolle, ohne doch andererseits mit der Kontinuität des Böllschen Erzählwerks zu brechen. „Ich habe versucht, das Schicksal einer deutschen Frau von etwa Ende Vierzig zu beschreiben oder zu schreiben, die die ganze Last dieser Geschichte zwischen 1922 und 1970 mit und auf sich genommen hat." (IV, 120) Das erinnert durchaus an frühere Konzepte, beispielsweise an ‚Billard um halbzehn'; es läßt auch den neuen Roman als „vorläufiges Ergebnis" einer epischen „Fortschreibung" verstehen (IV, 120). Erlebte Geschichte soll wiederum erzählerisch eingeholt werden, soll sich konkretisieren in der Bindung an eine Figur oder Gruppe. Und wiederum wird diese Geschichte als Lebensgeschichte nicht chronologisch und mit gleichbleibender Perspektive, nicht im biographischen Bericht erzählt; sie erscheint vielmehr gebrochen im Medium verschiedener subjektiver Wahrnehmungen, Erinnerungen, Bewertungen. Konkret heißt das: Ein vorerst außerhalb stehender, wenn auch nicht ‚neutraler' Erzähler, der sich ein wenig betulich als „Verf." einführt, arrangiert die von mehreren „Auskunftspersonen" erfragten Informationen und ‚Ansichten' über die Mittelpunktsfigur zu einem locker gefügten Ganzen. (Solche Multiperspektivität diente schon in ‚Billard um halbzehn' dem Versuch, den Komplex erzählter Geschichte als *erlebte* Geschichte, also vielschichtig, dicht, auch widersprüchlich erscheinen zu lassen. Allerdings hatte dort die Montage der verschiedenen Monologe und Erinnerungen – ohne Vermittlung einer Erzählergestalt – ein artifizielles, ja hermetisches Moment.) Im ‚Gruppenbild mit Dame' ergibt sich die Vielfalt der Perspektiven plausibler: der Roman erscheint als *Prozeß und Resultat einer Ermittlung*. Dabei bleibt es – zumindest vorläufig – durchaus unklar, in wessen Auftrag und mit welchem Ziel der „Verf." die „Rolle des Rechercheurs" (5, 230) übernimmt: sein Vorgehen läßt an bürokratische Ermittlungen ebenso denken wie an das „Prinzip der Detektiv-Story" (IV, 170) oder auch an die Methode eines unerwünschten Reporters, der „zu verschiedenen verwerflichen Mitteln greifen" muß, um seine Informationen zu erhalten – zweifellos eine Anspielung auf Günter Wallraff (vgl. 5, 17).

Einleitend wird dies Verfahren wie folgt expliziert: „Der Verf. hat keineswegs Einblick in Lenis gesamtes Leibes-, Seelen- und Liebesleben, doch ist alles, aber auch alles getan worden, um über Leni das zu bekommen, was man sachliche Information nennt (die Auskunftspersonen werden an entsprechender Stelle sogar namhaft gemacht werden!), und was hier berichtet wird, kann mit an Sicherheit grenzender Wahrscheinlichkeit als zutreffend bezeichnet werden." (5, 13) Die Einlassung ironisiert sich selbst: gerade Eindeutigkeit ist den vielen widersprüchlichen Auskünften über Leni nicht zu entnehmen – oder allenfalls in indirekter Wiese, indem der Leser sich ‚sein Bild' machen muß. „Es gibt Widersprüche in Leni," schreibt Heinz Ludwig Arnold, „die durch die Aussagen verschiedener evoziert werden, aber gleichzeitig fallen diese Widersprüche häufig in sich zusammen oder auf jene zurück, die sie durch ihre Aussagen bewirkten. So wird das Geflecht des fiktiv Biographischen intensiver und, wenn man so will, glaubwürdiger."[5] Man kann also vorläufig vermuten, daß die Art der Figurenzeichnung, die Erzählweise überhaupt mit den inhaltlichen Bestimmungen, dem Charakter der Zentralfigur zusammenhängt:

weil diese der glatten und bruchlosen Einpassung ins gesellschaftliche System sich sperrt, ist sie nicht eindeutig und bruchlos zu charakterisieren. Hiervon muß später noch ausführlicher
die Rede sein.

Aber das recherchierende Verfahren, das der Autor mit Hilfe
seines „Verf.s" fingiert, ist noch in anderer Hinsicht von Be-
lang. Zum einen geht Böll hiermit – praktisch – auf eine litera-
turtheoretische Diskussion ein, die in den späten sechziger Jahren virulent geworden war. Im Zuge der Studentenbewegung
war neben anderen auch die ‚Institution Kunst' und manche ihrer konventionellen Verfahren dem kritischen Zweifel anheim
gefallen. Ob herkömmlich fiktionales Erzählen noch geeignet
sei, soziale Realität und gerade auch deren ‚verdrängte' Bezir-
ke adäquat zu erfassen, war die weniger das Lesepublikum als
die Literaten selbst beschäftigende Frage. Das *dokumentarische
Verfahren* von Reportagen, Protokollen, Interviews usw. wurde
– gerade auch von etablierten Erzählern wie etwa Martin Walser[6] – als Mittel zur Überwindung der ‚Krise des Erzählens'
propagiert. Hierauf geht implizit auch Böll ein, wenn er seinen
Roman dokumentarisch kostümiert. Aber: gerade weil „sich
der ‚Verf.' alias Böll als Dokumentarist *verkleidet* und von ‚dieser Niederschrift simpler Fakten' spricht, bringt er sich selbst als
Fiktionalist auf das allerstärkste zur Geltung."[7] Böll vollzieht
„nicht die Krise des Erzählens mit, sondern er reflektiert sie"[8]
in ironisch-doppelbödiger Weise, kritisiert zugleich den Abso-
lutheitsanspruch des authentischen Sprachdokuments. Daß die
Wirklichkeit sich nicht in ihrem oberflächengetreuen Abbild, in
‚originalen' Sprachdokumenten preisgibt, sondern vielmehr
‚konstruiert' werden muß – diese vier Jahrzehnte alte Einsicht
Brechts und Kracauers[9] –, wird, wenngleich ganz untheore-
tisch, von Bölls epischer Konstruktion wieder aufgenommen.
Anders gesagt: So wichtig das dokumentarische Verfahren für
eine Literatur des gesellschaftlich Verdrängten ist (man denke
an Bölls Wertschätzung der Wallraff-Reportagen [vgl. II,
490]), so wenig ist es mit ihr identisch. Bestimmte Literatur-
funktionen sind nach wie vor eher von der fiktionalen Gestaltung zu erfüllen.

Zum zweiten erweist sich der Sinn von Bölls spezifischer Erzählform, die Leistungsfähigkeit seines „poetischen Dokumentarismus",[10] im Hinblick auf den Leser und seine Rezeption. Zwei so unterschiedliche Kritiker wie Karl Korn und Bernhard betonen dies: „Durch den Kunstgriff der Erstellung einer Dokumentation wird die Spannung keineswegs gemindert (...). Der Leser wird zum Mitautor, zum Spurensucher";[11] und: „Es steigert sich so das Assoziationsangebot an den Leser, der weniger zu direkter Identifizierung mit einer Person oder Personengruppe als zur Stellungnahme gegenüber einem Verhalten aufgefordert wird, das er in seiner Substanz zu erkennen und in seiner Bedeutung für sich gleichsam ‚auszulegen' gehalten ist."[12] Man kann sogar noch weiter gehen: nicht nur muß der Leser in eigener Aktivität eine verbindliche Charakterisierung der Hauptfigur leisten – er hat darüber hinaus Gelegenheit und wird dazu aufgefordert, *eigene Geschichtserfahrung* in den Leseprozeß einzubringen. (Das wird – im Vergleich – sowohl durch die hermetischen Symbolketten von ‚Billard um halbzehn' wie auch durch die radikal subjektivierten ‚Ansichten eines Clowns' erschwert bzw. verhindert.) ‚Gruppenbild mit Dame' aber zielt genau darauf ab, thematisch und strukturell: die offene, von Lücken, Brüchen und Widersprüchen durchsetzte Erzählweise nimmt die Struktur jener *alltäglichen Geschichtserzählungen* an, die zumindest der älteren und mittleren Lesergeneration aus der Kriegs- und Nachkriegszeit vertraut sind. Indem das Buch episodisch und vielschichtig von Schicksalswenden und -brüchen, Karrieren und Katastrophen erzählt, von dem was geschehen ist und was nicht geschehen konnte, von gelebtem und „durch die Militärgeschichte verhindertem" Leben (vgl. 5, 92), spricht es die geschichtliche Erfahrung von Generationen an und aus, die eben durch Faschismus, Krieg und Nachkrieg solche Schicksalsbrüche, Hoffnungen und Verluste erlebt und erlitten haben.

Allerdings wurde diese Leistung der Böllschen Erzählweise nicht durchweg anerkannt – oder auch nur erkannt. Einerseits vermissen formal argumentierende Kritiker wie Durzak, Reich-Ranicki oder auch Joachim Kaiser ein „Formprinzip", ein „Strukturprinzip" (...), das die einzelnen Teile einem funktionalen Zusammenhang einfügt".[13] Eine gesellschaftstheoretisch fundierte Kritik andererseits beurteilt den Roman skeptisch, gerade *weil* er so ausschließlich „aus Personenleben, aus Personengeschichten zusammengesetzt erscheint".[14] Dabei wird wohl doch unterschätzt, was diese Erzählweise durch ihre strukturelle Affinität zur individuellen Erfahrung beiträgt zur Aktivierung von Leser-Erinnerungen, Bedürfnissen und Wünschen.

Es war bisher ausschließlich von der Erzählweise die Rede, noch nicht von der Figur und Figurenkonstellation, die doch immerhin dem Roman seinen Titel geben. Die ‚Dame', deren Porträt da entworfen werden soll, wird unmittelbar am Anfang des Romans vorgestellt in jener pseudokonkreten, häufig ins Umgangssprachliche ausrutschenden Bürokratensprache, die der „Verf." pflegt: „Weibliche Trägerin der Handlung in der ersten Abteilung ist eine Frau von achtundvierzig Jahren, Deutsche; sie ist 1,71 groß, wiegt 68,8 kg (in Hauskleidung), liegt also nur etwa 300–400 Gramm unter dem Idealgewicht; sie hat zwischen Dunkelblau und Schwarz changierende Augen, leicht ergrautes, sehr dichtes blondes Haar, das lose herabhängt; glatt, helmartig umgibt es ihren Kopf. Die Frau heißt Leni Pfeiffer, ist eine geborene Gruyten, sie hat zweiunddreißig Jahre lang, mit Unterbrechungen versteht sich, jenem merkwürdigen Prozeß unterlegen, den man den Arbeitsprozeß nennt: fünf Jahre lang als ungelernte Hilfskraft im Büro ihres Vaters, siebenundzwanzig Jahre als ungelernte Gärtnereiarbeiterin. Da sie ein erhebliches immobiles Vermögen, ein solides Mietshaus in der Neustadt, das heute gut und gerne vierhunderttausend Mark wert wäre, unter inflationistischen Umständen leichtfertig weggegeben hat, ist sie ziemlich mittellos, seitdem sie ihre Arbeit unbegründet und ohne krank oder alt genug zu sein, aufgegeben hat. Da sie im Jahre 1941 einmal drei Tage lang mit einem Berufsunteroffizier der Deutschen Wehrmacht verheiratet war, bezieht sie eine Kriegerwitwenrente, deren Aufbesserung durch eine Sozialrente noch aussteht. Man kann wohl sagen, daß es Leni im Augenblick – nicht nur in finanzieller

Hinsicht – ziemlich dreckig geht, besonders seitdem ihr gelieb-ter Sohn im Gefängnis sitzt." (5, 11) Dies ist der Umriß zu einer Figur, den es aufzufüllen und die es im Zentrum eines ‚Grup-penbildes' zu plazieren gilt. Dies geschieht, wenn man bei aller Lockerheit der Erzählfolge doch eine Grobstruktur festhalten will, in drei Schritten. Im 1. Kapitel wird in Ergänzung des oben Zitierten eine vorläufige Skizze und Charakteristik Lenis, ihrer Umgebung und Lebensweise gegeben. Zugleich werden die „Auskunftspersonen" profiliert, die mehr oder weniger stark mit Lenis Lebensweg verbunden sind. Zu Beginn des 2. Kapitels heißt es dann: „Nun ist Leni natürlich nicht immer achtund-vierzig Jahre alt gewesen, und es muß notwendigerweise zu-rückgeblickt werden" (5, 28), – was in den Kapiteln 2 bis 8 als erzählerische Rekonstruktion der Vorgeschichte geschieht. In den Kapiteln 9 bis 14 wird schließlich diese Vorzeithandlung zunehmend von einer Gegenwartshandlung überdeckt, die Le-ni in Konfrontation mit einer ihr feindlich gesinnten Umwelt – aber auch die Versuche zu ihrer Unterstützung – zeigt, somit auf den Ausgangspunkt, Lenis „ziemlich dreckige" Lage (vgl. 5, 7) zurückweisend.

Sowohl in der Vorzeit- wie in der Gegenwartshandlung bleibt Leni mit ihrem privaten Schicksal der Bezugspunkt des Interesses und aller Recherchen; zugleich aber wird – schein-bar nebenbei und ohne Absicht – das ‚Gruppenbild' vervoll-ständigt. Es entsteht ein Panorama deutscher Zeitgeschichte aus der Alltagsperspektive, ein soziologischer Querschnitt der Gesellschaft vor, in und nach dem Zweiten Weltkrieg. Das „Personal" auch dieses Romans scheint bekannt aus den frühe-ren, es macht die Leser zu „Teilhabern an einem Erinnerungs-fond, der uns mehr belastet als freispricht" (Siegfried Lenz[15]): kleine Nazis, mittlere Opportunisten, „drei hochgestellte Per-sönlichkeiten" (5, 20), Kriegs- und Nachkriegsgewinnler, jun-ge Soldaten, die das Kriegsende nicht mehr erleben werden, ei-ne jüdische Nonne, „zwei invalide Arbeiterinnen, zwei oder drei Sowjetmenschen" (5, 20), enttäuschte Altkommunisten, schrullige Philologen, Gastarbeiter. Also: Fortschreibung der Figuren, Fortschreibung auch vieler Themen und Episoden aus den früheren Werken, vor allem da, wo auf die Kriegszeit zurückgegriffen wird und zahlreiche Motive der frühen Erzählungen und Romane wieder auftauchen. Es mindert die vom Autor intendierte Sonderstellung der Hauptfigur nicht, wenn man festhält, daß der Roman gerade in der Vergangenheitsdimension – als Gestaltung „erlebter Geschichte" – wesentlich auch von den Nebenfiguren und ihren Schicksalen lebt. Entscheidende Bestimmungen deutscher Geschichte im 20. Jahrhundert sind oft in unscheinbaren Episoden, in Randbemerkungen von Nebenfiguren festgehalten, – man denke etwa an die historischen Niederlagen, auch das Versagen der deutschen Arbeiterbewegung, wie sie sich in den Äußerungen von Grundtsch oder Ilse Kremer abzeichnen (vgl. 5, 189 f., 152 ff.).

Im Gegensatz zu solchen Nebenfiguren erscheint Leni Pfeiffer als eine Gestalt, die unvermeidlich in die Zeitgeschichte verstrickt, ihr gleichzeitig aber seltsam entrückt ist. Die Freundin des „Verf.s", eine ehemalige Nonne mit literarischen Neigungen, charakterisiert diese Ambivalenz mit dem paradoxen Satz: „Ja, es gibt sie, und doch gibt es sie nicht. Es gibt sie nicht, und es gibt sie." (5, 36) Ironisch ist damit Bölls Anspruch bezeichnet, eine zugleich realistisch und utopisch wirkende Kunstfigur zu gestalten; ein Anspruch, der erzähltechnisch durch die indirekte Figurenzeichnung eingelöst wird. Sie leistet keine eindeutige Charakterisierung; der „Verf." selbst muß eingestehen, daß die „Zusammenfassung" von Lenis Eigenschaften und Schicksalen ihre Persönlichkeit nicht hinreichend bestimmt: „vielleicht ein wenig beschränkt, Mischung aus romantisch, sinnlich und materialistisch, ein bißchen Kleistlektüre, Klavierspiel, eine dilettantische, wenn auch tiefgreifende oder -sitzende Kenntnis gewisser Sekretionsvorgänge; nimmt man sie als (...) verhinderte Liebhaberin, als mißglückte Witwe, zu drei Vierteln Waisenkind (Mutter tot, Vater im Gefängnis); mag man sie für halb- oder gar kraß ungebildet halten – so erklärt doch keine dieser fraglichen Eigenschaften und nicht deren Komposition die Selbstverständlichkeit ihres Handelns in jenem Augenblick, den wir gemeinsam die ‚Stunde der Tasse Kaffee' nennen wollen" (5, 183 f.).

Dies weist auf zweierlei hin: einmal auf die Handlungsepisode, die für Leni „Wiedergeburt", „zentrales Erlebnis" (5, 183) bedeutet (und auch im Roman eine zentrale Stellung einnimmt); zum andern auf die „Selbstverständlichkeit ihres Handelns" als die – sozusagen existentielle – Grundhaltung Lenis. Die Szene, die sich „Ende 43/Anfang 44" (5, 181) in Pelzers Friedhofsgärtnerei abgespielt hat, wird von diesem nicht unsympathisch gezeichneten Opportunisten selbst beschrieben. (In der Gärtnerei, wo Leni arbeitet, ist auch ein junger sowjetischer Kriegsgefangener namens Boris zwangsbeschäftigt.) – „Das fing mit einer Tasse Kaffee an, die Leni dem Russen rüberbrachte, bei der Frühstückspause kurz nach neun. (...) Sie schenkt dem Russen eine Tasse Kaffee ein – 1:3 müssen Sie wissen (...) –, schenkt dem Russen aus ihrer Kanne Kaffee in ihre Tasse ein und bringt sie ihm rüber an den Tisch, wo er (...) arbeitete. Das war für Leni eine Selbstverständlichkeit, jemand, der weder ne Tasse noch Kaffee hatte, eine Tasse Kaffee anzubieten – aber glauben Sie, die hat gewußt, wie *politisch* das war." (5, 178 f.)

Der Schlüsselcharakter dieser Szene wird gleich mehrfach betont: nicht nur erhält die Darreichung des Getränks einen sakramentalen Beiklang (die Tasse wird mit einem „heiligen Kelch" verglichen – 5, 180); Lenis Verhalten wird auch multiperspektivisch von mehreren „Auskunftspersonen" geschildert und leitmotivisch als das bezeichnet, was es gerade *nicht* war: als „Selbstverständlichkeit" (5, 179, 182, 184, 185). Die Selbstverständlichkeit des nicht Selbstverständlichen verweist auf eine subjektive (Lenis Verhalten) und eine objektive Komponente (die historisch-politische Situation). Was die erste angeht, so erweist es sich auch in der späteren Handlung als Lenis bestimmende Eigenschaft, das zu tun (und zwar weitgehend unreflektiert), was sich ihr als „selbstverständlich" darstellt: ob es dabei um die Zuwendung zu anderen Menschen geht oder um die eigene Bedürfnisbefriedigung, die sich weitgehend als „Verweigerung" der gesellschaftlich an sie herangetragenen Konsum- oder Leistungszwänge darstellt. Leni lebt nur scheinbar anspruchslos: ihre Einschränkung, ihr Konsumverzicht ist –

auch im intellektuellen und künstlerischen Bereich – nur die Kehrseite eines besonderen qualitativen Anspruchs. So liest sie nur wenige, immer die gleichen Autoren – aber es sind eben: Kleist, Hölderlin, Kafka, Trakl, Brecht. So spielt sie „nur zwei Klavierstücke von Schubert" immer wieder, aber so „meisterhaft", daß noch die „jahrzehntelange Wiederholung" ihren Nachbarn, den gefürchteten Musikkritiker Schirtenstein, fasziniert (5, 18). Im Gespräch mit einer Leserin seines Romans, die Leni als „völlig bedürfnislos" versteht, hat Böll darauf insistiert, daß die Verweigerung der von außen suggerierten Bedürfnisse eben keine Bescheidenheit, ‚Bedürfnislosigkeit' sei: „Ich halte diese Frau in dem Roman nicht für bescheiden, sondern für sehr unbescheiden, eben weil sie sich nicht unterwirft und trotzdem eigentlich ja ganz gut lebt, nennen wir es so. Sie hat alles, was sie braucht, sie ist unabhängig sogar." (IV, 255) Zugleich habe diese Haltung „auf jeden Fall etwas Provokatives" (IV, 256), in einer Gesellschaft, die die Normierung und Außensteuerung gerade auch der privaten Bedürfnisse betreibt.

Wenn im Roman von Pelzer betont wird, Lenis Annäherung an Boris „war erotisch und politisch ne Kühnheit, fast ne Frechheit" (5, 186), so berührt das allerdings auch die objektiv-historischen Bedingungen jener „Stunde der Tasse Kaffee" und des sich daraus entwickelnden Liebesverhältnisses. Für den Schriftsteller Böll ist damit zugleich die Frage gestellt, ob und wie seine fiktional-episodische Darstellung die *geschichtliche Wahrheit* treffen kann. In dem eben erwähnten Gespräch mit Karin Struck führt er dazu aus: „Ich war neulich in Amerika, und da wurde ich auch interviewt darüber, und die haben alle gesagt, mein Gott, Sie schreiben überhaupt nichts von Hitler und vom Krieg, von den großen Morden und diesen Geschichten. Ich hab ihnen gesagt, wenn ich weiß, daß es die Todesstrafe bedeuten konnte, einem Juden oder einem sowjetischen Kriegsgefangenen eine Zigarette zu schenken, dann weiß ich alles über die Nazizeit. Was ein Geschichtsforscher gar nicht wissen muß, verstehen Sie? (…) Ich nenne jetzt nur die Zigarette, um 12 Jahre deutscher Geschichte zu illustrieren. Mehr brauch ich eigentlich nicht zu wissen. Da brauch ich nicht über die KZs zu schreiben, denn die sind da drin, nicht wahr?" (IV, 275 f.) Daß der Romancier mit diesem Vorgehen sehr wohl in Einklang steht mit neueren Methoden der „Geschichtsforscher" – Stichwort: Alltagsgeschichte – sei nur am Rande erwähnt.

Man erkennt an seinem Kommentar und an der Gestaltung der fraglichen Szene darüber hinaus auch die Kontinuität und Weiterentwicklung von Bölls symbolisch-realistischem Erzählen: einerseits Fortschreibung des zentralen Themas „Liebe im Krieg"[16] und seine Ausgestaltung zur bedrohlichen Idylle (vgl. das „Sowjetparadies in den Grüften" [5, 261]); andererseits eine Zurücknahme, wenn auch nicht Aufgabe des symbolischen, sakramentalen Realismus. Das wird in der „Stunde der Tasse Kaffee" ebenso deutlich wie in Randmotiven zur Charakterisierung Lenis. So wird das früher allzu ,sakramental' eingesetzte Brot-Symbol ironisch wieder aufgenommen in Gestalt der „zwei unabdingbaren knackfrischen Brötchen", die für Lenis Frühstück „wichtiger sind als für andere Leute irgendwelche Sakramente" (5, 25, vgl. 15). Derartige Differenzierung, auch Ironisierung früherer Motive zeigt eine neue Qualität des Böllschen Erzählens an: die symbolischen Verweisungen werden jetzt viel ungezwungener aus der realen Handlungsphäre heraus entwickelt, nicht mehr aufgesetzt; oder sie werden von Anfang an ironisiert. Mit Recht hat man die „wohltuende Anstrengungslosigkeit" von Bölls Erzählduktus in diesem Buch gelobt; „nicht mehr der bisweilen ein wenig kurzsichtige Milieurealismus" mit den aufgesetzten Symbolzügen dominiere, „sondern eine epische Souveränität, die gelassen, auch eulenspiegelhaft, zu Zeiten scheinbar disziplinlos frei fabulierend, die schlechte Wirklichkeit phantasievoll, ja utopisch unterminiert."[17] So der DDR-Kritiker Kurt Batt, dessen Urteil allerdings Anlaß gibt, genauer nach der Substanz des ,Utopischen' zu fragen, das in Lenis Figur gestaltet wird.

Lenis Unkalkuliertheit, ihr mangelndes, ja fehlendes Planungsverhalten, die Iphigeniengleiche „reine naive Menschlichkeit" (5, 182), ihre „enorme", „fast geniale Sinnlichkeit" (vgl. 24, 38), die keineswegs auf den erotischen Bereich beschränkt ist, sondern gerade die alltäglichen Wahrnehmungen und Handlungen prägt – all dies sind „prinzipielle Züge eines Menschenbildes, das bewußt der Profitgesellschaft entgegensteht", wie Bernhard konstatiert.[18] Man könnte auch sagen, daß Leni in ihrem gesamten Verhalten *nicht berechnend* ist: was sie tut, tut sie nicht im Hinblick auf Zwecke (was übrigens ihre materielle Verelendung mitbedingt), sie tut es spontan, *selbstverständlich* (5, 177). Ihre Handlungen sind in sich wert-haft, unmittelbarer Bestandteil ihrer Identität. Das bewirkt freilich – in einer fast ausschließlich zweckrational organisierten Umwelt – nicht nur äußere Verelendung, sondern auch Mißachtung und Diffamierung (5, 14: die „Umwelt möchte Leni am liebsten ab- oder wegschaffen (...) und es ist nachgewiesen, daß man hin und wieder nach Vergasung verlangt"). ‚Wertrationales‘ und ‚affektuelles‘ Handeln wird aus dem Blickwinkel der Zweckrationalität sehr leicht als irrational mißachtet und verfolgt.[19] Die Repräsentanten der Profitgesellschaft sind bemüht, derartige Verhaltensformen zu beseitigen, weil sie (zumindest in Bölls epischer Konstruktion) den subversiven Zug, die potentielle Sprengkraft der Verweigerung für ihr zweck- bzw. profitorientiertes System fürchten. Von diesem Standpunkt aus gibt der Vetter Kurt Hoyser, der geldgierig die Vertreibung Lenis und ihrer zahlreichen in- und ausländischen Untermieter aus dem Haus betreibt, das seine Familie ihr abgegaunert hat, eine durchaus ‚verständliche‘ und treffende Charakteristik: „Tante Leni (...) empfinde er als im wahrsten Sinne des Wortes reaktionär, es sei inhuman oder, um ein deutsches Wort zu gebrauchen, unmenschlich, wie sie instinktiv, hartnäckig, unartikuliert, aber konsequent sich weigere, jegliche Erscheinungsform des Profitdenkens nicht etwa ablehne, das setze ja Artikulation voraus, sondern einfach verweigere. Zerstörung und Selbstzerstörung gehe von ihr aus (...). Nicht er, sie sei ein Unmensch, denn ein gesundes Profit- und Besitzstreben läge, und das sei von der Theologie nachgewiesen und werde sogar von marxistischen Philosophen immer mehr bejaht, in der Natur des Menschen." (5, 336) Und weiter: „Man ist längst dahintergekommen, daß es gerade diese großen Altbauwohnungen sind, die relativ billig sind, einen gewissen Komfort haben und so weiter, in denen sich jene Zellen bilden, die unserer auf Leistung basierenden Gesellschaft den Kampf ansagen. (...) diese Art Wohnungen, (...) sind die Brutstätten eines – sagen wir es ohne Emotion – Kommunalismus, der utopische Idylle und Paradiesismus fördert." (5, 342)

Als Person und Verhaltenstypus ist Leni, wie Batt bemerkt, gewiß „nicht eine abbildhafte Paraphrasierung von Tatsächlichem", sondern die „Figur gewordene Projektion von Hoffnung", eine „Kunst- und Traumgestalt, (...) in der sich Urchristliches, Utopisch-Kommunistisches mit dem Gedanken der ‚großen Verweigerung' amalgamiert."[20] Böll hat diese Qualität seiner Figur deutlich herausgehoben; wichtigstes Mittel dazu ist, neben der Indirektheit des ermittelnden Erzählens, die „typologische Gestaltung".[21] Hierunter ist eine Erzählweise zu verstehen, die in Figurenkonstellation oder Handlungsstruktur der biblischen Überlieferung nachgebildet ist. Im Roman selbst wird – durchaus ironisch – zu Anfang und am Ende betont, daß Leni „mit der Jungfrau Maria auf vertrautem Fuß" stehe (5, 22), ja unter bestimmten Umständen mit ihr identisch erscheine (vgl. 5, 384). In der Figurenkonstellation erinnert vor allem die Geburt von Lenis und Boris' Sohn Lev (Anfang 1945 in Pelzers Gärtnerei) an die vertraute Krippenszene, die „Heilige Familie" (vgl. 5, 249); Lenis Freundin Margret erscheint als „Magdalena-Figur schlechthin",[22] wodurch Leni erneut als ‚Maria' (wie auch ihr zweiter Vorname lautet) zu verstehen ist. Man könnte derartige Entsprechungen mit Theodore Ziolkowski weiter verfolgen, der schließlich folgert, daß die typologische Gestaltung und die „Anwendung einer säkularisierten kirchlichen Form" dazu diene, das „Thema einer säkularisierten christlichen Heiligkeit adäquat zu gestalten."[22]

Andere Kritiker haben schon früher darauf hingewiesen, daß Böll hier säkularisierend erzählt: so benennt Wolfram Schütte in einer sehr ausgewogenen Kritik den Roman als „häretische Marienlegende".[24] Und Bernhard stellt den Zusammenhang zwischen dieser Gestaltungsform und dem geschichtlichen Gehalt her: der „Rückgriff auf Elemente des Heiligen und Madonnenhaften", das „Legendenhafte" ist für ihn Mittel, „ein

Allgemeines einer humanistischen Position – getrennt vom Geschichtlichen – sichtbar zu machen".[25] Mit anderen Worten:
Böll greift zur *archaisierenden Form* für den *utopischen Gehalt*,
weil dieser in der gegebenen Realität der spätkapitalistischen
Gesellschaft nicht ‚realistisch' zu fundieren ist. Lenis Verhalten
ist Modell eines anderen Lebens, hat aber in dieser Gesellschaft
nicht ohne weiteres eine soziologische Basis. Denn es geht nicht
an, das „Proletariat" als Garanten dieses besseren Lebens zu
beanspruchen, wie es manche eher metaphorischen Bemerkungen Bölls nahelegen könnten und wie es etwa Batt versucht.[26]
Bernhard hat demgegenüber mit Recht betont, daß die klassen-
bewußten Proletarier hier wie in den früheren Werken nur als
Enttäuschte überleben, daß Böll sie „aus der Geschichte aus-
steigen läßt".[27] Leni selbst, die als „so herrlich proletarisch" (5,
305) gerühmt wird, ist soziologisch eine deklassierte ‚höhere
Tochter': und in der Tat mag Leistungsverweigerung ebenso
oder eher aus abtrünniger Bürgerlichkeit gespeist werden wie
aus proletarischer Erfahrung. Andererseits verwirklichen die
„Müllautofahrer, die eine Verkehrsstauung bewirken, um Lenis
Exmittierung hinauszuzögern" (zwei von ihnen sind nicht nur
Kollegen von Lenis Sohn, sondern auch ihre Untermieter) sicherlich „Tendenzen zu einer proletarischen Solidarität".[28]
Aber die Gruppe insgesamt, die sich als „Helft-Leni-Komitee"
zusammenfindet, um ihren Schützling vor der Vertreibung zu
bewahren (vgl. 5, 342 ff.), ist alles andere als proletarisch: sie
schließt Intellektuelle wie Schirtenstein und den „Verf.", der
„seine Neutralität" bricht, indem „auch er sein Scherflein in
den Leni-Fond" einzahlt (5, 349), ebenso ein wie schließlich
den fragwürdigen Villenbesitzer Pelzer. Konstitutiv für die
Gruppe erweist sich die *emotionale* Beziehung zu Leni: „eine
Übereinstimmung, aber nicht auf ideologischer, sondern auf
sensualistischer Basis, eine Form der Mitmenschlichkeit, die
sich durch sinnliche Beziehung zugleich herstellt und gegen die
zerstörerischen Einflüsse der modernen Leistungsgesellschaft
abschirmt (...)."[29] Kein klassenspezifisches Kollektiv also, sondern eine – säkularisierte – Gemeinde: Gegenkirche der „subversiven Madonna".

Mit der gleichen scheinbaren Nachlässigkeit, die schon die Exposition des Geschehens bestimmt hatte, rafft Böll die Erzählfäden am Schluß, indem er seinen „Verf." „massenhaft Happy-Ends" ankündigen und berichten läßt (auch der „Verf." selbst entgeht einem solchen nicht!). Aber sie werden durch ausführlich zitierte „Dokumente" dunkel grundiert: ein Brief beschreibt den tragisch-grotesken Tod von Lenis Freundin Margret, ein Polizeiprotokoll berichtet vom Selbstmord ihrer ehemaligen Kollegin Ilse Kremer und registriert deren armselige Hinterlassenschaft: „Eine fast wertlose, aber intakte Herrenarmbanduhr. Ein verschlissener Goldring mit einem künstlichen Rubin, ebenfalls fast wertlos. Ein Zehnmarkschein aus dem Jahr 1944. Ein Rotfrontkämpferabzeichen, dessen Wert der Unterzeichnete nicht feststellen kann. Ein Pfandschein aus dem Jahre 1936, mit dem ein goldener Ring für 2,50 RM, ein weiterer Pfandschein aus dem Jahre 1937, mit dem ein Biberpelzkragen für 2,00 RM verpfändet worden war. Ein korrekt quittiertes Mietquittungsbuch. (...) Sechs Romane eines gewissen Emile Zola, Taschenbuchausgabe, zerlesen, nicht schmutzig. Wahrscheinlich von geringem Wert. Ein Buch mit dem Titel: ‚Lieder der Arbeiterbewegung'." (5, 381) – Die Hinterlassenschaft eines Lebens in Deutschland, nicht mehr als eine „Handvoll Staub", um mit Böll zu sprechen. Aber den heiteren, fast übermütigen Märchenschluß des Romans beschwert sie mit der „ganzen Last dieser Geschichte" (W, 141). Nicht zuletzt ist es diese Erzählweise, die ‚Gruppenbild mit Dame' zu einem „bedeutenden", einem „großen Roman" macht.[30]

IX. Strukturelle Gewalt und gestörte Idylle

‚Neue politische und literarische Schriften' (1973), *‚Die verlorene Ehre der Katharina Blum'* (1974), *‚Einmischung erwünscht'* (1977), *‚Fürsorgliche Belagerung'* (1979), *‚Du fährst zu oft nach Heidelberg und andere Erzählungen'* (1979)

Publizistik ist nicht nur ein zunehmend wichtiger Seitenstrang von Bölls eigener schriftstellerischer Arbeit gewesen; bestimmte Formen von Publizistik und Presse sind – vor allem unter dem Gesichtspunkt ihrer politischen Wirkung – konsequenterweise auch zum Gegenstand seines Erzählens geworden. Dabei geht es, wie man in den frühen siebziger Jahren sehen kann, nicht ohne heftige, ja geradezu erbitterte Kontroversen in der Öffentlichkeit (und auch nicht ohne Schwierigkeiten mit der Staatsmacht) ab.

Ein kritisch geschärftes Verständnis der eigenen publizistischen Arbeit läßt sich schon an der Titelgebung von Bölls jeweiligen Sammelbänden ablesen: war der erste 1967 noch neutral ‚Aufsätze. Kritiken. Reden' überschrieben, so werden 1973 ‚Neue politische und literarische Schriften' veröffentlicht; der Band von 1977 trägt den Titel ‚Einmischung erwünscht. Schriften zur Zeit'. Dem entspricht eine deutlich wahrnehmbare Wandlung, besser: Verschiebung des Interesses. Ging es dem Autor in den früheren Arbeiten vor allem um Selbstverständigung, Klärung der eigenen „Gebundenheit" (wenn auch immer schon in kritischem Bezug auf die umgebende regionale, soziale, ideologische Realität), so tritt nun unmittelbar das Motiv der Parteinahme, der „Einmischung" in politische Kontroversen hervor, die für Böll grundsätzliche Fragen von Demokratie, gesellschaftlichem Selbstverständnis und Moral berühren. 1968 bereits hatte er sich mit großer Entschiedenheit und nicht geringer Erbitterung gegen die Verabschiedung der sog. Notstandsgesetze gewandt; als Gefährdung der Demokratie erschienen ihm dabei nicht nur diese Gesetze selbst, sondern das in diesem Zusammenhang zutage getretene Versagen kritischer Öffentlichkeit. „Es waren die peinlichsten Tage in der Geschichte des deutschen Nachkriegsjournalismus, und es gab keinen Grund, die Springerpresse schlimmer zu finden als die andere." (II, 293) Böll sieht damit „das Ende der Resolutions- und der ‚Spiegel'-Demokratie" gekommen und erklärt seinen „inneren (...) Abschied vom deutschen Nachkriegsfeuilleton", das heißt von einem Kulturbetrieb mit Ersatz- und Alibifunktion (II, 295 f.) – dies alles wohl auch unter dem Eindruck der sich formierenden Protestbewegung der Studenten, die kurzfristig als gesellschaftlich wirksame Opposition erscheinen konnte.

Von nun an bleibt der ‚Strukturwandel der Öffentlichkeit', wie ihn Jürgen Habermas beschrieben hat, eine Art Leitthema, ein roter Faden nicht nur für Bölls eigene publizistische „Einmischungen" – sondern in gewisser Weise auch für seine Erzählwerke.[1] Habermas hatte gezeigt, wie die Öffentlichkeit und ihre Instanzen (etwa die Presse) unter den Bedingungen des Spätkapitalismus ihre ursprüngliche Funktion verlieren. Öffentlichkeit als herrschaftsfreie Sphäre des Meinungsstreits und Interessenausgleichs, als Organ der Kritik und Kontrolle staatlicher Herrschaft und privater Machtansprüche verschwindet immer mehr. Stattdessen werden Schein-Öffentlichkeiten wie die Massenpresse „gleichsam von oben entfaltet", „von Interessengruppen durchgesetzt". Kritische Meinungsbildung wird nicht ermöglicht, sondern verhindert. „Kritische Publizität wird durch manipulative verdrängt."[2] Gegen diese Entwicklung wendet sich Böll mit großem persönlichem Engagement. Die Stärke und Schwäche seiner Position liegt darin, daß er dabei nur die „überholten" Strategien kritischer Öffentlichkeit verfolgen kann: Argumentation, Sprachkritik, subjektiv-moralistische Parteinahme – und daß er zur Publizierung auf die verbliebenen Medien einer mehr oder weniger liberalen Rest-Öffentlichkeit angewiesen ist, deren Funktionsfähigkeit er selbst anzweifeln muß.

Exemplarisch treten diese Zusammenhänge in einer spektakulären Kontroverse hervor, die sich Anfang des Jahres 1972 entspinnt. Inzwischen ist die Aktionseinheit der Protestbewegung bereits zerfallen; die gewalttätige Strategie Weniger beginnt die Gesellschaft zu schrecken, eine landesweite Hysterie zu produzieren, die von interessierten Gruppen und Instanzen angeheizt wird. Hierauf bezieht sich Böll in einem *Spiegel*-Artikel vom Januar 1972 unter dem Titel ‚Will Ulrike Meinhof Gnade oder freies Geleit?‘. Unmittelbarer Anlaß ist ein Artikel der *Bild-Zeitung* vom 23.12. 1971, dessen Schlagzeile einen bis dahin noch ungeklärten bewaffneten Banküberfall den Terroristen zuschreibt: „Baader-Meinhof-Bande mordet weiter". Böll greift diese Verletzung der journalistischen Informations- und Sorgfaltspflicht als „Demagogie" und „Aufforderung zur Lynchjustiz" an. „Ich kann nicht begreifen, daß irgendein Politiker einem solchen Blatt noch ein Interview gibt. Das ist nicht mehr kryptofaschistisch, nicht mehr faschistoid, das ist nackter Faschismus. Verhetzung, Lüge, Dreck." (II, 545) Die emotionale Schärfe des Angriffs (der die argumentative Unschärfe bei der Verwendung des Faschismusbegriffs entspricht) provoziert eine von Böll offensichtlich nicht erwartete Reaktion: er sieht sich in der Folge einer Flut von Kritik, Beschimpfung und Diffamierung ausgesetzt – und zwar nicht nur durch die publizistischen Agenten des Springer-Konzerns selbst. Es ist nicht besonders sinnvoll, die Einzelheiten dieser Kontroverse hier zu verfolgen, zumal diese selbst zuverlässig dokumentiert worden ist.[3] Wichtiger sind grundsätzliche Probleme, die in Bölls Intervention und den Reaktionen von Presse und Politikern deutlich werden, damals aber vielleicht nicht deutlich genug wurden.

Über den Angriff auf die *Bild-Zeitung* hinaus geht es Böll um die Hintergründe des gesellschaftlich neuen Phänomens Terrorismus. Er versucht erstens, die Struktur des Konflikts, dieses „Krieg(s) von 6 gegen 60 000 000" (II, 546) zu begreifen: „Es ist eine Kriegserklärung von verzweifelten Theoretikern, von inzwischen Verfolgten und Denunzierten, die sich in die Enge begeben haben, in die Enge getrieben worden sind und deren Theorien weitaus gewalttätiger klingen, als ihre Praxis ist." (Zu einfach wäre es, diese Einschätzung aus dem Rückblick zu kritisieren: Wenn es bald darauf nur noch Gewalttat ohne diskutierbare Theorie gab, so muß man mit Böll fragen, warum diese Entwicklung nicht verhindert werden konnte.) „Es kann kein Zweifel bestehen: Ulrike Meinhof hat dieser Gesellschaft den Krieg erklärt, sie weiß, was sie tut und getan hat, aber wer könnte ihr sagen, was sie jetzt tun sollte?" (II, 543 f.)

Böll sucht zweitens einen Weg aus dem Teufelskreis von Gewalt und Gegengewalt; und es kann nicht verwundern, daß er ihn mit religiös besetzten Begriffen zu beschreiben sucht. „Ulrike Meinhof muß damit rechnen, sich einer totalen Gnadenlosigkeit ausgeliefert zu sehen. (...) Muß es so kommen? Will Ulrike Meinhof, daß es so kommt? Will sie Gnade oder wenigstens freies Geleit? Selbst wenn sie keines von beiden will, einer muß es ihr anbieten. (...) Haben alle, die einmal verfolgt waren, von denen einige im Parlament sitzen, der eine oder andere in der Regierung, haben sie alle vergessen, was es bedeutet, verfolgt und gehetzt zu sein? (...) Ulrike Meinhof will möglicherweise keine Gnade, wahrscheinlich erwartet sie von dieser Gesellschaft kein Recht. Trotzdem sollte man ihr freies Geleit bieten, einen öffentlichen Prozeß, und man sollte auch Herrn Springer öffentlich den Prozeß machen, wegen Volksverhetzung." (II, 547 ff.)

„Bölls Aufsatz", so schreibt Stefan Aust in seinem Buch über den ‚Baader-Meinhof-Komplex' (1985), „spiegelt die Ratlosigkeit vieler Linker und Liberaler dem Privatkrieg der RAF gegenüber".[4] Das ist sicher nicht falsch. Aber er leistete doch auch mehr: Böll hat hier, gewiß ohne „Ausgewogenheit" und vom Zorn bestimmt, nicht nur die Mechanismen der Meinungsmache kritisiert, sondern grundsätzlich – und *zu früh?* – die Reaktionsweise der Gesellschaft auf das Phänomen terroristischer Gewalttat in Frage und zur Diskussion gestellt. Fehleinschätzungen und falsche Töne hat er selbst bald eingeräumt: „Ich war allein. Und allein begeht man manchmal Fehler. Ich reagierte als Subjekt, als Unterworfener." (IV, 222) Wichtig aber bleibt – im Blick auf die politische Kultur oder Nicht-Kultur der Bundesrepublik – daß hier ein gesellschaftlicher Dialog *hätte* eingeleitet werden können, der unterblieb. Noch einer der sachlichsten Kritiker Bölls, Nordrhein-Westfalens Justizminister Posser, konnte (mußte?) Bölls Grundsatzfragen „nur" das Prinzip der Rechtsstaatlichkeit entgegensetzen – und verfehlte damit die von Böll angezielte Dimension, der im Blick auf die Politiker gefragt hatte: „Wollen sie, daß ihre freiheitlich demokratische Grundordnung gnadenloser ist als irgendein historischer Feudalismus, in dem es wenigstens Freistätten gab, auch für Mörder, und erst recht für Räuber?" (II, 549)

Der Theologe Helmut Gollwitzer hat diese rechts- und religionsgeschichtliche Dimension verdeutlicht – im Hinblick auf die aktuelle Problematik: „Im Zeitalter der Glaubensstreitigkeit wurden die eingesperrten Ketzer eifrig von den theologischen Vertretern der jeweiligen Territorialkonfession in der Zelle besucht; diskutierend versuchte man, sie von ihrem Irrtum abzubringen. Das hatte nur selten Erfolg, und oft genug mag es dabei nicht gerade zartfühlend zugegangen sein. Unsere aufgeklärte und staatsmonopolistische Rechtspflege überläßt solche Gefangenen den Zellenwänden und den Kreisbewegungen ihrer eingefahrenen Theorie. Keine Berührung mit der Realität, keine Auseinandersetzung mit korrigierenden Einwänden läßt sie auf neue Gedanken kommen. Bölls Intention führt, wenn das Unrealisierbare abgestrichen ist, auf die Frage, ob nicht politische Diskussion angeboten werden könnte, den Verhafteten in der Zelle und den noch Freien in einer Freistatt. Wie letzteres geschehen könnte, das ist der Überlegung wert, wenn es dennoch gilt: ecclesia iure asyli gaudet. Die Kirchen aber könnten (...) zum mindesten sich darauf stoßen lassen, daß sie es sein sollten, die in solch verzweifelter Situation in den Riß treten müßten."[5]

Bölls Stellungnahme hat, wie er selbst einräumt, nicht zur angestrebten „Entspannung", sondern zu neuer Eskalation, „Demagogie" und Hetzerei geführt – vielleicht auch, wie er selbst bedenkt, wegen der „sprachlichen Mittel" (II, 559). Tatsächlich wendet er in seiner Empörung die sprachlichen Strategien der Springer-Presse – pauschale Verurteilung und moralische Herabsetzung des Gegners – gegen diese selbst ... Gewiß auch waren seine Vorschläge nicht als Patentrezept für die politisch Verantwortlichen brauchbar; er hat als moralische Aufgabe der Gesellschaft erkannt und formuliert, was von deren politischen Repräsentanten erst Jahre später, nach einer womöglich vermeidbaren Eskalation des Terrors, allzu zögernd wahrgenommen wurde: nachzudenken über die Frage, „wie Gewalt entstehen und wohin sie führen kann". Was er damals aktuell beklagt hat: „Nicht ein Politiker hat irgend etwas zur Sache gesagt, das beide Seiten – Polizei und die Gruppe um Ulrike Meinhof – entradikalisieren könnte" (II, 556), erweist sich im Rückblick als folgenschweres und lang nachwirkendes Versäumnis. Indem Böll ein christliches Postulat, Gnade, gegen die Rechtsprinzipien und deren Unzulänglichkeit mahnend einklagt (so wie es in ähnlicher Form auch in manchem seiner Erzählwerke geschieht), hat er ein Tabu verletzt. Im Leitartikel der *Frankfurter Allgemeinen Zeitung* vom 3. 2. 1972 fertigt Dolf Sternberger ihn kurzerhand ab: „Es gibt keinen Gnadenstaat, wohl aber einen Rechtsstaat."[6] Eben dies, in der Tat, ist (nicht nur) Bölls Problem.

Warum aber derartige Abfertigung im Interesse der staatlichen Ordnungsmacht nötig schien, erklärt am gleichen Tag im Feuilleton der gleichen Zeitung Karl Heinz Bohrer, der klügste Analytiker der Kontroverse. Der „beruhigende Gedanke vom Dichter, der nur als Dichter sprechen soll, nicht aber über anderes", erweist sich nach Bohrer als Schutzmaßnahme der Staatsräson. Denn wenn ein Schriftsteller – und Böll ist dafür exemplarisch – „eine notorische Beziehung zu moralischen Fragen des Alltags hat" und solche Fragen öffentlich stellt, kann er störend wirken, die eingespielte gesellschaftliche Arbeitsteilung („ein Dichter dichtet und ein Jurist richtet") in Frage stellen. Diese Arbeitsteilung „ergibt sich keineswegs aus der Notwendigkeit der Sache, sondern nur aus der Wünschbarkeit und wahrscheinlich auch Notwendigkeit für den Staat. Anders ausgedrückt, die Kompetenz des Schriftstellers für moralische Fragen des Alltagslebens wird nur dann in Zweifel gezogen werden, wenn sein Diktum der Staatsräson nicht wünschbar oder gefährlich erscheint."[7] Heinrich Böll wird zum Ärgernis, gerade weil er solch falscher Arbeitsteilung sich verweigert. „Ausgebrochen ist er" – schrieb 1967 schon Adorno – „aus jener abscheulichen deutschen Tradition, welche die geistige Leistung ihrem affirmativen Wesen gleichsetzt."[8]

Es ist nicht erstaunlich, daß die Probleme dieser publizistischen Kontroverse – nicht ihre Anlässe – auch auf Bölls erzählerisches Werk ausstrahlen. Von der Erzählung ,Die verlorene Ehre der Katharina Blum oder: Wie Gewalt entstehen und wohin sie führen kann', 1974 erschienen und zuvor im *Spiegel* vorabgedruckt, behauptet der Soziologe Schelsky in seiner Anti-Böll-Polemik, daß sie „ohne Zweifel die literarische Fassung seines Anti-BILD-Aufrufes" darstelle, nicht ohne sogleich hinzuzufügen, daß Heinrich Böll, „geistig und literarisch gar nicht die Fähigkeit hat, das Milieu und die geistigen Kräfte zu verstehen oder zu gestalten, aus denen die ,Gewalt' bei Baader oder Meinhof entstanden ist".[9]

Fragwürdig sind beide Behauptungen: Zum einen ist es grob vereinfachend, die „Verlorene Ehre der Katharina Blum" inhaltlich direkt aus dem Meinhof-Artikel abzuleiten. Allenfalls bilden Bölls damalige Erfahrungen mit der Presse und ihren Reaktionen einen Ausgangspunkt für die Erzählung. Marcel Reich-Ranicki, bisweiler scharfer Böll-Kritiker und aller radikalen Umtriebe unverdächtig, sieht den Zusammenhang differenzierter: „So unzweifelhaft dieser direkte biographische Anlaß, so sehr würde man Böll verkennen, wollte man die Geschichte der Katharina Blum vor allem oder gar ausschließlich als Reaktion auf diese Presse-Attacken verstehen. Zunächst einmal geht es um das Individuum als Opfer der Massenmedien überhaupt, das Extreme (...) dient hier zur Verdeutlichung des Exemplarischen. Zum anderen ist Bölls Kritik weniger gegen die ,Bild'-Zeitung gerichtet als gegen die Gesellschaft, die ein Phänomen wie die ,Bild'-Zeitung duldet, ermöglicht und offenbar benötigt."[10] Und immerhin hat Böll schon 1967 als Handlungskern für einen „deutschen Kriminalroman" vorgeschlagen: „katholisches (!) Massenblatt denunziert Arzt oder Anwalt" (vgl. II, 266), – sich also schon früher grundsätzliche Gedanken zum Verhältnisse von Massenpresse und individueller Würde gemacht. Zum zweiten aber hat er sehr wohl, und durchaus plausibel, gesellschaftliche Mechanismen beschrieben, die individuelle Gewalttat hervorbringen können, – nicht etwa, um diese zu entschuldigen, sondern um sie verstehen zu helfen. Damit schließt er sich einer großen Tradition der klassischen deutschen Literatur, Kleists „Michael Kohlhaas" und Schillers „Verbrecher aus verlorener Ehre" (!), an. Daß Böll gerade nicht den Weg eines „politischen" Terroristen beschreibt, sondern die unerwartete Gewalttat eines – wie Kleist von Kohlhaas sagt – besonders rechtschaffenen Menschen, macht seine Erzählung doppelt bedenkenswert.

Worum also geht es? Der „Bericht"-Erstatter, der hier fiktiverweise fungiert wie der „Verf." im ‚Gruppenbild', präsentiert zunächst folgende brutale „Tatsachen": „am Mittwoch, dem 20.2. 1974, am Vorabend von Weiberfastnacht, verläßt in einer Stadt eine junge Frau von siebenundzwanzig Jahren abends gegen 18.45 ihre Wohnung, um an einem privaten Tanzvergnügen teilzunehmen. Vier Tage später, nach einer (…) dramatischen Entwicklung, am Sonntagabend um fast die gleiche Zeit – genauer gesagt gegen 19.04 –, klingelt sie an der Wohnungstür des Kriminaloberkommissars Walter Moeding (…) und gibt zu Protokoll, sie habe mittags gegen 12.15 Uhr in ihrer Wohnung den Journalisten Werner Tötgen erschossen (…)." (5, 386) Die Rekonstruktion jener „dramatischen Entwicklung" nun, die der Berichterstatter umständlich vornimmt, macht den Gang der Erzählung aus – und macht verständlich, „wie Gewalt entstehen und wohin sie führen kann". Ein Kritiker faßt dies Geschehen knapp zusammen: „Katharina Blum, Arbeiterkind, früh verheiratet und angeblich schuldig geschieden, freiberufliche Wirtschafterin in Privathäusern, hat während des Karnevals eine Nacht mit einem jungen Mann verbracht, der von der Bundeswehr desertierte und unter Verdacht steht, einer Gruppe militanter Extremisten anzugehören. Sie hat ihm zur Flucht verholfen, aber er wird kurz darauf gefaßt. In den Verhören aller, die damit zu tun hatten, zeigt sich Katharina Blum als ein Charakter von eigenwilliger Integrität. Ein Reporter der ‚Zeitung', eines Massenblatts nach bekanntem

Muster, macht sie zur Beute einer Sensationskampagne. Als er sie interviewen und obendrein ,bumsen' will, legt Katharina ihn mit einer Pistole um."[11] Wichtig ist daran die „eigenwillige Integrität" der Hauptfigur: unter widrigen Umständen hat sie persönliche Identität und Anerkennung ihrer Umwelt gewonnen, durchaus im Rahmen des gesellschaftlich geforderten Verhaltens und orientiert an kleinbürgerlichen Wunsch- und Wertvorstellungen. Allerdings auch um den Preis von Entsagungen: deutlich ist ihrem Bild Einsamkeit, eine besondere erotische Sprödigkeit eingeschrieben. Die Begegnung mit dem Deserteur Götten, ihrem „lieben Ludwig", ist im Kontrast dazu eine typisch Böllsche Liebesbegegnung, zufällig, tiefgreifend und – in Katharinas Worten – fast religiös überhöht: „Mein Gott, er war es eben, der da kommen soll, und ich hätte ihn geheiratet und Kinder mit ihm gehabt – (...)." (5, 420)

Genau an diesem Punkt aber wird Katharina Blum selbst von Gewalt betroffen, von einer ungreifbar anonymen Macht, die schlimmer ist als die ruppige Behandlung durch die Polizei. In den auf Sensationsgier spekulierenden Artikeln der ,Zeitung' und der ,Sonntagszeitung' wird sozusagen eine künstliche Katharina Blum erzeugt, eine publizistisch gefertige *Schein-Identität* als „Räuberliebchen", „Mörderbraut" (5, 404, 406). Durch bedenkenlose Informationsverfälschung, durch ein tückisches Arrangement diffamierender Behauptungen und Assoziationen wird Katharina um ihre Ehre gebracht. Kaum wäre es nötig gewesen, den Realitätsbezug solcher Fiktion durch die ironisierte Fiktionalitätsklausel zu betonen, die Böll dem Text voranstellt: „Personen und Handlungen dieser Erzählung sind frei erfunden. Sollten sich bei der Schilderung gewisser journalistischer Praktiken Ähnlichkeiten mit den Praktiken der ,Bild'-Zeitung ergeben haben, so sind diese Ähnlichkeiten weder beabsichtigt noch zufällig, sondern unvermeidlich." (5, 385) Hanno Beth analysiert die Verfälschungs- und Diffamierungstechniken der ,Zeitung' im einzelnen;[12] durchaus kann man diese fiktiven Artikel als Parodien auf die realen Produkte der Massenpresse lesen, deren Zustandekommen Günter Wallraff wenig später in entlarvender Weise beschrieben hat.[13]

Um auf Katharina Blum zurückzukommen: Sie wird von der publizistischen Gewalttat am empfindlichsten in ihrem Intimbereich getroffen, den sie zu verteidigen sucht – vorerst, wie Dorothee Sölle zurecht bemerkt, durch *sprachlichen Widerstand*.[14] Katharinas Kampf um die „treffenden" Begriffe im Vernehmungsprotokoll ist ein Kampf um die eigene Ehre, die neugewonnene erotische Identität. Zudringlichkeiten (auch die des ehemaligen Ehemanns) sind ihr „Zudringlichkeiten", nicht „Zärtlichkeiten"; über „ihren lieben Ludwig" dagegen gibt sie zu Protokoll: „Ich empfand große Zärtlichkeit für ihn und er für mich." (5, 416) Den „Beginn von Katharinas Verbitterung, Beschämung und Wut" sieht ihr Arbeitgeber und Verteidiger Blorna in einer – vom Berichterstatter nicht verbürgten – Szene: Kriminalhauptkommissar „Beizmenne *soll* die aufreizend gelassen an ihrer Anrichte lehnende Katharina nämlich gefragt haben: ,Hat er dich denn gefickt', worauf Katharina sowohl rot geworden sein wie in stolzem Triumph gesagt haben soll: ,Nein, ich würde es nicht so nennen.'" (5, 393) Der pedantisch scheinende Kampf ums angemessene Wort ist ein Kampf um Identität und Integrität. Doch was gegenüber einem Kommissar noch gelingen kann, bleibt unwirksam gegenüber dem „gewaltigen, alle Welt beeinflussenden Lügen-Mechanismus"[15] der ,Zeitung'. Katharina kann Sprache, Identität, Ehre nicht mehr behaupten. „Sie machen das Mädchen fertig. Wenn nicht die Polizei, dann die ,Zeitung', und wenn die ,Zeitung' die Lust an ihr verliert, dann machens die Leute." (5, 407) So eskaliert die Gewalt des Meinungsapparats – und provoziert individuelle Gegengewalt, „aus dem in publizistischer Dimension vorgetragenen Rufmord erklärt sich der ihm folgende Mord".[16] Bezeichnend ist, daß der tödliche Schuß auf den skrupellosen Sensationsjournalisten durch dessen sexuelle Zudringlichkeit provoziert wird (vgl. 5, 471).

Die aktualitätsgebundene Thematik der Erzählung kann nicht darüber hinwegtäuschen, daß ihre Struktur seit Bölls frühen Texten vertraut ist: Idylle und Katastrophe, hier wie dort. War es in ,Der Zug war pünktlich' und anderen Texten die unfaßbare Schicksalsmacht Krieg, die individuelle Verwirklichung und erotische Erfüllung verhinderte, so ist es jetzt der gesellschaftliche Mechanismus *struktureller Gewalt* in Form des Sensationsjournalismus. Auch dies ist eine Erzählung der verhinderten, *gestörten Idylle*. „Die Welt ist schlecht, denn sie verhindert das Glück" der Liebenden.[17] Unter diesem Blickwinkel wird auch verständlich, warum Böll die Gewaltthematik mit einer Liebeshandlung verknüpft, warum er die Hauptfigur deutlich idealisiert. „Ein Mägdelein so fein und rein, wie es sonst nur noch in den Romanen der Courths-Mahler vorkommt", versucht in der *Welt* Günther Zehm zu spotten – und kann doch die Faszination dieser Figur nicht auslöschen.[18] „Eine Gestalt wie Katharina", schreibt dagegen Dorothee Sölle, „die ‚zwei lebensgefährliche Eigenschaften hat: Treue und Stolz', spricht eine Hoffnung auch in der Zeit der Eskalation der Gewalt aus. Ihre Aktion bleibt zwar, wie die aller Böllschen Helden, ‚kleinbürgerlich-anarchistisch', aber als Person geht sie in ihrem Handeln nicht auf. Auch das Erzählen geht in der Analyse struktureller Gewalt nicht auf, sondern zeigt, welche Widerstände sie hervorruft. Ein realistisches Erzählen ist ohne Hoffnungen nicht denkbar."[19]

Die stilistischen Brechungen, die man an Bölls Text so leicht beanstanden kann: Idealisierung hier, dort eine manchmal gekünstelte Ironisierung der bürokratischen Protokollsprache, die „sprechenden" Namen (Katharina – „die Reine" – Blum, Götten, Tötgen!), das durchgängige Element von Melodrama und Kolportage – diesen „unreinen" Stil kann man als „hemdsärmelig, ja (...) schlampig" abtun wie Joachim Kaiser,[20] man kann ihn freilich auch wie Wolfram Schütte als *realistische Schreibweise* verstehen: „durch solche ästhetischen Unreinheiten, die als ‚künstlerische Schwäche' auslegen mag wer will, verdichtet Bölls Poesie gerade ihre moralische Verbundenheit mit den alltäglichen Erfahrungen in der wirklichen Gesellschaft, deren Bild er nie ganz, nie rest- oder schlackenlos in ‚Kunst' überführt."[12]

Der Realismus hat viele Schreibweisen, sein entscheidendes Kriterium aber ist der Zugriff aufs gesellschaftlich Typische. Und hier hat Böll gewiß der „deutschen Gegenwart mitten ins

Herz"[22] getroffen. Strukturelle Gewalt von der beschriebenen Art wird mit ihren Auswirkungen auf die Existenz des Einzelnen immer ‚selbstverständlicher'; der Mechanismus von Gewalt und Gegengewalt erscheint fast schon ebenso alltäglich wie die ‚mediale' Erzeugung von Schein-Identitäten, die zugleich Zerstörung privater Identität bedeutet. Oskar Negt und Alexander Kluge haben mit Nachdruck darauf hingewiesen, daß die „Produktion von Schein, von Worten, Ideologien, öffentlichen Bewußtseinsstrukturen", wie sie die Massenmedien betreiben, „ein wirkliches Gewaltpotential" darstellt. „In den Systemen des Pressemonopols, der Massenmedien und der Scheinöffentlichkeit reproduzieren sich die aktuellen gesellschaftlichen Gewaltverhältnisse. Dabei verkehren sich Ursache und Folgen. Weil diese Gewalt sich über die bereits in den Individuen gesellschaftlich produzierten, internalisierten Gewaltverhältnisse auswirkt, entstehen Scheintäterschaften, ein Scheinindividualismus des verantwortlichen Einzeltäters."[23] Der Gewaltcharakter derartiger ‚Öffentlichkeit' wird anschaulich gemacht an der Stelle, wo Katharina Blum bei einer Vernehmung „die beiden Ausgaben der ‚Zeitung' aus der Tasche (zog)" und die vernehmenden Beamten „fragte, ob der Staat – so drückte sie es aus – nichts tun könne, um sie gegen diesen Schmutz zu schützen und ihre verlorene Ehre wiederherzustellen". (5, 420) Historisch gesehen hatten Presse und Öffentlichkeit einmal die Funktion, den Bürger und seine Privatsphäre vor den Übergriffen der Staatsgewalt zu schützen; Katharina erlebt eine völlig verkehrte Situation, in der die Staatsorgane ebenso desinteressiert wie unfähig sind, sie vor der Willkür der Presse in Schutz zu nehmen.

Die Gewalt der Schlagzeilen (vgl. II, 577) erlebt die fiktive Katharina Blum; der Autor Heinrich Böll erfuhr die „massive publizistische Gewalt einiger Pressekonzerne" (II, 605) und ihrer politischen Verbündeten (III, 169 ff.); Prof. Peter Brückner, wie Böll als Helfershelfer der Baader-Meinhof-Gruppe verdächtigt, hat sie erlebt – und dadurch die Konzeption der Erzählung angeregt,[24] wie der Autor selbst vermerkt. Aber sogar ein publizistisches Organ solcher ‚Gewalttat', die Springer-Zeitung *Die Welt*, dokumentiert diesen Mechanismus: „Heinrich Böll versteht die Welt nicht mehr. Seit zwei Wochen hagelt ein Proteststurm wegen Äußerungen im ‚Spiegel‘ und in der Fernsehsendung ‚Panorama‘ über ihn herunter. Darin war von einer ‚Hexenjagd‘ auf die Baader-Meinhof-Gruppe die Rede. In zahlreichen anonymen Telefonanrufen wird er als ‚roter Hund‘ bezeichnet und aufgefordert, ‚in die Zone abzuhauen‘. Außerdem wurde er in Briefen als ‚politischer Halunke‘ und als ‚rotes Luder‘ beschimpft, weil er den Kommunismus verharmlose. Heinrich Böll ist gar kein Schriftsteller, er heißt nur so – Heinrich Böll ist ein 73jähriger Rentner und lebt im Gegensatz zu seinem Namensbruder in Düsseldorf."[25]

Aber nicht nur der unbescholtene Namensvetter hatte Nachstellungen zu erdulden. Während die Fahndung nach der Baader-Meinhof-Gruppe bundesweit intensiviert wird, kam es auch zu einer Polizeiaktion in Langenbroich/Eifel, wo Heinrich Böll, der Schriftsteller aus Köln, sich in seinem Sommerhaus aufhielt. In einem Brief an Innenminister Genscher suchte er um Aufklärung über diese Maßnahme nach, „die am 1.6. 1972 gegen 16.00 um mein Haus und um das Dorf herum, in dem mein Haus liegt, durchgeführt wurde. Ungefähr 12–15 schwerbewaffnete Beamte, teils in Zivil, teils in Uniform, umstellten mein Haus, drangen in meinen Garten ein und – wie ich später von Dorfbewohnern erfuhr – staffelten sich zu einem Sicherheitscordon, der sich bis zum zwei Kilometer entfernten Nachbardorf hinzog. – Zwei Kriminalbeamte baten um Einlaß ... und forderten mich auf, ihnen unsere Gäste vorzuführen."[26] Die Antwort des Bundesministers des Inneren ist nicht bekannt. Bundespräsident Gustav Heinemann hingegen schrieb am 16. Juni an den Schriftsteller: „Was wir uns ausmalten, war dieses: wir wären an diesem 1. Juni just ebenfalls ihre Hausgäste gewesen, als die Polizei an- und einrückte! Leider haben Sie uns zu diesem Staatsakt nicht rechtzeitig eingeladen! (...) Überall um uns herum sitzen sie da, die nur zu gern jedes Differenzieren in ein Rechtfertigen ummünzen. Radikal darf man auch nach unserer Verfassung sein (...)."[27]

Doch weiterhin wurde Böll als „intellektueller und ideologischer Helfershelfer" der Terroristen diffamiert; so vom späteren Staatsminister Friedrich Vogel (CDU) und anderen Sprechern der CDU/CSU in einer Bundestagsdebatte am 7. Juni 1972. Wenig vermochte dagegen der Widerspruch Willy Brandts und anderer Abgeordneter von SPD und FDP (vgl. II, 569 ff.); wenig beeindruckte offensichtlich auch die Tatsache, daß Böll am 10. Dezember des gleichen Jahres, als erster Deutscher seit sechzig Jahren, in Stockholm den Nobelpreis für Literatur entgegennehmen konnte – und die Ehrung in einem Dankeswort ausdrücklich und noblerweise auch auf das „Land" bezogen wissen wollte, „dessen Bürger ich bin" (II, 623). Wenige Monate danach forderte der Fraktionsvorsitzende der CDU/CSU, Karl Carstens, später Heinemanns Nachfolger als Bundespräsident, „die gesamte Bevölkerung auf, sich von der Terrortätigkeit zu distanzieren, insbesondere auch den Dichter Heinrich Böll, der noch vor wenigen Monaten unter dem Pseudonym Katharina Blüm ein Buch geschrieben hat, das eine Rechtfertigung von Gewalt darstellt."[28]

Die Einschränkung individueller Rechte und staatsbürgerlicher Freiheiten, die zunehmende Zerstörung der Privatsphäre durch Systeme der Desinformation und Überwachung – dies blieben die Themen, die Böll, durch eigene Erfahrungen sensibilisiert und verletzt, in den siebziger Jahren immer wieder mit unterschiedlichen literarischen Mitteln und Strategien bearbeitet. So in den ‚Berichten zur Gesinnungslage der Nation' (1975), die satirisch dokumentieren, wie sich die amtlichen Schnüffler aus verschiedenen Sicherheitsabteilungen gegenseitig ins Netz gehen; so auch in der Titelgeschichte des Bandes ‚Du fährst zu oft nach Heidelberg' (1977), die einfühlsam die Problematik der Berufsverbote nach dem 1972 verabschiedeten sog. Radikalenerlaß behandelt und in ihrem unprätentiösen Erzählton an die besten frühen Geschichten erinnert. (Böll habe mit seiner Einschätzung dieses „Unfugs" völlig „recht gehabt", räumte schließlich auch der damalige Bundeskanzler Willy Brandt ein.[29])

Die gleiche Thematik dominiert auch den Roman ‚Fürsorgliche Belagerung', der 1979 erschien, nachdem es zuvor, im

Herbst des Jahres 1977, noch einmal zu einer Eskalation terroristischer Gewalt einerseits, staatlicher Repression und ‚öffentlicher‘ Sympathisantenhatz andererseits geführt hatte, die mit der Situation des Jahres 1972 vergleichbar war. Deutlich ist Bölls Anspruch, noch einmal ein episches Panorama der westdeutschen Gesellschaft zu geben wie in „Billard um halbzehn‘ und ‚Gruppenbild mit Dame‘, vor allem aber auch: die Veränderungen eines Jahrzehnts im politischen System und gesellschaftlichen Bewußtsein zu registrieren. „Von Böll wäre der Roman über ‚Deutschland im Herbst‘ zu erwarten gewesen (...), der Roman jener jüngsten Zeit (...), in der sich die Bundesrepublik so nachhaltig verändert hat wie zuvor nur noch in den sechziger Jahren."[30] ‚Fürsorgliche Belagerung‘ nun erzählt von drei Tagen im Leben des alten Tolm, eines Zeitungsgroßverlegers mit heimlichen subversiven Ideen und Neigungen; er erzählt von dessen Kindern, Schwieger- und Enkelkindern, die ins gesellschaftliche Establishment oder in die Protest- und Terrorszene verflochten sind, und von deren ‚fürsorglichen Belagerern‘ aus der Sicherungsgruppe. Böll erzählt mit Hilfe langbewährter Techniken wie etwa der Polyperspektive (jedes Kapitel wird aus der Sicht einer anderen Figur, unter hauptsächlicher Verwendung der erlebten Rede, präsentiert); er erzählt mehrschichtig, indem er die Gegenwartshandlung durch erinnernde Rückgriffe historisiert; er erzählt schließlich, alles in allem, in Variation, Wiederverwendung und Fortschreibung einer Unzahl von bekannten Einzelthemen, Figuren und Handlungselementen. In der Gegenwartsschicht wird eine gewisse Spannung eskaliert: dem neugewählten Unternehmerverbandspräsidenten Tolm und seiner Familie wird der ‚Belagerungszustand‘, in dem sie leben, die Einengung und Paralysierung durch ein Netz von stets ‚notwendigen‘ Kontroll- und Überwachungsmaßnahmen immer drückender spürbar und bewußt. Es gibt allerhand individuelle Lösungs- oder Ausbruchsversuche, bis zuletzt, nachdem das Tolmsche Schloß einer terroristischen Brandstiftung zum Opfer fällt, Tolm und die Seinen – ganz offensichtlich erleichtert – sich aus ihrer öffentlich exponierten Stellung zurückziehen und nach bestem Böllschen Muster in einer ländlichen Idylle, einem verlassenen Pfarrhaus, Zuflucht finden.'

‚Fürsorgliche Belagerung' ist überwiegend – auch von Kritikern, die Bölls literarisch-politischen Grundpositionen positiv gegenüberstehen – negativ beurteilt worden. Der Roman sei „desaströs gescheitert", „katastrophal mißglückt", urteilt Wolfram Schütte. Wenn man dem, sei es auch in abgemilderter Form, zustimmt, so muß nach den Gründen für dieses Mißlingen gefragt werden. Es scheint, als ob es wesentlich gerade die erzählerischen Tendenzen der *Idyllisierung und Privatisierung* seien, vertraute und bewährte Gestaltungstechniken des Erzählers Böll also, die in diesem Roman die Widersprüche, von denen er handeln will, verdecken und verkleistern. Die Stilisierung ins Privatmenschliche, der Zug zur Idylle wird – Reaktion auf den totalen Überwachungs- und Erfassungsanspruch der Systeme – fast absolut, allumfassend. In allen, die sich da konfrontiert sehen, in den Unternehmern und ihren abtrünnigen Kindern, den Bewachern von der Staatssicherheit und ihren Chefs, entdeckt der Erzähler die bekannten Böllschen Privatleute, sympathisch mit all ihren Schwächen und kleinen Fehlern. So entbrennt zwischen einer Tolm-Tochter und ihrem Bungalowüberwacher stille Leidenschaft, die zur jeweils zweiten Ehe führt; die terroristische Schwiegertochter liefert ihr hochexplosives Fahrrad beim Bundesgrenzschutz ab; selbst ein gewisser Bleibl, Karikatur des gewissenlosen *self-made man*, findet zu später Einsicht und zurück zur ersten Ehefrau. Einzig der Terrorstratege im Vorderen Orient, auch er aus dem Tolmschen Umkreis stammend, bleibt aus der Schlußidylle ausgeschlossen; ihm wird auch, wie Schütte bemerkt, das „Erbarmen" eines Erzählmonologs, also die Chance, „für sich zu sprechen", als einzigem versagt.[31]

Will man derartige Schwächen nicht einfach als handwerkliche Fehlgriffe registrieren, so wäre zu bedenken, ob nicht die hier gewählten Erzählmuster, Motive und Figuren dem zentralen Thema auf grundsätzliche Weise unangemessen sind. In den meisten seiner Erzählwerke, von ‚Und sagte kein einziges Wort' bis zum ‚Gruppenbild mit Dame', hat Böll die private

Bindung, Familie oder Gruppe als Schutzraum gegen die destruktiven Zwänge der Außenwelt aufgebaut. Diese Schutzfunktion aber versagt real gegenüber der neuen Stufe gesellschaftlicher Gewalt, die aus Terrorismus und Staatsschutz, aus Bewußtseinsüberwachung und Meinungsmanipulation resultiert – und damit wird der spezifisch Böllsche Familienroman anachronistisch. Dies gilt auch im Blick auf die epische Absicht, ein Gesellschaftspanorama – also soziale Totalität – zu malen: eben weil dies Panorama nur zur Familienaufnahme wird. Die realen Konflikte, Gewaltpotentiale und die dahinter stehenden Interessen (bzw. Interessierten) werden damit verschleiert, entschärft. Der Roman über ‚Deutschland im Herbst‘ entpuppt sich als Idylle im verharmlosenden Sinn: kein Wunder, daß eine der seltenen positiven Rezensionen vom bayerischen Kultusminister Maier stammt.[32]

So kann die „Fortschreibung" zur „Rückschreibung" werden, weil Böll „sich zu nahe bleibt",[33] das heißt an einem bewährten Erzählmodell festhält, obwohl die Thematik anderes erfordert. Insofern treffen die auf den Einzelfall zugespitzte Erzählung – ‚Katharina Blum‘ – oder die satirische Pseudodokumentation – ‚Berichte zur Gesinnungslage der Nation‘ – das Thema sehr viel genauer und wirkungsvoller. Doch auch hier gilt, was von den Anfängen des Erzählers Böll gesagt wurde: Noch seine Schwächen sind – und zwar notwendigerweise – Momente eines Fortschreibungsprozesses, der die deutsche Nachkriegsrealität in ‚teilnehmender Beobachtung‘ eingefangen hat. Bölls Schwächen als Schriftsteller sind, so gesehen, ein unverzichtbares Element seiner epochalen Bedeutung. Dafür gibt es in der Literatur der Bundesrepublik kein vergleichbares Beispiel.

X. Der Erinnerungsarbeiter

‚Werke‘ (1977/78), *‚Eine deutsche Erinnerung‘* (1979),
‚Was soll aus dem Jungen bloß werden?‘ (1981),
‚Vermintes Gelände‘ (1982), *‚Das Vermächtnis‘* (1982),
‚Die Verwunderung und andere frühe Erzählungen‘ (1983),
Ein- und Zusprüche‘ (1984), *‚Frauen vor Flußlandschaft‘* (1985),
‚Die Fähigkeit zu trauern‘ (1986)

Im „Deutschen Herbst" des Jahres 1977 wurde Heinrich Böll sechzig Jahre alt, nach wie vor heftig umstritten und zugleich vielfach geehrt, so auch vom Bundespräsidenten Karl Carstens, der nicht nur den Nobelpreisträger, sondern „auch den von mir persönlich geschätzten Schriftsteller" wegen seiner „große(n) Verdienste um die deutsche Sprache und Literatur" rühmte.[1] Wer nur wenige Jahre zurückdachte, konnte dies als Realsatire belächeln. Eine Ehrung mit Gebrauchswert – weniger für den Jubilar als für seine Leser – war hingegen das Erscheinen einer Gesamtausgabe, die neben fünf Bänden erzählender Prosa immerhin drei mit ‚Essayistischen Schriften‘ und einen weiteren mit ‚Interviews‘ enthält. In einer chronologischen Anordnung und in der Breite der Dokumentation, die auch kleinste Gelegenheitstexte fast lückenlos erfaßt, tritt vielleicht noch deutlicher als zuvor ein zweifacher Zusammenhang hervor: die substantielle, thematische Werkkontinuität auch über Gattungsgrenzen hinweg und der historisch-gesellschaftliche Prozeß, auf den dies Werk in seiner Gesamtheit sich bezieht. Es darf wiederholt werden: so kontinuierlich und beharrlich wie kein anderer Autor hat Böll die Geschichte der Bundesrepublik in seinem Erzählen *und* in seiner Publizistik ‚reflektiert‘ – zweifellos mit zunehmender kritischer Distanz, aber nach wie vor auch im Bewußtsein von Zugehörigkeit, als „Bürger des Landes". Und hartnäckig hat er, auch dies tritt immer klarer zutage, das Schreiben zum *Medium von Erinnerung* gemacht. Das umfangreiche Gespräch, das René Wintzen zuerst französisch veröffentlicht hatte, trägt insofern zurecht den Titel ‚Une mémoire allemande‘, in der Übersetzung ‚Eine deutsche Erinnerung‘ (IV, 504). Doch nicht nur dieser ausführlichste Versuch einer lebens- und zeitgeschichtlich eingebundenen Selbstdeutung, sondern Bölls Schriften insgesamt lassen sich als Erinnerungsarbeit, als Vergegenwärtigung und „Fortschreibung" miterlebter Geschichte begreifen.

Von diesem Gesichtspunkt aus ist auch die besondere Qualität dessen genauer zu fassen, was man ein wenig diffus (mit einem Schlagwort der fünfziger Jahre) Bölls *Nonkonformismus* genannt hat. Denn der Protest gegen konkrete politische Äußerungen und Entscheidungen von katholischer Amtskirche, CDU und Großer Koalition, der ihn und manche seiner Kollegen als „Schreihälse vom Dienst" (IV, 60 ff.) erscheinen ließ, war nur die aktuelle Artikulation einer tiefergreifenden Opposition zum Herrschaftssystem und zum herrschenden Unbewußtsein. Sie gründet sich auf die Verbindlichkeit individueller und kollektiver Geschichtserfahrung für aktuelles politisches Handeln. Aus diesem Primat der Erinnerung erklärt sich der erzählende Grundzug von Bölls publizistischen Arbeiten, den früh schon Fritz J. Raddatz[2] bemerkt hat. Und von daher lassen sich auch Bölls Interviews und seine unverkennbare Gesprächsfreudigkeit verstehen (der Interviewband der Werkausgabe beginnt mit dem ‚Werkstattgespräch‘ mit Horst Bienek, 1961, und endet in einem Streitgespräch mit Hans Maier über die ‚BRD: Ideale Demokratie oder Polizeistaat‘, 1978).

Mit dem *Interview* hat Böll eine sehr spezifische, vielleicht sogar seine bevorzugte Form literarisch-politischer Selbstverständigung, auch Selbsterklärung gefunden. Nicht nur die großen Grundsatzgespräche, sondern auch die aktuellen, anlaßgebundenen Telefon- und Fernsehinterviews sind Ergänzung der essayistischen Arbeiten, die ja oft genug ebenfalls situativ, anlaßgebunden erscheinen und ihre zentralen Themen, Gegenstände, Thesen erst indirekt, oft assoziativ entwickeln. Auch das Interview ist in diesem Sinn Rede-Anlaß, der den Gedankengängen, Assoziationsketten, auch Wiederholungen freien Raum läßt, mehr jedenfalls als die knappe Aufsatzform, die Böll sonst bevorzugt. Das Interview steht, knapp gesagt, alltäglich-umgänglichem Sprechen am nächsten. Oft genug bleiben freilich die Gesprächspartner in ihrer Rolle als Stichwortgeber gefangen; man kann viele dieser Dialoge als verkleidete Monologe lesen. Nur aus dem Bedürfnis nach Selbstverständigung (mit Autoreneitelkeit nicht zu verwechseln) ist jedenfalls zu erklären, daß Böll zumindest das ‚Grundsatzgespräch‘ zu Biographie und Werkgeschichte ohne erkennbaren Unmut wiederholt und ausgeweitet hat, vom Gespräch mit Heinz Ludwig Arnold (1971; IV, 135 ff.) über ‚Drei Tage im März‘ mit Christian Linder (1975; IV, 348 ff.) bis eben zum Interview mit Wintzen.

Gerade aus diesem Text kann man viele Details – etwa zum Erfahrungshintergrund der frühen Romane – herauslesen, die so genau vorher nicht bekannt waren. Aber: „Das Private … ist nur scheinbar privat", schreibt Böll aus Anlaß von Bernward Vespers Roman-Autobiographie ‚Die Reise‘ (III, 502). Das gilt grundsätzlicher und läßt sich an Bölls Erinnerungen aufzeigen. Was da autobiographisch, oft privat-anekdotisch einsetzt, gerät immer wieder und wohl notwendigerweise zur Rekonstruktion historischer Erfahrung, wird *typisch*. Der milieubedingte Alltag eines Jugendlichen in der Weltwirtschaftskrise, im Dritten Reich, dann die Abenteuer des Soldaten Böll, Reminiszenzen an Währungsreform und Adenauer-Ära schließen sich zusammen zum Bild der Vorgeschichte unserer Gegenwart, einer Vorgeschichte, die um so zwanghafter nachwirkt, je unbegriffener sie bleibt. ‚Eine deutsche Erinnerung‘ hat Wintzen sein Gespräch betitelt; zugleich kann man es lesen als ‚Versuch, uns und anderen die Bundesrepublik zu erklären‘. Mit Peter Brückners gleichnamigem Buch[3] hat es jedenfalls gemeinsam, daß beide, um Gegenwart erklären zu können, breit von der Vergangenheit sprechen (müssen). Bei Brückner geschieht dies eher historisch-theoretisch, bei Böll erzählend: am besten, man liest beides nebeneinander. Was Böll 1979 aus Anlaß der Fernsehserie ‚Holocaust‘ in der *Zeit* schrieb, charakterisiert sein eigenes Verfahren. Zu fragen sei, heißt es da, „ob die Beschäftigung mit Geschichte – auch mit dieser grausigen Perspektive unserer Geschichte – *langweilig sein muß,* ob Geschichte langweilig sein muß, ob man nicht Daten und Statistiken am Einzelschicksal darstellen, die geschichtstheoretischen Überlegungen dann nachliefern könnte. Umstritten wird diese Darstellung am Einzelfall immer sein, doch es könnte der Fall eintreten, daß Emotion und Aufklärung nicht im Dauerstreit bleiben."[4]

Das könnte man als Hinweis nehmen, Bölls Interviews, die Aufsätze, aber natürlich *auch* die Romane und Erzählungen unter solcher Perspektive neu zu lesen – und schließlich auch nach seinen im engeren Sinne *autobiographischen* Schriften zu fragen. Sie sind, alles in allem, nicht zahlreich und meist knapp: so als ob die Substanz „miterlebter Geschichte" im Grunde schon verausgabt sei an das erzählerische und das essayistische Werk. Erwähnt seien immerhin zwei Texte aus den achtziger Jahren, in denen Böll – gewiß nicht nur wegen der anstehenden historischen Gedenktage – sich auf die Zeit um 1933 und auf das Kriegsende, also auf zwei historische Zäsuren mit beträchtlicher Fernwirkung, zurückbesinnt. Das schmale Bändchen ‚Was soll aus dem Jungen bloß werden' (1981) entstand im Zusammenhang einer Zeitungs-Serie über ‚Meine Schulzeit im Dritten Reich'; sie beschreibt vier Jahre (1933–1937) aus dem Leben des Schülers H. B. und läßt, nicht unähnlich wiederum den Erinnerungen Peter Brückners, das ‚Abseits als sicheren Ort'[5] erkennen. Im Schutzraum eines katholisch nonkonformistischen Elternhauses, im *laisser-faire* einer noch nicht nationalsozialistisch infiltrierten Schule und in den selbstgewährten Freiheiten ziellosen Umherschweifens, des Ausrückens, der ‚Entfernung von der Truppe' werden Bedingungen kenntlich, die jene individuelle Widerstandsfähigkeit und politische Identität ermöglichten, die Jahrzehnte später den Autor und politischen Zeitgenossen Heinrich Böll unverwechselbar machen. Zeitgeschichte als Generationserfahrung wird angesprochen im ‚Brief an meine Söhne oder: Vier Fahrräder', einem ebenso anekdotisch-persönlichen wie grundsätzlichen Beitrag zum

„sperrigen Gedenktag" 8. Mai 1945. – Es ist dies „eine kleine Odyssee" (FT, 80) oder auch Schweijkiade vom Lebenswillen und den Überlebensstrategien in einer mörderischen Zeit, mit vielen Querverweisen vom familiären Bericht zum literarischen Erzählen. „Da geht mir einiges durcheinander. Manches habe ich ja auch anderswo beschrieben, und Ihr könnt es nachlesen. Verstreut in verschiedenen Aufsätzen, auch in ‚fiction', sind Fakten zu erkennen, auch übers *Kriegsende*." (FT, 94)

Es mag ein Zufall sein, fügt sich aber sehr plausibel in diese erinnernde Rückwendung ein, daß Böll zu Anfang der achtziger Jahre verschiedene bislang unbekannt gebliebene Arbeiten publiziert, die kurz nach jenem Kriegsende aufgeschrieben wurden. Das geschieht nun im Lamuv-Verlag, einer Gründung seines Sohnes René, wo Böll mehr und mehr veröffentlicht, für den er auch – gemeinsam mit seiner Frau Annemarie – Lektorats- und Übersetzungsarbeiten wahrnimmt. Ein Band unter dem Titel ‚Die Verwundung' enthält zweiundzwanzig solcher neu-alten Böll-Texte, Kurz-Geschichten von zwei bis zwanzig Seiten Umfang, entstanden zwischen 1946 und 1952, gleichzeitig mit denen, die unter der Überschrift ‚Wanderer, kommst du nach Spa...' seit einem Vierteljahrhundert zum Grundbestand, sozusagen zur eisernen Ration deutscher Nachkriegsliteratur zählen. Sie können, wie der Klappentext mitteilt, als der „publikationswürdige" Teil „von etwa 70 kürzeren Arbeiten gelten, die sich bei der Sichtung der Materialien des Böll-Archivs fanden". Unklar ist, warum sie „nie veröffentlicht wurden" – sie fehlen ja noch in der Gesamtausgabe von 1977: „Heinrich Böll erinnert sich an die Gründe nicht; man kann nur vermuten, daß sie wegen ihrer thematischen Nähe zu den damals publizierten Geschichten zunächst nicht erschienen und dann – vor allem beim Autor – in Vergessenheit geraten sind."

Eine Überraschung also, aber keine Sensation. Bei der Lektüre stellen sich unvermeidlich *déjà-vu*-Effekte ein. Man ist zuhause in diesen Geschichten, die man noch nie gelesen hat, kennt ihre Lokalitäten, Figuren und Motive: die Schützengräben und Verwundetentransporte, die Etappenkneipen und die Wartesäle der Stunde Null, die zerbombte Rheinbrücke und

Sankt Severin zu Köln; die jungen Infanteristen und bärbeißigen Feldwebel, die Invaliden und Simulanten, den Abiturienten des Jahres 1935, der – wie sein Autor – 1945 noch immer nichts ist als Abiturient. Auch das namenlose Mädchen kommt uns bekannt vor, auf das er wartet; die glänzenden Orden an der Offiziersbrust, die paradoxerweise lebensrettende Verwundung (sie gibt der Sammlung den Titel), die vergebliche Heimkehr, der Tod kurz vor Waffenstillstand. Schließlich die Symbole des Überlebenswillens und der rudimentären Mitmenschlichkeit: das geteilte Brot, die verschenkte Zigarette. Als Literarhistoriker könnte man solche Motive und Querverbindungen zwischen diesen neugedruckten und den bereits klassischen Geschichten systematisieren. Man könnte neue Beispiele für die bekannten Stärken und Schwächen des ‚frühen Böll‘ aufweisen: wie es ihm gelingt, Atmosphäre und Situationen lakonisch-indirekt einzufangen (beispielsweise im ersten Text, ‚Die Liebesnacht‘); wie schwer er sich andererseits dort tut, wo er solche Empfindungen explizieren oder gar deuten will. Die Titelgeschichte von der Verwundung, die Heimkehr und Rettung verspricht, ist eine Art Gegenstück zu ‚Der Zug war pünktlich‘ und demonstriert Bölls Anfängerprobleme mit der Konstruktion von Handlungsbögen, die mehr als drei oder vier Seiten überspannen sollen.[6]

All dies aber, wie gesagt, ist bereits Literaturgeschichte – und die Texte dieses Bandes sind insofern nicht mehr, aber auch nicht weniger als weitere Zeugnisse jenes generationstypischen Versuchs, die unerträglich scheinende und kaum noch ganz begriffene Realität des Krieges in Worte zu fassen. Gewiß sind all diese Geschichten publikationswürdig, aber von keiner möchte man sagen, daß sie ‚eigentlich‘ in die frühe und klassisch gewordene Sammlung von Heinrich Bölls erster Kurzprosa hineingehörte. Nur hin und wieder finden sich Formulierungen und Passagen, die spätere Leser im Bild des jungen Heimkehrer-Erzählers schon den Satiriker des CDU-Staats erkennen lassen – oder gar den zornigen Mittsechziger, der in den letzten Jahren seines Lebens zum engagierten Mitstreiter, ja zu einem Wortführer der Friedensbewegung wird: „... oh, ich war

mißtrauisch. Ich weiß nicht, ob Sie auch 1917 geboren sind ...
wir sind alle sehr mißtrauisch, die Überreste dieses Jahrgangs,
so selten sind wir wie die Zigaretten bei den sogenannten ehrli-
chen Leuten ..." (Vw, 237).

Wichtiger für die Rekonstruktion von Bölls Werkgeschichte,
aber auch gewichtiger als Einzeltext ist ‚Das Vermächtnis', eine
längere ‚Erzählung', die wie drei oder vier andere um 1947/48
entstand und dann ungedruckt blieb. Sie schöpft aus dem bekannten Fundus an Kriegsschauplätzen, Motiven und Figuren;
aber sie verknüpft recht geschickt, über die Problematik von
Schuld und (unterbliebener) Sühne, die Zeitebenen von Krieg
und Nachkrieg. Als erzählerische Aufdeckung eines ‚vergesse-
nen' Verbrechens ist sie ganz auf den Schluß hin komponiert
und gewinnt so eine bemerkenswerte Geschlossenheit und
Spannung; durchaus kann man sie als eine frühe Vorausdeutung auf Bölls spätere novellistische Meisterstücke ansehen.

Auch hier im ‚Vermächtnis' meldet sich, wie dann in ‚Katharina Blum', ein Berichterstatter zu Wort, „eine Art Amateurde-
tektiv des Schicksals" (V, 12): ein ehemals einfacher Soldat namens Wenk, der nun einen langen Brief an den jungen Bruder
seines früheren, immer noch als vermißt geltenden Oberleut-
nants Schelling richtet. Dieser Offizier, ein stiller, aber entschiedener Nazigegner, ist in Wahrheit von seinem Vorgesetz-
ten, dem ‚zackigen', ja menschenverachtenden Hauptmann
Schnecker, im Affekt erschossen worden. Nur durch das Vor-
dringen der Sowjetischen Armee blieb die Gewalttat damals
unentdeckt. Schnecker hat nun, für Böll-Leser wenig überraschend, überlebt und ‚vergessen' und kommt in der neuen Ordnung „von ‚Wiederaufbau' und ‚Wiedergutmachung'" (V 22)
als Jurist offensichtlich bestens auf seine Kosten. Ein zufälliges
Zusammentreffen mit ihm treibt Wenk, der nicht ganz so einfach vergessen kann (und dem es entsprechend schlechter geht)
nun zu seiner Enthüllung. Erzählen wird zum Medium von Erinnerung, Trauer und Sühne – und im ‚zufälligen' Geschehen
wird dabei ein grundsätzlicher, epochaler Konflikt offenbar:
Der Kameradenmord, „aufgetragen auf den alttestamentari-
schen Mythos vom Brudermord Kains, geht notwendig aus der

Geschichte einer lange zuvor begründeten Gegnerschaft hervor, war keine irrational hereingebrochene Katastrophe, sondern konsequenter Schluß- und Höhepunkt von Schneckers Verhalten, das schon immer auf die Vernichtung des unbequemen, weil kompromißlosen Mahners und Gefährten zielte. Privatkrieg und Völkerkrieg geraten abermals zur Deckung, in der Gestalt des skrupellosen Hauptmanns hat sich der Krieg schließlich in den Frieden hinübergerettet."[7]

Dagegen setzt Wenk, der Erzähler, das Vermächtnis des Ermordeten, wie er es, illusionslos und dennoch tröstend, in einem nächtlichen Gespräch an der Westfront ausgesprochen hatte: „Glück? Wir sind nicht geboren um glücklich zu sein. Wir sind geboren, um zu leiden, zu wissen, warum wir leiden. Unser Schmerz ist das einzige, was wir werden vorzeigen können. (...) Und wenn Sie das nicht verstehen, daß wir nicht geboren sind, um glücklich zu sein, dann werden Sie gewiß verstehen, daß wir nicht geboren sind, um zu vergessen. Vergessen und Glück! Wir sind geboren, um uns zu erinnern. Nicht vergessen, sondern Erinnerung ist unsere Aufgabe ..." (V 65 f.) Mit seinem Erinnerungsbericht, adressiert an einen Nachgeborenen, erfüllt Wenk das Vermächtnis des ermordeten Freundes; zugleich finden wir hier, ebenso früh wie prägnant, „die literarische Konfession Heinrich Bölls" formuliert,[8] die sein ganzes weitere Schaffen bestimmen wird.

In einem Gespräch mit Jürgen Lodemann hat Böll 1979 seinen Rückzug aus der ein- und angreifenden Publizistik erklärt, die zuletzt, in den bösen Jahren 1972 und 1977, zur reinen Selbstverteidigung geworden war: „Ich bin drüber weg. Ich habe einen neuen Hausheiligen. Ich nenne ihn Gottfried. Aber er ist ein Nachkomme des Götz von Berlichingen."[9] Ganz so drastisch ist die Abwendung dann doch nicht ausgefallen: 1979, 1983 und posthum 1986 erscheinen wiederum Aufsatzbände, zumeist mit Gelegenheitsarbeiten, die die kritische Präsenz des schreibenden Zeitgenossen Böll bis zuletzt belegen. Allerdings: auch hier scheint zunächst die erinnernde Rückwendung gegenüber der aktuellen Stellungnahme zu dominieren. Und damit auch der Gestus des Geschichtenerzählers, der unversehens zum Geschichts-Erzähler wird. Ein Beispiel aus dem Band ,Vermintes Gelände' (1979) – und dort in einer Rezension des Sammelbandes ,Mein Judentum' enthalten – liest sich wie folgt: „An einem schönen Sommertag saßen wir mit Schweizer Freunden beim Kaffee, auf schattiger Terrasse, in Frieden, Harmonie und Freundschaft sprachen wir über dies und jenes, auch den und jenen, verfielen ins Rheinische, bezeichneten irgendjemand als ,jut', womit ,gut' gemeint war, was aber von den Schweizer Freunden als ,Jude' verstanden wurde; eisiges Mißtrauen kam auf, Stirnrunzeln, Bangigkeit –, bis sich das Mißverständnis klären ließ. Nur ein ,g' als ,j' gesprochen, nicht mehr, nicht weniger. Das Gelände ist noch lange nicht entmint." (VG, 83)

Das Bild vom „verminten Gelände" hat dem Band seinen Titel gegeben; eine Metapher, die für ihren Urheber, den Obergefreiten des Zweiten Weltkriegs, gewiß noch mit konkreterer Bedeutung gefüllt ist als für die meisten seiner jüngeren Leser. Aber sie bleibt nicht privat, sondern wird zur Chiffre für ein gesellschaftliches Problem, das den Erzähler wie den Essayisten seit je bedrängt hat: für die verborgene Sprengkraft einer schuldhaften Vergangenheit, die weithin vergessen, aber kaum je „entschärft" worden ist. Zwanzig Jahre nachdem Adorno die „Zerstörung der Erinnerung"[10] in der frühen Bundesrepublik als Gefahrenquell neuer Inhumanität erkannte, sieht sich Böll immer noch genötigt, von allzuvielen seiner, unserer Zeitgenossen zu behaupten: „Sie wollen Amnestie und praktizieren Amnesie. Amnestie ist ein administrativ-juridischer Vorgang, der ungefähr bedeutet: Vergessen wir, was du getan hast, deine Strafe wird dir erlassen, fang neu an und werde nicht rückfällig. Amnesie ist eine Krankheit, die mit Gedächtnisschwund oberflächlich, mit Erinnerungsschwund besser bezeichnet ist. Ein Mensch, eine Gesellschaft ohne Erinnerung ist krank. Das grausam-brutale Wort von der ,Vergangenheitsbewältigung', von dem keiner so recht weiß, woher es stammt, wird überraschender- und verdächtigerweise immer im Gegensatz zu Geschichtsbewußtsein gebracht. Was ist Beschäftigung mit Geschichte denn anderes als ein Versuch, das Vergangene zu

‚bewältigen', seine Ursachen und Folgen herauszufinden – und was für den Historiker seine Quellen sind, ist für den Autor die Erinnerung, die er mit den ‚objektiven Fakten' konfrontiert. Um diese permanente Belästigung durch Autoren zu verhindern, müßte man die Erinnerung verbieten, möglichst, damit es unter Deutschen auch klappt, gesetzlich. Man müßte also die Krankheit Amnesie gesetzlich verordnen." (VG, 56 f.)

Betonen sollte man, was in diesem Zitat zumindest anklingt: daß Böll auch dann, wenn es um Grundfragen unserer kollektiven Identität geht wie hier, nicht als selbsternannter Oberlehrer der Nation spricht, daß er seine Überlegungen vielmehr stets an die Probleme seines eigenen Handwerks rückbindet. Deshalb darf man die „neue politische Erinnerungsaktualität" auch nicht, wie der Klappentext des Verlags formuliert, als Desinteresse an der Literatur verstehen. Nicht zufällig steht die oben zitierte Stelle in einer kongenialen Rezension von Christa Wolfs ‚Kindheitsmuster' – selbst ein Musterbeispiel literarischer Erinnerungs-Aktualisierung. Und ähnlich spricht Böll über Rolf Hochhuth, den Erinnerungs-Provokateur, dessen ‚Stellvertreter', gleichzeitig mit ‚Ansichten eines Clowns' und Carl Amerys ‚Kapitulation', das Jahr 1963 zu einem „harten Jahr" für den Offizialkatholizismus, die „Demonstrative-C-isten" machte (FT, 291). Ähnlich spricht er aber auch über Freunde und Kollegen in Osteuropa, denen ihr Insistieren auf einer Aufarbeitung der Vergangenheit in vielen Fällen Verfolgung oder Ausweisung eingebracht hat. Der Stalinismus hat wie der Faschismus sein gespenstisches Nachleben, daran besteht für Böll, der die Aussöhnung mit Osteuropa und speziell mit der Sowjetunion und ihren Bürgern stets besonders energisch gefordert und in vielfältiger Weise selbst gefördert hat, kein Zweifel. „Eine Gesellschaft ohne Erinnerung ist krank" – ein Satz von trauriger Internationalität, der uns zugleich daran mahnt, wie nötig wir die literarischen Erinnerungsarbeiter brauchen.

Der Band ‚Ein- und Zusprüche', der ‚Schriften, Reden und Prosa' der Jahre 1981 bis 1983 enthält, bringt dann – dem Hausheiligen Gottfried zum Trotz – doch wieder die aktuell-kritische Dimension zur Geltung. Ja, Bölls gesellschaftspolitische Einmischungen werden, auch in dem Nachlaßband ‚Die Fähigkeit zu trauern' (1986), eher noch unverblümter, direkter, polemischer. Die aus Erbitterung, Verbitterung erwachsende verbale Grobheit läßt sich bisweilen nicht übersehen. Eine Art Auslösefunktion dürfte dabei weniger dem Regierungswechsel von 1982 und der Selbstauflösung der sozialliberalen Koalition zugekommen sein als vielmehr dem Anspruch einer „geistig-moralischen Wende", den der neue Kanzler Helmut Kohl proklamierte – in einem gewissen Kontrast zu den diversen Affären der folgenden Jahre. Böll opponiert nicht nur – unter großem persönlichen Einsatz – mit der Friedensbewegung gegen die Nachrüstungspolitik dieser Regierung (was sich konsequent aus „der Stetigkeit seiner pazifistischen Grundhaltung"[11] seit einem halben Jahrhundert erklärt). Er sieht nicht nur Personen in höchste Staatsämter einrücken, die maßgeblich an der Terroristen-und-Sympathisanten-Hatz seit 1972 beteiligt waren – so den Staatsminister Friedrich Vogel, so den zeitweiligen Regierungssprecher Peter Boenisch –, und die *Bild*-Zeitung „fast schon (als) Regierungsblatt" (FT, 126). Er sieht, grundsätzlicher, diese Regierungsübernahme als Triumph der fahrlässigen, wo nicht böswilligen Vereinfacher, der Scheinheiligkeit – und nicht zuletzt des großen Geldes (FT, 113 f.). In der Parteispendenaffäre, die sich um den Industriekonzern Flick rankt, der schon zu den Finanziers der NSDAP gehörte, sind deutsche Vergangenheit und bundesrepublikanische Aktualität auf eine Weise verknüpft, die jedem Böll-Roman zur Ehre gereichen würden (vgl. ‚Die ungehaltene Rede vor dem deutschen Bundestag' – FT, 43 ff.).

Das sind schlechte Zeiten für die Literatur. Die Satire zumindest, eines der wichtigsten Instrumente literarischer Kritik an der Adenauer-Ära, erweist sich als stumpf. Ihr Prinzip, Entlarvung durch Übertreibung und Verzerrung, kann nicht greifen, wo ihre Objekte selbst sich kaum mehr um Maskierung bemühen. War der erste Bundeskanzler noch eine politisch bedeutende Figur, an dessen Kantigkeit sich die nonkonformistische Kritik abarbeiten konnte (man denke an Wolfgang Koeppens Roman ‚Das Treibhaus' von 1953), so kann Bölls böser Blick bei seinem politischen ‚Enkel' Kohl nur noch, sichtlich erschrocken, „dieses ständige Grinsen" feststellen. Ja mehr noch: das „gesamte Kabinett miteinander-nebeneinander in permanentem Grinsen vereint". Das hat nicht nur, wie Böll zurückhaltend bemerkt, „keine Shakespeare-Dimension" (EZ, 182), es gräbt auch der Satire den Boden ab. Böll selbst gelingen nur noch solche Momentaufnahmen (die ja nicht eigentlich satirisch-verzerrend sind, sondern nur reproduzieren, was der Fernsehzuschauer alltäglich wahrnimmt). Wenn er etwa den Staatsminister Möllemann (FDP), einen versierten Fallschirmspringer, auf die Rasenfläche einer Industriellenvilla einschweben und die fälligen „Ermöglichungsgelder" in einer Bombe (Eisbombe!) abholen läßt (EZ, 149) – so ist dies weder unglaubwürdiger noch komischer als das, was man aus der Presse über die tatsächlichen Spenden-Vorgänge erfahren konnte.

Die satirisch angelegten Texte in der Sammlung ‚Ein- und Zusprüche' bestätigen diese Skepsis, pauschal gesagt, durch ihre Plattheit – man vergleiche die Neue-Medien-Satire ‚Kain und Kabel' (EZ, 124 ff.) mit dem klassischen ‚Doktor Murke' – oder, was interessanter ist, durch ihre Brüchigkeit. Die Möllemann-Satire zum Beispiel, als ‚Ästhetik diskreter Geldübergaben' avisiert, gerät unter der Hand zu einer ganz unironischen, bitterbösen Polemik. Auch scheint dem Satiriker selbst die Unangemessenheit seines Verfahrens nicht ganz entgangen zu sein. „Selbst die schärfste Satire", notiert er einmal, „ist ja nicht bodenlos, verwandt mit der Lyrik, ein illegitimes Kind derselben, ist sie noch fähig zu trauern." (EZ, 10) Wo aber diese Fähigkeit mitsamt ihrem Wurzelgrund, Erinnerung und Schuldbewußtsein, immer mehr aus der Öffentlichkeit verdrängt wird, da verdorrt auch die Satire. In den Tagen der politischen ‚Wende' von 1982 hat Böll notiert: „Ich erwarte, wenn nicht ein Zeitalter, so doch eine Periode der Schamlosigkeit, und vielleicht hat sich mein Zorn deshalb nicht gemeldet, weil er ein so gefragter Artikel ist ..." (EZ, 14).

Der Zorn bleibt nicht stumm, aber er meldet sich, der herrschenden Un-Verschämtheit entsprechend, in un-verhüllter Weise, eben als Polemik. Vor der damit verbundenen Gefahr, selbst zum schimpfenden ‚Generalisten' zu werden, bleibt Böll durch zwei Faktoren bewahrt. Der erste ist seine thematische Konzentration auf den gegenwärtigen Zustand von Öffentlichkeit im engeren Sinne, auf Meinungsmarkt und Medienmacht. Die Rufmordkampagne der Springerpresse wird dabei noch einmal als zugrundeliegendes persönliches Trauma kenntlich; und eine verbitterte Bestandsaufnahme dieser Kampagne steht zu Anfang des Bandes, verfaßt als Einleitung für die Neuausgabe einer längst vergriffenen Dokumentation, die nun – die Pointe findet sich in den Anmerkungen – nicht erscheinen durfte „wegen Einspruch von Matthias Walden bzw. Springer-Verlag" (EZ, 237). Was zu beweisen war ...

Der zweite Faktor, der dann auch herausführt aus der Sphäre persönlicher Betroffenheit und Verletztheit, ist Bölls *sprachkritisches* Verfahren, das in gewissem Sinn auch seine Polemiken fundiert und legitimiert. So finden seine Attacken gegen Boenisch, „diesen Platitüdenkaiser ersten Ranges, ein Demagoge mit fast dreißigjähriger Erfahrung im Plattschlagen von Problemen" (EZ, 167), ihre empirisch-analytische Grundlage in dem Band, in dem Böll die *Bild*-Artikel des ehemaligen Chefredakteurs einer sprachkritischen Kommentierung unterzieht (‚Bild Bonn Boenisch', 1984; vgl. auch FT, 123 ff.). Darüber hinaus ist diese Sprachkritik aber als ein grundlegendes Verfahren des Publizisten Böll über gut zwei Jahrzehnte hinweg zu würdigen. Er blättert sozusagen in den Ergänzungslieferungen zum ‚Wörterbuch des Unmenschen',[12] er folgt Adornos Forderung, „beim Wort zu nehmen, was den Worten geschah"[13], indem er sie, nur scheinbar naiv, auf die Waagschale legt, sie ihrer Floskelhaftigkeit entkleidet und auf ihre verborgenen Bedeutungen befragt. So ergeht es dem „schlüpfrigen" Wort *offiziös*, hinter dem der Amtskatholizismus so viel anrüchige Handlungen verbirgt, indem er sie von sich abrückt. So ergeht es den „mörderischen Slogans" von der Art *lieber tot als rot* (EZ, 32), die in den achtziger Jahren eine zweite Konjunktur erleben, oder – auch dies im Kontext neuer Aufrüstung – dem „merkwürdigen" Wort *Sachzwang*, „höchster philosophischer und theologischer Betrachtung wert, ein *Würgewort*"

(EZ, 33). Was Böll da betreibt, unsystematisch, auch subjektivistisch, aber sehr ausdauernd, ist, genau besehen, eine Art von Ideologiekritik: ein Prüfen der Sprache und besonders des öffentlichen Sprechens, das – unzeitgemäß genug – die private und politisch-kollektive Moralität zum Prüfstein macht. Sein Medium dabei ist, wie generell in den Aufsätzen, Rezensionen, Reden, eine individuell akzentuierte, bisweilen leicht verfremdete *Umgangssprache*, die mit der jeweiligen Sache zugleich auch einen grundsätzlich sprachdemokratischen Anspruch artikuliert. Gerade in der traditionell bildungselitären Essayform soll die reflexive Erörterung individueller und gesellschaftlicher Erfahrung nicht abgeschnitten werden von dem Medium, in dem sie schon alltäglich ausgedrückt wird. Indem der Essayist Böll sich konsequent, manchmal halsstarrig gegen Fachterminologien und wissenschaftlich vorgeprägte Erklärungen, gegen Theorie sperrt, verschenkt er bisweilen Möglichkeiten tiefergreifender Analyse. Zugleich aber verteidigt er Alltagserfahrung, das kritische Potential von *common sense* und alltäglicher Sprache gegen die Zerteilung und Fragmentarisierung, die spezialisierte und bürokratisierte Wissenschaften, Fachsprachen und Institutionen ihr antun. Die Verteidigung des Privaten drückt sich in der Sprachverwendung ebenso aus wie in den Themen des Essayisten *und* des Erzählers.[14]

Auf das Fragwürdige dieser Unterscheidung hat Böll aus gegebenem Anlaß und bei feierlicher Gelegenheit hingewiesen. Die Gelegenheit: Übergabe des Ehrenbürgerbriefes der Stadt Köln am 1. Mai 1983; der Anlaß: politische Querelen im Rat der Stadt, die der Verleihung vorausgegangen waren. Die Vertreter der CDU mochten wohl den „meisterhaften Erzähler und Schriftsteller von internationalem Rang" ehren, nicht aber (wie der Urkundentext fortfahren sollte) auch „den mutigen Verteidiger von Freiheit und freier Meinungsäußerung, (den) Kritiker und engagierten Beobachter gesellschaftlicher Fehlentwicklung". Einen auf die literarische Meisterschaft reduzierten Text fand wiederum der künftige Ehrenbürger selbst nicht zumutbar – bis schließlich eine Kompromißformel „die gesamte Spannweite seines literarischen Werkes und seines gesellschaftspolitischen Engagements" lobend hervorhob, „das auch in seinen Werken zum Ausdruck kommt".[15]

Ein kleinlicher, von tages- und parteipolitischen Hintergedanken bestimmter Streit um Worte, aus dem man freilich einiges lernen kann. Nicht nur hat „der Kölner Rat uns vorgemacht, daß und wie sorgfältig man auf jedes einzelne Wort achten muß".[16] In seiner Dankesrede hält Böll den Opponenten zugute, weniger einem Ressentiment gefolgt als vielmehr einem in Deutschland besonders tief eingewurzelten „Bildungsmißverständnis" erlegen zu sein: „Was ich nicht begriffen habe, was mich deshalb natürlich auch nicht kränken konnte, war der Versuch, den sogenannten Erzähler von dem anderen zu trennen, der da gelegentlich Aufsätze schreibt, Kritiken, den man gelegentlich reden hört, ganz abgesehen davon, daß auch Aufsätze, Kritiken und Reden Literatur sind." Den „sogenannten Erzähler" findet der Festredner sogar, „wenn man schon von Ärger und Gefahren spricht, gefährlicher und ärgerlicher als den anderen". Und er schließt, nach entsprechenden Hinweisen auf die subversive Macht des Erzählens bei Kleist und Hebel, Thomas Mann und Günter Grass, mit der Warnung: „Vorsicht bei Erzählern, auch klassischen!" (EZ, 85 ff.) Ein solcher Erzähler, ein Klassiker ist Böll schon zu Lebzeiten geworden, nicht als entrückte Kultfigur, sondern so wie er Charles Dickens einmal gerühmt hat: „... was es in unserem Lande gar nicht gibt: *ein permanent umstrittener Klassiker*" (II, 57). Die – in gewissem Sinne überfällige – Verleihung der Ehrenbürgerschaft seiner Heimatstadt, halb Familienfeier, halb Provinzposse, hat dies noch einmal sehr anschaulich gemacht.

Und der Erzähler behält das letzte Wort; das letzte Buch jedenfalls, das Heinrich Böll in Druck gab, ist ein Roman. Ein ‚Roman in Dialogen und Selbstgesprächen', wie der Untertitel sagt, mit dem die Kritiker ihre Probleme hatten, – nicht nur weil er wenige Wochen nach dem Tode des Verfassers erschien, weil Kritiken und Nachrufe in eine problematische Nähe zueinander rückten. Über Schwächen dieses Romans, in Konzeption und Durchführung, herrscht weithin Einigkeit. Irritierend ist schon die äußere Form, denn anders als in ‚Ansichten eines

Clowns', ebenfalls ein Roman in Dialogen und Selbstgesprächen, fehlt hier nun die einheitstiftende Stimme eines Erzählers. ‚Frauen vor Flußlandschaft' präsentiert sich, strenggenommen, als Lesedrama, die Erzählerfunktion ist auf Regieanweisungen reduziert. Schwund der epischen Substanz, ein Minimum an Handlung und Plausibilität, die Monotonie der Figurensprache – das sind Einwände, die sich geradezu aufdrängen. Eine Vielzahl von Personen reden mit und über sich, mit- und übereinander, zumeist das, was sie ohnehin schon von sich und den anderen wissen und was nur für den Leser noch interessant sein könnte. Bleibt die Frage, wie interessant es *ist*. „12 Kapitel, bis auf eines situiert zwischen Bonn und Bad Godesberg, im Schatten des Drachenfelsens, immer den Rhein vor Augen. Szenen aus dem Leben der politischen Prominenz der Bundeshauptstadt, meist aus der Perspektive der weiblichen Associés: der Ehefrauen, Lebensgefährtinnen, Freundinnen. Zwei Tage (und Nächte), in denen ein Minister gestürzt und einer gemacht wird: Dialoge und Selbstgespräche auf Terrassen von Villen, auf Partys, im Schlafzimmer oder im Wohnwagen, am nebligen Rheinufer oder im Abschiebehotel von Kuhbollen."[17]

Natürlich ist das „Ganze kein Schlüsselroman", wie jemand festgestellt hat, der es wissen sollte.[18] Die Personen tragen jene grotesk-monströsen und zugleich sprechenden Namen, für die Böll eine andauernde (und manchmal verhängnisvolle) Vorliebe hatte; die Machthaber (oder heimlichen Teilhaber der Macht) heißen beispielsweise Blaukrämer, Kapspeter, Wubler, Chundt (sprich: Schund) oder auch einfach „der Schwamm" (vgl. Vorbemerkung, FF, 13 ff.). Diese Faustlanger der Macht und des großen Geldes werden uns durchweg als ältere Herren mit dunkler Vergangenheit in Kriegs- und Nazijahren präsentiert; fast alle sind oder waren katholisch; haben „systematisch (ihre) Erinnerung geschlachtet", wie es in ‚Haus ohne Hüter' heißt. Ihre Frauen, die solche Erinnerungen bewahren, haben sie durchweg zu Opfern ihrer menschenverachtenden Karriere gemacht, abgeschoben in Villen, Sanatorien, eine ging aus eigenem Entschluß in den Rhein. Die Frauen dieser älteren Politiker und Wirtschaftsführer sind zugleich ihre Antagonistinnen: sie „können nicht vergessen". An ihre Seite treten einige Jüngere: Aussteiger aus guter Familie oder jüngere Frauen von plebejischer Integrität.

Man fühlt sich von dieser antithetischen Figurenkonstellation erinnert ans „Sakrament des Büffels" und ans „Sakrament des Lammes" – und was in ‚Billard um halbzehn' schon problematisch war, kann gewiß nicht das „Bonn von heute" charakterisieren, wie Peter Glotz anmerkt: „Böll klärt den Leser nicht auf über die Mechanismen der Politik; er analysiert mit keinem Wort die typischen Verlaufsformen der nachfaschistischen Politik in Deutschland. Man findet bei ihm kein ‚Modell', kein ‚Paradigma' bundesdeutscher Politik. Der Historiker, der Bölls ‚Flußlandschaft' in hundert Jahren lesen wird, dieser Historiker wird nichts lernen über die Einflußströme einer hauptstadtlosen Republik; über den Aufstieg und Abstieg der Institutionen, die Anatomie der Kulturindustrie und die Innenausstattung der Macht." Dies Bonn und seine Machthaber wirken durch und durch gespenstisch, von Untoten und Widergängern bewohnt, es „ist immer noch das Bonn von Koeppens Treibhaus".[19] Wenn da drei hochgestellte Herren nächtens die belastenden Nazi-Akten höchst eigenhändig in einem Eifel-Maar versenken – dann mag das eine skurrile Szene von einigem Reiz sein, aber sie sagt wenig aus über die Mechanismen der Macht im Jahr 1982. Es ist der Schatten der Adenauer-Ära, der Schatten Globkes oder Kiesingers oder allenfalls noch Filbingers (vgl. FT, 75, 109), der über Bölls Flußlandschaft fällt. Jenes abstraktere Nachleben der Vergangenheit, das sich im selbstgerechten Gefühl äußert, durch die ‚Gnade der späten Geburt' schuldlos geblieben zu sein – dem Erzähler Böll, der hier wohl doch vom Publizisten unterschieden werden muß (vgl. FT, 281 ff.), gerät es nicht in den Blick.

Wie man dies Buch lesen kann, vielleicht lesen muß, haben die meisten Kritiker bemerkt, am deutlichsten Wolfram Schütte: „Eher als in der Bonner Wirklichkeit vermöchte man die Vorbilder für Männer und Frauen seines letzten Romans in Bölls eigener Romanwelt zu finden."[20] Von einem „Trauer-, Wut- und Kolportagebild, in dem alle seine Lieblingsfiguren und -gesten noch einmal auftauchen", spricht Reinhard Baum-gart.[21] Wenn dies Buch ein Formprinzip hat, so ist es die Mobi-lisierung des Selbstzitats.[22] Unter anderen Namen treten etwa Frau Fähmel aus ‚Billard' und der Aussteiger aus dem ‚Clown' auf – und eine moralisch-resolute junge Hausgehilfin namens Richter heißt tatsächlich Katharina. Auswanderungsprojekte werden, wie einst in ‚Haus ohne Hüter', erwogen; und zum Schluß versammelt sich ein letztes Mal, eher resignativ als zu-versichtlich, eine ‚heilige Familie', besser: ein ‚Clan' der Wohl-meinenden in diesem und gegen dieses „bleierne Dasein" (FF, 254).

XI. Realismus zwischen Erfahrung und Hoffnung

Außer Frage steht nicht nur für Bernhard, „daß der Rang, der Bölls Dichtung heute zukommt, wesentlich auf (seine) Schaffenskontinuität zurückgeht", – eine Kontinuität, die als „Ausfaltung und Auffächerung von ihm bevorzugter Themen und (eine) immer differenzierter erfolgende Bewältigung von Formen und Mitteln des Erzählens"[1] zu verstehen ist. Ganz ähnlich charakterisiert Batt den Autor, „dessen Œuvre in bewundernswerter Kontinuität bestimmte Grundmotive und Grundthemen immer weiter ausfaltet".[2] Solche grundsätzlichen und solide belegten Urteile sollen hier keineswegs bezweifelt, wohl aber – gestützt auf die vorangegangenen Einzelanalysen – etwas genauer erörtert werden. Die *Kontinuität,* die da fast stereotyp und ganz im Sinne Böllschen Selbstverständnisses („Fortschreibung" und „Gebundenheit") festgestellt wird, ist ja keineswegs mehr *selbstverständlich* – wie zumindest Batt sehr genau weiß.

Zunächst einmal führt auch eine ausgedehnte, der Werkchronologie folgende Böll-Lektüre nicht unmittelbar zur Erkenntnis solcher Kontinuität, geht nicht ohne weiteres in Kategorien zur Kennzeichnung des Gesamtwerks auf – schon aufgrund der Ungleichmäßigkeiten und Brüche, die wiederum fast alle Böll-Texte aufweisen. Eher scheint solche Lektüre dem „Sammeln von Augenblicken" verwandt, als welches Bölls Clown die eigene künstlerische Tätigkeit charakterisiert. Augenblicke, Situationen und Bilder reihen sich auch in der Erinnerung des Lesers – was nicht verwundert bei einer Erzählweise, die stark vom Bildhaften, von der Prägnanz des erzählten Details, der einzelnen Szene und ihrer symbolischen Kraft bestimmt ist. Ein Invalide an der Brücke (1, 55); der kleine Franz Brücher mit seinen Kieselsteinen und Kaffeepaketen (2, 48); ein rotznäsiger Junge an einer Bushaltestelle im irischen Moor

(3, 74); Leni P. und die „Stunde der Tasse Kaffee", Ilse Kremers Hinterlassenschaft (5, 180, 381); Katharina Blum, an ihrer Anrichte lehnend: „Nein, so würde ich es nicht nennen" (5, 393) – so oder so ähnlich oder auch ganz anders könnte das Resultat individueller Böll-Lektüre aussehen: eine Sammlung erzählter Augenblicke, nicht umstandslos umzusetzen in poetologische Kategorien und Wertungen.

Eine thematische oder auch moralische Kontinuität und Einheit des Werkes ist aus solchen unterschiedlichen Einzelszenen erst zu abstrahieren. Gerechtfertigt und möglich scheint dies, sofern in ihnen zumeist ein einzelner mit seinen Bedürfnissen, mit dem Anspruch auf persönliche Integrität und Selbstverwirklichung einer feindlichen, übermächtigen Realität gegenübersteht, sich zu behaupten versteht oder auch scheitert. Solche thematische Konstanz ist ein erstes Element der Werkkontinuität. In diesem Sinne hat man auch immer wieder versucht, ein Zentralthema des Erzählers Böll zu bestimmen: „Liebe und Tod", wie Linder vor allem im Blick auf das Frühwerk sagt (IV, 391), oder, wie Reich-Ranicki formuliert, das „Scheitern der Liebe an der Bosheit und Grausamkeit der Verhältnisse".[3] Solche thematischen Bestimmungen könnte man differenzierend fortführen, könnte in Analogie dazu auch bestimmte Erzählstrukturen aufweisen, die im Laufe von Bölls Produktion variiert werden und eben dadurch die vielbeschworene Kontinuität konkret und augenfällig machen. Hinweise auf solche Themen und Strukturen sind in den bisherigen Kapiteln genügend zu finden.

Wichtiger scheint aber die Frage nach grundlegenden *Bedingungen* einer solcher Werkkontinuität, gerade weil diese nicht mehr selbstverständlich ist, sondern unter den Bedingungen des modernen Literaturbetriebs fast schon antiquiert, zumindest als „Rarität" anmutet. Sehr richtig weist Batt darauf hin, daß Böll mit seinem „sich stetig entwickelnden Œuvre, in dem ein Werk jeweils auf das voraufgegangene" aufbaut, an den Typus des großbürgerlichen Schriftstellers des 19. und frühen 20. Jahrhunderts (bis hin zu Thomas Mann) erinnere, während es im gegenwärtigen Kulturbetrieb darauf ankomme, „mit jedem neuen Werk auf je neue Weise zu schockieren oder zu überrollen"[4]. In der Tat hat sich Böll über Jahrzehnte hinweg relativ unabhängig von jeweils gängigen Literaturtrends, theoretischen Erörterungen und Moden gezeigt – deutlich unterschieden von (jüngeren) Autoren, die wie z. B. Hans Magnus Enzensberger oder Peter Handke jener Forderung in je unterschiedlicher Weise entsprechen. Im Vergleich mit ihnen konturiert sich Bölls Eigenart. Verhältnismäßig beschränkt ist sein Repertoire an Stoffen, Themen, Techniken; begrenzt seine technische Variationsfähigkeit; wenig entwickelt vor allem die Fähigkeit, fremde Theorien, Bildungsstoff, Kulturgüter in seine Werke aufzunehmen.

Positiv gewendet: Bölls Erzählen ist tatsächlich, wie es im ersten Kapitel nur schlagwortartig behauptet wurde, wesentlich an Erfahrung gebunden: an persönliche Erfahrung, die indessen typisch ist für eine Generation, für einen historischen Abschnitt. Man hat gelegentlich schon versucht, die Konstanz seines Werkes aus frühen Erlebnissen zu begründen: aus den negativen von Krieg und ‚Nullpunkt' vor allem,[5] aber auch – weiter zurückgreifend – aus dem positiven Potential früher Kindheitserlebnisse.[6] Das sind bedenkenswerte Überlegungen, die im einzelnen weiter verfolgt werden müßten. Grundsätzlich aber ist erst einmal festzuhalten, daß Bölls schriftstellerisches Werk in einem *Prinzip Erfahrung* fundiert ist und von dort her seine Kontinuität bis in inhaltliche oder formale Einzelheiten findet.

Ein scharfer Kritiker Bölls, der Soziologe Helmut Schelsky, hat sich einmal an der „Ortsbestimmung" seiner eigenen Generation versucht, die eben auch die Bölls ist. Das „Prinzip Erfahrung" wird für Schelsky zum gemeinsamen Grund der Weltanschauung und des Handelns derjenigen, „die wir aus der ‚Stunde Null' das ‚deutsche Wunder' geschaffen haben". Als Faktoren solch generationsspezifischer Erfahrung nennt er vor allem „das Mißtrauen gegen alle großorganisatorische Bürokratie und Verbände, geboren aus der totalitären Zwangsorganisation und Zwangsverwaltung aller Lebenslagen und Bevölkerungsgruppen im Dritten Reich und aus der Aufsaugung aller privaten Kräfte durch die Organisation des totalen Krieges"; weiterhin die „Erfahrung des organisierten Todes in der eigenen Generation", der freilich „unaufhebbar individuell bleibt"; schließlich „die Hochschätzung und Verteidigung des Privaten (...) als das entscheidende Politikum der Person, als der alle anderen Rechte begründende ‚Freiheitsraum'". Hinter diesen prägenden Erfahrungen und Einstellungen, hinter dem „Generationsschicksal" erkennt Schelsky als bedingendes Schema und „Prinzip des Lebens" ein „auf die Person bezogene(s) Prinzip Erfahrung, das sich in den Stadien von Lebensprüfung, Lebensentschluß und Lebensverwirklichung abgespielt hat". Im Zusammenwirken von „Lebensprüfung durch Tod und Not, durch Grauen und Grausamkeit" mit „Selbstbesinnungen, Reflexionen, Diskussionen" unmittelbar nach Kriegsende sieht Schelsky die Erfahrungsbasis seiner Generation und damit den „geistigen Ursprung der Bundesrepublik" gegeben.[7]

Dies wurde so breit zitiert, weil nicht zu verkennen ist, wie präzise hier die Erfahrungsbasis von Bölls schriftstellerischer Existenz – als Bedingung jener vielberufenen Werkkontinuität – umrissen wird. Paradox bleibt dabei allerdings, daß es Schelsky bei seiner „Ortsbestimmung" allenfalls nebenbei um die kritische Intelligenz, zentral aber um die politischen, wirtschaftlichen und intellektuellen Führungseliten der westdeutschen Nachkriegsgesellschaft geht. Gerade im Blick auf sie wird man jedoch fragen müssen, ob Schelskys Modell von Erfahrung und Selbstbesinnung wirklich realisiert wurde. Schelsky scheint davon fraglos auszugehen, während doch eine kritische Sozialpsychologie gerade das Gegenteil feststellen mußte: daß nämlich jener Prozeß der „Selbstbesinnungen, Reflexionen, Diskussionen" weithin unterblieb, daß Erlebtes verdrängt und nicht verarbeitet wurde, daß es sich zu Erfahrung im eigentlichen Sinne erst gar nicht bilden konnte. An Stelle der dazu nötigen Erinnerung, Reflexion und ‚Trauerarbeit' trat weitgehend ungebremst die Dynamik des gesellschaftlichen und ökonomischen Wiederaufbaus. An diesem Punkt zerbricht dann auch die von Schelsky beschworene Generationsgemeinschaft: seine Kontroverse mit Böll ist dafür selbst ein typisches Indiz. Führungseliten und kritische Intelligenz gehen getrennte Wege – ein Faktum, das Schelsky zwar noch sieht, aber nicht mehr versteht, wenn er apodiktisch befindet: „Die in diesen Jahren der Besinnung und Lebensüberprüfung entstandene, inzwischen berühmt gewordene bundesdeutsche Literatur hat aus den Grunderfahrungen dieser Generation gelebt, und man verspürt heute, wo sie sich neuen Aktualitäten, der SPD oder dem Antikapitalismus anzuschließen bemüht, wie sie von existenziellen Erfahrungen in das bloß parteilich Engagierte oder das Ästhetische leerläuft."[8]

Zu zeigen wäre vielmehr gerade an den politischen Repräsentanten der Bundesrepublik, wie die Einstellungen jener Generation, also etwa das Mißtrauen gegen Bürokratie und die Verteidigung des Privaten, im Verlauf des Restaurationsprozesses ihre ursprüngliche Substanz verlieren und den Charakter von Worthülsen annehmen, die nur noch dazu gut sind, die neuen Formen von Bürokratie, Zwangsorganisation und Bewußtseinsenteignung rhetorisch gegen Angriffe von links abzusichern. An Böll dagegen, der zweifellos im Sinne Schelskys geprägt war, wäre zu verfolgen, wie er den frühen Erfahrungen gerade dadurch die Treue hält, daß er sie nicht zitierend wiederholt, sondern sie neu auf eine veränderte gesellschaftliche Realität bezieht. Nicht mehr Krieg und Faschismus sind die Mächte, die den ‚Freiheitsraum' des einzelnen bedrohen und zerstören, sondern die strukturelle Gewalt der Profit- und Konsumgesellschaft. Daß Heinrich Böll, wie ein christdemokratischer Politiker anerkennt, den Blick auf eben „jene lautlosen, gleichsam antiseptischen Aggressionen einer verwalteten Welt (lenkt), die ihre kalte Herrschaft mit dem Vorwand von technokratischer Sachgesetzlichkeit schützt"[9] – dies macht gewiß einen wesentlichen Aspekt seiner Wirkung aus. Indem er aber diesen Zwängen die Utopie des ‚Humanen', den Anspruch auf eine menschenwürdige Existenz entgegenhält, erweist sich, daß sein Werk eben nicht nur dem „Prinzip Erfahrung", sondern auch dem von Schelsky abschätzig erwähnten „Prinzip Hoffnung" verpflichtet ist.

Was konkret ein „Prinzip Erfahrung" für Böll beinhaltet,

läßt sich an der Funktion von *Erinnerung* in seinen Texten able-sen. Schon deren Personal zerfällt in zwei säuberlich getrennte Gruppen: diejenigen, die „systematisch (ihre) Erinnerung ge-schlachtet" haben (2, 436), die eigene Schuld und die gesamte Vergangenheit verdrängen und skrupellos am Aufbau einer gar nicht so neuen Gesellschaft mitwirken; und die anderen, die „nicht vergessen" können oder wollen (vgl. 4, 86) und stellver-tretend – auch um den Preis eigener Desintegration, ja des Scheiterns – die gesellschaftlich notwendige Erinnerungs- und Trauerarbeit leisten. Wenn unter dieser Perspektive das „Ver-hältnis zwischen Vergangenheit und Gegenwart" das „ausge-prägteste Moment von Bölls Texten" ist, so bestimmt dies auch die Erzähl*struktur:* „Der Prozeß der Erinnerung ist denn auch zunehmend seit ‚Haus ohne Hüter' die wichtigste und häufig-ste Erzählform bei Böll. Zugleich geht der kritische Impetus auf der intentionalen Ebene am stärksten gegen die in der Gegen-wart wiederkehrenden Elemente der Vergangenheit vor."[10]

Darüber hinaus wird das Problem von Erinnerung verschie-dentlich auch – im erzählerischen wie im publizistischen Werk – symbolisch gestaltet. Bernhard und Nägele weisen auf die Funktion des Orden-Motivs bei Böll hin: Orden zu tragen ist Zeichen für die Verführung durch den Faschismus, eine Ideo-logie veräußerlichten Heldentums; schon in ‚Wo warst du, Adam?' aber gibt es Offiziere, die nach der Niederlage ihre Or-den weiterhin tragen: Zeichen einer Kontinuität des Militaris-mus über den ‚Nullpunkt' hinweg, aber auch Indiz unterlasse-ner Selbstbesinnung. 1969 erwähnt Böll in einem Artikel, wie „hohe Offiziere mit Ritterkreuz ohne Hakenkreuz darin die Ehrenwache" beim Pontifikalrequiem für Konrad Adenauer hielten: „alle, alle waren einverstanden mit diesen auf eine schi-zophrene Weise verkratzten Ritterkreuzen der deutschen Ge-genwart, aus denen die Vergangenheit herausgekratzt war." (II, 335, vgl. 279) Das militärische Symbol wird ihm zu einem Sinnbild verleugneter Vergangenheit, verfehlter Gegenwart – wie es zuvor schon Margarete und Alexander Mitscherlich ge-deutet hatten: „Was unter ‚Entnazifizierung' verstanden wird, wie weit sie reicht und wo sie aufhört, ist gut daran zu erkennen, daß man die Orden des Dritten Reiches wieder trägt, nachdem man aus ihnen das damalige Hoheitszeichen, das Hakenkreuz, entfernt hat. Statt retrospektiv die Situation, vielleicht seine eigene Naivität zu überprüfen, sein damaliges Verhalten mit den gesamten Informationen, die ihm jetzt zugänglich sind, in Zusammenhang zu bringen, gibt sich der vom ,Führer' Dekorierte ohne solche kritische Besinnung seinem Stolz hin: Er isoliert seine als solche möglicherweise honorige Leistung, er isoliert und setzt nicht zu dem in Beziehung, was gewesen ist. Die Betrachtung unserer stilisierten Vergangenheit wird also nicht zu einer Erschütterung unserer nationalen Identität, die tiefer gehen würde."[11] Erst eine Besinnung, die solche Zusammenhänge nicht ausspart, sondern bewußt aufnimmt, dürfte mit Recht als „Prinzip Erfahrung" gelten. Heinrich Böll ist ihm sichtbar verpflichtet, je mehr und je hartnäckiger er auf jenen Zusammenhängen insistiert.

Wenn es also richtig ist, daß Bölls Erzählen wesentlich auf individuell-zeitgenössische Erfahrung fundiert ist, dann wird man weiter fragen dürfen, ob und wie dadurch auch die spezifisch erzählerische Realitätsverarbeitung gesteuert wird. Außer Zweifel steht ja, daß Böll trotz seiner Konzentration auf zeitgenössische Stoffe und der Kontinuierlichkeit seiner Produktion nicht zum Autor eines umfassenden epischen Gesellschaftspanoramas, kein nachkriegsdeutscher Zola, geschweige denn Balzac geworden ist. Zumeist beschränken seine Erzählungen und Romane sich auf einen immer wieder ähnlichen, begrenzten Wirklichkeits*ausschnitt*, „eine kleine, noch wenig bewegte Welt mit engem Gesichtskreis. Sogenannte kleine Leute bevölkern sie, sozial meist in einer stillen Mittellage zwischen oben und unten postiert, Kleinbürgertum aus Kölner Vororten und kleinen Rheinstädten (...)."[12] Wo aber Böll bewußt eine Erweiterung der Optik anstrebt, „die großen Konflikte anrührt, das gesellschaftliche Oben und Unten nicht umgehen kann", da gerät ihm die Darstellung sowohl der gesellschaftlich Herrschenden wie der Unterdrückten flach, ungenau und gekünstelt – jedenfalls nach Meinung mancher Kritiker.[13] Richtig ist, daß Bölls Stoffwahl und Figurenzeichnung eng an jene soziale Zwischenschicht gebunden ist, und daß er selbst diese Bindung stets emphatisch verteidigt hat. Das Bemühen, kleinbürgerliche Lebensformen und -sorgen als literarischen Gegenstand zu legitimieren, zieht sich als roter Faden durch die theoretischen Äußerungen, vom ‚Bekenntnis zur Trümmerliteratur' über die ‚Verteidigung der Waschküchen' und die einschlägigen Passagen der ‚Frankfurter Vorlesungen' bis zu den Interviews, die in den siebziger Jahren zur wichtigsten Form von Bölls theoretischer Selbstverständigung werden. Allerdings weist diese stoffliche Beschränkung, das Fehlen eines ‚Oben' und ‚Unten', nicht nur auf subjektive Grenzen, sondern auch auf objektive Schwierigkeiten: Einerseits entziehen sich die zunehmend abstrakter werdenden Strukturen und Herrschaftsmechanismen spätkapitalistischer Gesellschaft mehr und traditioneller Darstellung (etwa als Satire auf ‚die Herrschenden'). Die Realität ist, wie schon Brecht wußte, „in die Funktionale gerutscht". Andererseits kann angesichts der Desorganisation der westdeutschen Arbeiterklasse kaum eine ‚realistische' proletarische Perspektive aufgebaut werden (insofern sind die ‚ausgestiegenen Kommunisten', die Böll verschiedentlich zeigt, durchaus realistisch).

Wenn man dies bedenkt, so ist vielleicht weniger Bölls Beschränkung auf eine „kleinbürgerliche Optik" zu kritisieren – als vielmehr seine einseitige Zeichnung, ja partielle *Verzeichnung des Kleinbürgertums*. Daß diese Zwischenschicht kaum je in ihrer historisch verhängnisvollen Funktion als Reservoir des Faschismus gesehen wird (wie teilweise bei Günter Grass), sondern immer nur einzelne als Opfer von Faschismus und Krieg Kontur gewinnen – dies ist wohl eine bedenkliche Schwäche, die im Gegensatz zu Bölls Intentionen eher der subjektiven Entlastung und Verharmlosung als der Erinnerung und Gewissensprüfung Vorschub leisten dürfte.

Andererseits aber kann die kleinbürgerliche Welt, die auf den ersten Blick hinter der gesellschaftlichen Realität zurückzubleiben scheint, gerade zum Potential von deren Kritik werden. Ansatzweise klingt dies mit, wenn Batt die „kleinbürgerliche Optik" des Erzählers charakterisiert: „Bölls Welt ist noch kohärent, geschlossen und in sich schlüssig, sie zerbröckelt zwar an den Rändern, birgt aber noch Möglichkeiten für Schutz und Trost, und dies nicht nur, weil sie von einer links-katholischen Soziallehre heilsam abgestützt wird, sondern namentlich weil die kleinbürgerliche Lebenssphäre, die Böll beschreibt, mit all ihren Traditionen und ihrer bescheidenen Menschlichkeit ganz in sich selbst ruht, und nur dort das ‚Establishment' eindringen läßt, wo sie es durch ihre Moral, genauer: durch ein Tugendsystem melancholisch gewordener Citoyens, widerlegen kann. Innerhalb dieses scharf abgezirkelten Lebenskreises sind die christlich-kleinbürgerlichen Wertvorstellungen wie Einfachheit, Genügsamkeit, Familiensinn, Kindes- und Gattenliebe noch intakt, lassen sie sich verwirklichen und kehren sich als Alternative gegen die restaurative Prosperität und ein entseeltes Wohlstandsdenken."[14] Offensichtlich, daß aus solcher „Gebundenheit" keine proletarisch-revolutionäre Perspektive zu entwickeln ist, daß Böll nicht zu einer „Identifizierung mit jenen Kräften" findet, die „die geschichtliche Gegenposition darstellen".[15] Kleinbürgerlich fundiert bleibt seine Gesellschaftskritik als *Moral*kritik, kleinbürgerlich auch die spezifische Widerstandsform seiner Figuren: listige Subversion, ‚Entfernung von der Truppe', individuelle Verweigerung, symbolische Widerstandshandlung.

Nur ein kleiner Schritt ist es von da bis zu der Feststellung, sein Denken und Erzählen sei ‚anarchistisch', ziele auf ‚Anarchie'. Sie ist, an diverse Selbstcharakteristiken anknüpfend, früh schon von Kaiser getroffen und in den letzten Jahren zu einem Stereotyp gerade auch der wohlmeinenden Böll-Forscher und Kritiker geworden[16] – auch wenn sie nicht kurzweg wie Reich-Ranicki behaupten, Böll sei eben „ein Anarchist" und denke „nicht daran, es zu verheimlichen".[17] Derartige Kennzeichnungen sind problematisch nicht nur, weil sie ungewollt bösartiger Diffamierung Vorschub leisten können, sondern auch der Sache nach: mit der politischen Theorie und revolutionären Praxis des europäischen Anarchismus hat Böll nicht viel gemein. Allenfalls, daß ihm ‚Anarchie', das heißt die Abwesenheit von Herrschaft, ihren Zwängen und Institutionen, als Bedingung einer befreiten Gesellschaft vorschwebt. Blickt man jedoch auf die erzählerische Konkretion solcher Utopie, so wird man besser sagen, daß dort ein *antihierarchischer, antiinstitutioneller* Zug prägend wirkt. Und zwar so umfassend, aber auch diffus, wie Böll im Gespräch mit Arnold ihn zum Ausdruck bringt: „Die Verrechtlichung von allem wird abgelehnt" (IV, 173). Dieser antiinstitutionelle Affekt prägt sich demgemäß in verschiedenen Stadien des Erzählwerks denn auch sehr unterschiedlich aus: als Antimilitarismus, Katholizismuskritik usw. Böll selbst hat die Wurzeln dieses – von ihm selbst so bezeichneten – „gewissen Anarchismus" zurückverfolgt in die Vor-Hitler-Zeit, die freilich eher anomisch als anarchisch genannt werden müßte.[18] „Anarchismus als eine immanente Verachtung bürgerlicher Formen" (IV, 380) habe er als Erbschaft jener Zeit behalten – dem kann man, bei gehöriger Betonung von *immanent,* allenfalls zustimmen.

Die allzu einfache Charakteristik, derzufolge Böll der zwanghaften ‚großen Ordnung‘ eine ebenso grundsätzliche ‚große Verweigerung‘ entgegensetze, korrigiert Nägele im Blick auf die erzählerische Konkretisierung: Eher handle es sich um eine „kleine Anarchie"[19] – sowohl im Verhalten der erzählten Figuren wie auch in der Erzählerstrategie – um systematische Störung und Verunsicherung, um verweigernden Rückzug vor einer total werdenden Ordnung: „immanente Verachtung bürgerlicher Formen". Vielleicht kommt man über solche Formeln hinaus, wenn man versucht, den positiven Gehalt von Bölls Anti-Haltung zu bestimmen: „Es ist unsere Aufgabe", schreibt er schon 1952 im ‚Bekenntnis zur Trümmerliteratur‘, „daran zu erinnern, daß der Mensch nicht nur existiert, um verwaltet zu werden – und daß die Zerstörungen in unserer Welt nicht nur äußerer Art sind und nicht so geringfügiger Natur, daß man sich anmaßen kann, sie in wenigen Jahren zu heilen." (I, 35) Dies kann man im Rückblick als Programm lesen: denn solche ‚Erinnerungsarbeit‘, die Verteidigung des einzelnen und seines Anspruchs auf individuelle Verwirklichung, das „Bemühen, die alltäglichen Lebensformen einer normalen humanen Existenz (...) zu bewahren",[20] machen den grundlegenden Antrieb seines Schreibens aus. In der erzählerischen Parteinahme für die alltäglichen Lebensformen, Bedürfnisse und Nöte der sogenannten kleinen Leute wird zugleich der konkret-gesellschaftliche Inhalt des sonst abstrakt klingenden Postulats einer „Einheit von Ästhetik und Moral" – und die individuelle Basis einer erstaunlichen Werkkontinuität deutlich.

Bölls Interesse am und Eintreten für den einzelnen und seine „menschlichen Grundbedürfnisse"[21] verdankt sich zweifellos kleinbürgerlicher Gebundenheit – insofern steht es in Gefahr, einer Kritik zu verfallen, die ausschließlich in gesamtgesellschaftlichen Kategorien argumentiert. Ein Verdienst des Autors aber ist es, im Rahmen seines Erzählwerks wie seiner Publizistik mit zunehmendem Nachdruck eben jene Bedürfnisse *als* gesellschaftliche Kategorie, den „objektiven Faktor Subjektivität"[22] zur Geltung gebracht zu haben. Von daher gewinnt seine scheinbare Rückständigkeit, die manchem Kritiker schon „verwerflich hausbacken" erschien,[23] neue Aktualität – und erweist sich als Qualität einer recht verstandenen realistischen Literatur.

Als ‚realistischer' Erzähler gilt Böll bei Literaturkritik und -wissenschaft freilich schon lange und mit einer Selbstverständlichkeit, die fast wieder Argwohn erregen müßte. Auch in diesem Buch ist die Kategorie Realismus hin und wieder verwendet worden; abschließend soll noch einmal bedacht werden, ob sie wirklich zu einer Gesamteinschätzung und Bewertung des Böllschen Erzählwerks taugt. Das heißt zunächst – wegen der Wandlung dieses Werks, aber auch wegen der Vieldeutigkeit jenes Begriffs –, daß er differenziert werden muß. Denn daß Böll realistisch erzähle, wird zunächst aus der Tatsache begründet, daß er von Anfang an seinen epischen Stoff in der je zeitgenössischen ‚Realität' findet und die ‚realen', äußeren Dinge zu zentralen Bedeutungsträgern macht: symbolischer oder *sakramentaler Realismus*. In dem Maße, wie Böll sodann einen bestimmten Ausschnitt deutscher Nachkriegsgesellschaft zum Feld seines Erzählens macht, läßt sich sein erzählerischer Bezug als *Milieurealismus* bestimmen. Er hat, mit wechselnden Bewertungen versehen, lange Zeit das Bild des Erzählers geprägt. Bezeichnenderweise verbindet dieser selbst in seinem ‚Bekenntnis zur Trümmerliteratur' wie in der ‚Verteidigung der Waschküchen' die Legitimierung des kleinbürgerlichen Milieus mit der Verteidigung seines realitätsgebundenen künstlerischen Zugriffs; und auch in den ‚Frankfurter Vorlesungen' finden sich beide Momente im Kontext eines Literaturkonzepts wieder, das die Einheit von Ästhetik und Moral postuliert. Bezeichnend ist allerdings auch die Verbindung von ‚Kleinbürgertum und Realismus' im Titel von Baumgarts kritischem Essay. „Realistisch nämlich", heißt es dort, „arbeiten Grass, Böll, Johnson, insofern sie zeitgenössische Realität, vor allem Sozialmilieus, treu reproduzieren möchten. Als Abbilder müssen ihre Beschreibungen auch einer empirischen Gegenprobe am Beschriebenen standhalten. Am ungebrochensten hält sich der Realismus bei Böll (...)."[24] Die Behauptung von 1964 gilt gewiß nicht mehr, oder doch nicht mehr *so*, im Blick auf die späteren Erzählwerke. Auch in ihnen sind zwar noch Elemente des symbolischen und des Milieurealismus aufzufinden, die Kategorien reichen aber nicht mehr aus, um den Anspruch und die Konstruktion dieser Werke zu fassen.

Denn wenn diese seit mehr als einem Jahrzehnt die Zwänge immer schärfer ins Licht rücken, von denen der einzelne im Spätkapitalismus bedrängt wird, – wenn sie andererseits „den konkreten Lebensformen, Bedürfnissen und Wünschen ausgebeuteter ‚einfacher Menschen'" Ausdruck geben,[25] so ist auch solches Erzählen realistisch. Und zwar insofern, als es für den Leser „den Horizont alltäglicher Lebenserfahrung erfüllt",[26] ihn zugleich aber auch um Dimensionen erweitert, die durch die herrschenden Öffentlichkeitsstrukturen unterdrückt werden. „Die Akribie", schreibt der Sozialpolitiker Norbert Blüm, „mit welcher Heinrich Böll die kleinen Leiden des Alltags geschildert hat, aus denen die unscheinbaren Dramen der kleinen Leute gemacht sind, erweist ihn als einen großen sozialen Schriftsteller. Die Vorliebe fürs Detail ist vielleicht nur die andere Seite seiner Liebe zu den ‚unscheinbaren' Helden, die in keinem Geschichtsbuch vermerkt werden."[27] Vorläufig und hilfsweise könnte man von einem *Realismus gesellschaftlicher*

Erfahrung sprechen, wenn man nicht lieber den Begriff einer „Literatur des Verdrängten" gebrauchen will. Einer solchen wären zumindest einige der späteren Erzählwerke, aber auch weite Teile von Bölls Publizistik zuzurechnen. Als „ausdrückliches Bewußtsein von Nöten" wie von „Bedürfnissen und Fähigkeiten zur Selbstregulation" erweisen sie sich, indem sie „Formen der Solidarität, der Gegen-Kultur, der Notwehr, der Verweigerung" zur Sprache bringen. Und zwar in eine Sprache bringen, „die für die, um deren Erfahrungen und Interessen es geht, prinzipiell verständlich und von Interesse ist".[28]

Die mögliche Wirkung einer solchen Literatur darf gewiß nicht unkritisch überschätzt werden. Auch dieser Autor und sein Werk war und ist den Gesetzmäßigkeiten und Zwängen des Literaturbetriebs nicht entzogen, in mancher Hinsicht vielleicht sogar besonders stark ausgesetzt.[29] Wie spätere Lesergenerationen oder auch die Literaturhistoriker Heinrich Böll einschätzen und einordnen werden, – das ist sicherlich eine offene Frage. Spannend dürfte es sein, zu beobachten, ob solche Leser und Leserinnen, denen der historische Wurzelgrund seines Schreibens lebensgeschichtlich nicht mehr vertraut sein kann, einen Zugang zu seinen Romanen, Erzählungen, den Aufsätzen und Reden finden werden – und wo er liegen könnte. Leicht wird man sich darüber verständigen können, daß es nicht literaturästhetische Innovationen sind, die seine Geltung ausmachen; daß Heinrich Böll insofern nicht „unter die Jahrhundertschriftsteller" gezählt werden wird.[30] *How good is Heinrich Böll?* Die Frage, *wie* gut der Autor Böll eigentlich sei, ist nach Erscheinen der ‚Katharina Blum' in der – hier wie häufig – unbefangeneren englischen Literaturkritik gestellt[31] und sinngemäß mit einem ‚nicht besonders gut' beantwortet worden. Auch deutsche Kritiker hatten, wie in diesem Buch dargestellt wurde, immer wieder Anlaß, die Qualitäten und Schwächen des Schriftstellers Böll gegeneinander zu halten. „Wo hört hier die Kunst auf", fragte zuletzt, aus Anlaß seines letzten Romans, Reinhard Baumgart, „wo fängt der Kitsch an? Durch die enge, noch von keinem Ästhetiker vermessene Passage zwischen den beiden ist Böll, wie jeder Volksschriftsteller vor ihm, schon immer gesegelt. Das muß jeden Kritiker fassungslos machen."[32]

Ein Literaturpädagoge aber berichtet von der ‚mißtrauischen' Schülerfrage, „ob es stimme, was sie gehört hätten. Daß er jemand sei, der nur schreibe, was er wirklich meine?"[33] Und Reich-Ranicki, ein Freund und Kritiker seit vielen Jahren, schreibt in seinem Nachruf: „Er hat manchen unbedachten Satz geschrieben, doch nie einen, von dessen Richtigkeit er nicht überzeugt gewesen wäre."[34] Möglich, daß die wahre und bleibende Bedeutung des Autors Heinrich Böll gerade in solchen Bemerkungen anklingt; möglich, daß er für die Entwicklung einer politisch-gesellschaftlichen Kultur in Nachkriegsdeutschland – und für die Rolle der Literatur in ihr – letztlich wichtiger war als für die literarische Evolution. Wir haben, als Deutsche, als Zeitgenossen oder Nachgeborene, auch dann allen Grund zur Dankbarkeit.

Er selbst hätte vielleicht
(man kann es nicht wissen)
länger gelebt
wenn er dort
wo es wehtut
geschwiegen hätte
aber sein Leben
wäre dann nicht so ganz
sein Leben gewesen
wie er es leben wollte
und wie wir es kennen.[35]

XII. Anmerkungen

Im folgenden werden vor allem Zitate aus der Sekundärliteratur nachgewiesen. Dabei wird auf vollständige bibliographische Angaben verzichtet, wenn der entsprechende Titel in die Literaturliste (vgl. unten S. 185 ff.) aufgenommen wurde.

Zitate aus Bölls Schriften werden im Text selber abgekürzt nachgewiesen (vgl. dazu unten S. 184 f.).

I. „Fortschreibung" und „Gebundenheit"

1 Willy Brandt: Die Kunst des Anstands, in: L'80, H. 36: Heinrich Böll, S. 33. – Vgl. umgekehrt Heinrich Böll: Über Willy Brandt (I, 535 ff.).

2 Marcel Reich-Ranicki: Dichter, Narr, Prediger; Mathias Schreiber: Bürger Böll, beides in: Frankfurter Allgemeine Zeitung, 18.7. 1985, S. 19.

3 Marcel Reich-Ranicki, ebda.

4 Ebda.

5 Dieter Lattmann: ‚Den Lorbeer in die Suppe'. Nach-Denken über Heinrich Böll, in: Deutsches Allgemeines Sonntagsblatt, 28.7. 1985, S. 3.

6 Der Topos von Böll als einer (moralischen) Instanz (wider Willen) zieht sich, kaum überraschend, durch fast alle Nachrufe.

7 Helmut Schelsky: Heinrich Böll – Kardinal und Märtyrer, S. 342.

8 Hans Habe: Die Blutspur macht Blinde sehend – auch Heinrich Böll? In: Bild-Zeitung, 12.9. 1977, S. 2. – Wilfried Ahrens: Die Bölls sind gefährlicher als Baader-Meinhof, in: Quick, 2.2. 1972.

9 Rm.: Ein Aufruf, in: Frankfurter Allgemeine Zeitung, 12.9. 1977, S. 1. – Johann Georg Reißmüller: Niemand war es, ebda., 25.11. 1977, S. 1.

10 Marcel Reich-Ranicki: Mehr als ein Dichter. Heinrich Böll zum 60. Geburtstag.

11 Theodor W. Adorno: Keine Würdigung, in: M. Reich-Ranicki (Hg.): In Sachen Böll, S. 7.

12 Günter Wallraff: Wir brauchen Heinrich Böll, in: Literatur konkret, H. 1/1977, S. 6.

13 Hans Joachim Bernhard: Es gibt sie nicht und es gibt sie. Zur Stellung der Hauptfigur in der epischen Konzeption des Romans „Gruppenbild mit Dame", in: R. Matthaei (Hg.): Die subversive Madonna, S. 61.

II. Krise der Erfahrung und des Erzählens

1 Zit. nach Frank Trommler: Der zögernde Nachwuchs. Entwicklungsprobleme der Nachkriegsliteratur in West und Ost, in: Th. Koebner (Hg.): Tendenzen der deutschen Literatur seit 1945, 1. Aufl. Stuttgart 1971, S. 12 f.
2 Vgl. die Aufsätze von Frank Trommler, Hans Dieter Schäfer, Jürgen Manthey, in: N. Born/J. Manthey (Hg.): Nachkriegsliteratur.
3 Heinrich Vormweg: Literatur war ein Asyl, ebda., S. 203.
4 Hans Werner Richter: Bruchstücke der Erinnerung, ebda., S. 134.
5 Vgl. Erhard Schütz, Jochen Vogt u. a.: Einführung in die deutsche Literatur des 20. Jahrhunderts. Bd. 2: Weimarer Republik, Faschismus und Exil, Opladen 1977, S. 56 ff.
6 Theodor W. Adorno: Minima Moralia. Reflexionen aus dem beschädigten Leben, Frankfurt/M. 1969, S. 63. – Ähnliche Überlegungen bereits 1933 bei Walter Benjamin: Erfahrung und Armut, in: W. B.: Gesammelte Schriften II, 1, Frankfurt/M. 1977, S. 213 ff.
7 Erhard Schütz, Jochen Vogt u. a.: Einführung in die deutsche Literatur des 20. Jahrhunderts, Bd. 3: Bundesrepublik und DDR, Opladen 1979, S. 10.
8 Walter Benjamin: Theorien des deutschen Faschismus, in: W. B.: Gesammelte Schriften, Bd. III, Frankfurt/M. 1972, S. 245.
9 Frank Trommler: Realismus in der Prosa, in: Th. Koebner (Hg.): Tendenzen der deutschen Literatur seit 1945, 1. Aufl. Stuttgart 1971, S. 216.
10 Ebda.
11 Vgl. dagegen jetzt: Bernd Balzer: Heinrich Bölls Werke: Anarchie und Zärtlichkeit, S. [14 f.].
12 Rainer Nägele: Heinrich Böll, S. 22.
13 Otto F. Bollnow: Existenzphilosophie, 5. Aufl. Stuttgart 1955, S. 12 f.
14 Carl Pietzcker: Die Lyrik des jungen Brecht. Vom anarchistischen Nihilismus zum Marxismus, Frankfurt/M. 1974, S. 99.
15 Henri Plard: Mut und Bescheidenheit. Krieg und Nachkrieg im Werk Heinrich Bölls, in: W. Lengning (Hg.): Der Schriftsteller Heinrich Böll, S. 60.
16 Ebda., S. 51.

17 Walter Benjamin: Theorien des deutschen Faschismus, S. 250.
18 Rainer Nägele: Heinrich Böll, S. 28.

III. Sinnloses Sterben, vergebliche Heimkehr

1 Vgl. oben S. 30.
2 Hans Joachim Bernhard: Die Romane Heinrich Bölls, S. 16 f.
3 Vgl. ebda., S. 31 ff.
4 Gert Kalow: Heinrich Böll, S. 428.
5 Peter Demetz: Die süße Anarchie, S. 239 f.
6 Hans Schwab-Felisch: Der Böll der frühen Jahre, in: M. Reich-Ra-nicki (Hg.): In Sachen Böll, S. 168 f.
7 Vgl. Erhard Schütz, Jochen Vogt u. a.: Einführung in die deutsche Literatur des 20. Jahrhunderts, Bd. 2, S. 61 ff.
8 Erstsendung am 8. 6. 1952 durch den Hessischen Rundfunk; vgl. Hans Joachim Bernhard: Die Romane Heinrich Bölls, S. 389, Anm. 70.
9 Manfred Durzak: Kritik und Affirmation, S. 32.
10 Ebda., S. 34.
11 Ebda., S. 35.
12 Hans Joachim Bernhard: Die Romane Heinrich Bölls, S. 57.
13 Ebda., S. 60.

IV. Von der amtlichen und von der heimlichen Kirche

1 Vgl. Jochen Vogt: Das falsche Gewicht, S. 107 f.
2 Vgl. ebda., S. 107 ff., vor allem aber: Cesare Cases: ‚Die Waage der Baleks‘, dreimal gelesen, in: M. Reich-Ranicki (Hg.): In Sachen Böll, S. 172 ff.
3 Vgl. Bölls Hinweise auf diese Autoren (IV, 66; EZ, 88).
4 Manfred Durzak: Kritik und Affirmation, S. 40.
5 Ebda., S. 39.
6 Ebda., S. 45.
7 Hans Joachim Bernhard: Die Romane Heinrich Bölls, S. 115.
8 Friedrich Sieburg: Zweistimmig, in: Die Gegenwart 8 (1953) H. 8, S. 247.
9 Gert Kalow: Heinrich Böll, S. 426, 431.
10 Heinz Hengst: Die Frage nach der Diagonale zwischen Gesetz und Barmherzigkeit‘, in: Text + Kritik H. 33: Heinrich Böll, 1. Aufl., S. 26.
11 Henri Plard: Mut und Bescheidenheit. Krieg und Nachkrieg im

Werk Heinrich Bölls, in: W. Lengning (Hg.): Der Schriftsteller Heinrich Böll, S. 74.

12 Günter Blöcker: Heinrich Böll – Das Brot der frühen Jahre, Billard um halbzehn, S. 286.
13 Hans Joachim Bernhard: Die Romane Heinrich Bölls, S. 138.
14 Ebda., S. 131.
15 Manfred Durzak: Kritik und Affirmation, S. 49.
16 Hans Joachim Bernhard: Die Romane Heinrich Bölls, S. 144.
17 Ebda., S. 144 f.
18 Ebda., S. 161.
19 Vgl. präzisierend ebda., S. 170 ff.
20 Friedrich Sieburg: Leidensfähigkeit, in: F. S.: Nur für Leser. Jahre und Bücher, München 1961, S. 183.
21 Curt Hohoff: Der Erzähler Heinrich Böll, in: Merkur 11 (1957) H. 12, S. 1209.
22 Bernd Balzer: Heinrich Bölls Werke: Anarchie und Zärtlichkeit, S. (49).
23 Friedrich Schiller, zit. nach Hans Joachim Bernhard: Die Romane Heinrich Bölls, S. 179.
24 Vgl. ebda., S. 175.
25 Wolfgang Grözinger: Der Roman der Gegenwart, in: Hochland 50 (1957/58) H. 6, S. 583.
26 Roland H. Wiegenstein: Auf den ersten Blick, in: Frankfurter Hefte 12 (1957) H. 11, S. 810.

V. „... nach fünfundvierzig der Aufbau nach den alten Plänen"

1 Vgl. hierzu: Klaus Jeziorkowski: Rhythmus und Figur, S. 83 ff.
2 Hans Magnus Enzensberger: Satire als Wechselbalg, S. 689.
3 Ebda., S. 687.
4 Georg Lukács: Geschichte und Klassenbewußtsein. Studien über marxistische Dialektik, Neuwied und Berlin 1970, S. 175, 178.
5 Theodor W. Adorno: Prismen. Kulturkritik und Gesellschaft, Berlin und Frankfurt 1955, S. 115. – Vgl. Klaus Jeziorkowski: Rhythmus und Figur, S. 29, Anm. 10.
6 Hans Magnus Enzensberger: Satire als Wechselbalg, S. 688.
7 Georg Lukács: Geschichte und Klassenbewußtsein, S. 177.
8 Klaus Jeziorkowski: Rhythmus und Figur, S. 28.
9 Dieter E. Zimmer: ,Doktor Murkes gesammeltes Schweigen', in: M. Reich-Ranicki (Hg.): In Sachen Böll, S. 206.
10 Vgl. Walter Benjamin: Der Autor als Produzent, in: W. B.: Gesammelte Schriften II, 2, Frankfurt/M. 1977, S. 691 f.

11 Max Horkheimer/Theodor W.Adorno: Kulturindustrie, in: M.H./Th.W.A.: Dialektik der Aufklärung. Philosophische Fragmente, Amsterdam 1944, S.194, vgl. S.144.

12 Hans Magnus Enzensberger: Bewußtseins-Industrie, in: H.M.E.: Einzelheiten I, Frankfurt/M. 1962, S.17.

13 Dieter E.Zimmer: ‚Doktor Murkes gesammeltes Schweigen‘, S.209.

14 Klaus Jeziorkowski: Rhythmus und Figur, S.96.

15 Ebda., S.102.

16 Für die Vermittlung in Deutschland wichtig: Walter Jens: Uhren ohne Zeiger. Die Struktur des modernen Romans, in: W.J.: Statt einer Literaturgeschichte, Pfullingen 1957, S.17ff.

17 Karl August Horst: Überwindung der Zeit, in: W.Lengning (Hg.): Der Schriftsteller Heinrich Böll, S.80.

18 Frank Trommler: Realismus in der Prosa, S.224.

19 Hans Joachim Bernhard: Die Romane Heinrich Bölls, S.281.

20 Klaus Jeziorkowski: Rhythmus und Struktur, S.98.

21 Hans Joachim Bernhard: Die Romane Heinrich Bölls, S.145ff.

22 Heinz Hengst: Die Frage nach der ‚Diagonale zwischen Gesetz und Barmherzigkeit‘, S.31.

23 Manfred Durzak: Kritik und Affirmation, S.64.

24 Alexander und Margarete Mitscherlich: Die Unfähigkeit zu trauern. Grundlagen kollektiven Verhaltens, München 1977, S.56f.

25 Vgl. ebda., S.24.

26 Georg Lukács: Lob des neunzehnten Jahrhunderts, in: M.Reich-Ranicki (Hg.): In Sachen Böll, S.255.

27 Peter Demetz: Die süße Anarchie, S.252.

28 Manfred Durzark: Kritik und Affirmation, S.73.

VI. Der Clown als Stellvertreter

1 Hans Joachim Bernhard: Die Romane Heinrich Bölls, S.294.

2 Fernsehinterview mit Werner Koch am 19.12. 1977 (ARD).

3 Ebda.

4 Vgl. Klaus Horn: Formierung der Innerlichkeit, in: G.Schäfer, C.Nedelmann (Hg.): Der CDU-Staat. Analysen zur Verfassungswirklichkeit der Bundesrepublik, Frankfurt/M. 1972, S.342.

5 Autorenkollektiv: Determinanten der westdeutschen Restauration 1945–1949, Frankfurt/M. 1972, S.216.

6 Vgl. Anm.4.

7 Vgl. Autorenkollektiv: Determinanten der westdeutschen Restauration 1945–1949, S.248ff.

8 Vgl. Hans Joachim Bernhard: Die Romane Heinrich Bölls, S. 294 ff.

9 Ebda., S. 300.

10 Bernd Balzer: Humanität als ästhetisches Prinzip, S. 11.

11 Frank Trommler: Der zögernde Nachwuchs, S. 107.

12 Hans Joachim Bernhard: Die Romane Heinrich Bölls, S. 311.

13 Bernd Balzer: Humanität als ästhetisches Prinzip, S. 9.

14 Heinz Hengst: Die Frage nach der ,Diagonale zwischen Gesetz und Barmherzigkeit', S. 30.

15 Vgl. Bernd Balzer: Humanität als ästhetisches Prinzip, S. 9.

16 Alexander und Margarete Mitscherlich: Die Unfähigkeit zu trauern, S. 25.

17 Ebda, S. 36.

18 Ebda, S. 37.

19 Ebda.

20 Vgl. Wolf Lepenies: Melancholie und Gesellschaft, Frankfurt/M. 1972.

21 Ebda., S. 214.

22 Hans Magnus Enzensberger: Gemeinplätze, die Neueste Literatur betreffend, in: Kursbuch 15/1968, S. 190.

23 Hans Joachim Bernhard: Die Romane Heinrich Bölls, S. 301.

24 Ebda., S. 299, vgl. S. 305.

25 Günter Blöcker: Der letzte Mensch, in: W. Lengning (Hg.): Der Schriftsteller Heinrich Böll, S. 88 ff.

26 Heinz Hengst: Die Frage nach der ,Diagonale zwischen Gesetz und Barmherzigkeit', S. 31.

VII. Utopie des Provinziellen

1 Werner Ross: Heinrich Bölls hartnäckige Humanität, in: W. Lengning (Hg.): Der Schriftsteller Heinrich Böll, 2. Aufl. 1969, S. 88.

2 Hervorhebungen im Text nicht original!

3 Reinhard Baumgart: Kleinbürgertum und Realismus, S. 653.

4 Vgl. ebda., S. 658.

5 Kurt Batt: Die Exekution des Erzählers. Westdeutsche Romane zwischen 1968 und 1972, in: K. B.: Revolte intern, S. 171.

6 Vgl. oben S. 55 sowie Bölls ,Verteidigung der Waschküchen' (I, 412 ff.).

7 Hervorhebungen nicht original!

8 Vgl. Renate und Rolf Wiggershaus: Literatur des Verdrängten, bes. S. 58.

9 Wolfgang Grözinger: Der Roman der Gegenwart, S. 183.

10 Alexander Kluge: Totenkapelle für Bechtolds, Der Spiegel, Nr. 40/1964, S. 134 f.
11 Werner Ross: Heinrich Bölls hartnäckige Humanität, S. 85.
12 Reinhard Baumgart: Im rheinischen Utopia, Der Spiegel, Nr. 45/1966, S. 168.
13 Ebda.
14 Wilhelm Höck: Nicht nur Wörter: auch Worte, in: Hochland 59 (1966/67) H. 2, S. 166.
15 Hans Joachim Bernhard: Geschichte aus der ‚Provinz‘, in: W. Lengning (Hg.): Der Schriftsteller Heinrich Böll, S. 103.
16 Reinhard Baumgart: Im rheinischen Utopia, S. 168.
17 Vgl. Ernst Bloch: Gespräch über Ungleichzeitigkeit, in: Kursbuch 39/1975, S. 2, vgl. 4 f. – Theodor W. Adorno: Erziehung nach Auschwitz, in: Th. W. A.: Erziehung zur Mündigkeit. Vorträge und Gespräche, Frankfurt/M. 1970, S. 98.
18 Werner Ross: Heinrich Bölls hartnäckige Humanität, S. 87.

VIII. „... die ganze Last dieser Geschichte"

1 anon.: Böll – Brot und Boden, Der Spiegel, Nr. 50/1961, S. 71.
2 Jürgen Busche: Vergangene Verehrung. Die Zeitfigur der Nachkriegsepoche, Frankfurter Allgemeine Zeitung, 24. 12. 1977, S. 17.
3 Renate und Rolf Wiggershaus: Literatur des Verdrängten, S. 58.
4 Ebda., S. 61.
5 Heinz Ludwig Arnold: Heinrich Bölls Roman ‚Gruppenbild mit Dame‘, in: Text + Kritik, H. 33: Heinrich Böll, 1. Aufl., S. 43.
6 Vgl. etwa seine Vorbemerkungen zu: Bottroper Protokolle. Aufgezeichnet von Erika Runge, Frankfurt/M. 1968.
7 Kurt Batt: Die Exekution des Erzählers, S. 171.
8 Ebda., S. 170.
9 Vgl. Bertolt Brecht: Der Dreigroschenprozeß. Ein soziologisches Experiment, in: B. B.: Gesammelte Werke 18, Frankfurt/M. 1967, S. 161 f. – Siegfried Kracauer: Die Angestellten. Aus dem neuesten Deutschland, in: S. K.: Schriften 1, Frankfurt/M. 1971, S. 216.
10 Vgl. Renate und Rolf Wiggershaus: Literatur des Verdrängten, S. 63.
11 Karl Korn: Heinrich Bölls Beschreibung einer Epoche, in: W. Lengning (Hg.): Der Schriftsteller Heinrich Böll, S. 110.
12 Hans Joachim Bernhard: Es gibt sie nicht, und es gibt sie, S. 65.
13 Vgl. Manfred Durzak: Kritik und Affirmation, S. 111. – Weitere Belege bei: Rainer Nägele: Heinrich Böll, Einführung in das Werk und die Forschung, S. 153 f.

14 Raoul Hübner: Der diffamiert-integrierte ‚Anarchismus‘, S. 126.
15 Siegfried Lenz: Sein Personal, in: M. Reich-Ranicki (Hg.): In Sachen Böll, S. 32.
16 Arpád Bernáth: Zur Stellung des Romans ‚Gruppenbild mit Dame‘ in Bölls Werk, in: R. Matthaei (Hg.): Die subversive Madonna, S. 34.
17 Kurt Batt: Die Exekution des Erzählers, S. 170.
18 Hans Joachim Bernhard: Die Romane Heinrich Bölls, S. 364.
19 Vgl. zu diesen Begriffen: Max Weber: Wirtschaft und Gesellschaft. Grundriß der verstehenden Soziologie, Tübingen 1976, S. 12 f.
20 Kurt Batt: Die Exekution des Erzählers, S. 173.
21 Vgl. Theodore Ziolkowski: Typologie und ‚Einfache Form‘ in ‚Gruppenbild mit Dame‘ in: R. Matthaei (Hg.): Die subversive Madonna, S. 123 ff.
22 Ebda., S. 126.
23 Ebda., S. 138.
24 Wolfram Schütte: Häretische Marienlegende, kräftig abgedunkelt.
25 Hans Joachim Bernhard: Es gibt sie nicht, und es gibt sie, S. 73.
26 Vgl. Kurt Batt: Die Exekution des Erzählers, S. 172.
27 Hans Joachim Bernhard: Es gibt sie nicht, und es gibt sie, S. 77.
28 Ebda.
29 Bernd Balzer: Einigkeit der Einzelgänger? In: R. Matthaei (Hg.): Die subversive Madonna, S. 29.
30 Hans Joachim Bernhard: Es gibt sie nicht, und es gibt sie, S. 80.
31 Vgl. hierzu: Raoul Hübner: Der diffamiert-integrierte ‚Anarchismus‘, S. 115 ff.
32 Renate und Rolf Wiggershaus: Literatur des Verdrängten, S. 59 f.
33 Dorothee Sölle: Heinrich Böll und die Eskalation der Gewalt, S. 887.

IX. Strukturelle Gewalt und gestörte Idylle

1 Vgl. dazu grundsätzlich Volker Neuhaus: „Strukturwandel der Öffentlichkeit“ in Bölls Romanen der sechziger Jahre, in Text + Kritik, H. 33: Heinrich Böll, 3. Aufl., S. 38 ff.
2 Jürgen Habermas: Strukturwandel der Öffentlichkeit. Untersuchungen zu einer Kategorie der bürgerlichen Gesellschaft, Neuwied u. Berlin 1962, S. 195.
3 Vgl. Frank Grützbach (Hg.): Heinrich Böll: Freies Geleit für Ulrike Meinhof. Ein Artikel und seine Folgen.
4 Stefan Aust: Der Baader Meinhof Komplex, Hamburg 1985, S. 212.

5 Helmut Gollwitzer: Gnade und Freistatt, in: F. Grützbach (Hg.): Heinrich Böll: Freies Geleit für Ulrike Meinhof, S. 8 f.

6 Dolf Sternberger: Böll, der Staat und die Gnade (Frankfurter Allgemeine Zeitung, 2. 2. 1972), ebda., S. 152.

7 Karl Heinz Bohrer: Staatsräson und Moral. Am Beispiel Bölls (Frankfurter Allgemeine Zeitung, 2. 2. 1972), ebda., S. 154 ff.

8 Theodor W. Adorno: Keine Würdigung, in: M. Reich-Ranicki (Hg.): In Sachen Böll, S. 8.

9 Helmut Schelsky: Heinrich Böll – Kardinal und Märtyrer, S. 361 f.

10 Marcel Reich-Ranicki: Der deutschen Gegenwart mitten ins Herz.

11 Dieter Lattmann: Böll und sein Buch des Anstoßes, in: Vorwärts, 15. 8. 1974, S. 18.

12 Vgl. Hanno Beth: Rufmord und Mord: die publizistische Dimension der Gewalt, in: H. B. (Hg.): Heinrich Böll, S. 71 f.

13 Günter Wallraff: Der Aufmacher. Der Mann, der bei Bild Hans Esser war, Köln 1977.

14 Dorothee Sölle: Heinrich Böll und die Eskalation der Gewalt, S. 885.

15 Joachim Kaiser: Liebe und Haß der heiligen Katharina, in: Süddeutsche Zeitung, 10. 8. 1974.

16 Hanno Beth: Rufmord und Mord: die publizistische Dimension der Gewalt, S. 74.

17 Marcel Reich-Ranicki: Der deutschen Gegenwart mitten ins Herz.

18 Zit. nach: Hanjo Kesting: Die Kritiker lassen ihre Tarnkappen fallen. Bilanz der Reaktionen auf Bölls letztes Buch, in: Vorwärts, 19. 12. 1974, S. 13.

19 Dorothee Sölle: Heinrich Böll und die Eskalation der Gewalt, S. 887.

20 Joachim Kaiser: Liebe und Haß der heiligen Katharina.

21 Wolfram Schütte: Notwehr, Widerstand und Selbstrettung.

22 Marcel Reich-Ranicki: Der deutschen Gegenwart mitten ins Herz.

23 Oskar Negt/Alexander Kluge: Öffentlichkeit und Erfahrung. Zur Organisationsanalyse von bürgerlicher und proletarischer Öffentlichkeit, Frankfurt/M. 1974, S. 140.

24 Vgl. Hanno Beth: Rufmord und Mord: die publizistische Dimension der Gewalt, S. 57.

25 Zit. nach Otto Köhler, vgl. F. Grützbach (Hg.): Heinrich Böll: Freies Geleit für Ulrike Meinhof, S. 25.

26 Vgl. Lieber Herr Böll! Ein Brief und seine Vorgeschichte, in: L'80, H. 36: Heinrich Böll, S. 62.

27 Ebda., S. 63.

28 Zitiert bei Helmut Gollwitzer: Heinrich Böll in der ,Viererbande', ebda., S. 58 f.

29 Willy Brandt: Die Kunst des Anstands, ebda., S. 33.

30 Wolfram Schütte: Lauter nette Menschen.

31 Hans Maier: Der neue Böll – ein anderer Böll. ‚Fürsorgliche Belagerung': ein Roman aus der Zeit der ‚netten Ungeheuer', in: Rheinischer Merkur, 24. 8. 1979, S. 15.

32 Wolfram Schütte: Lauter nette Menschen.

X. *Der Erinnerungsarbeiter*

1 Vgl. Im Wortlaut: Sie haben große Verdienste/Als Frau Blüm ein Buch schrieb, in: Frankfurter Rundschau, 22. 12. 1982.

2 Fritz J. Raddatz: Elf Thesen über den politischen Publizisten, in: M. Reich-Ranicki (Hg.): In Sachen Böll, S. 113.

3 Peter Brückner: Versuch, uns und anderen die Bundesrepublik zu erklären, Berlin 1978.

4 Heinrich Böll: Kein Märchen. Gespräch mit Jürgen Lodemann, in: Die Zeit, 9. 3. 1979.

5 Peter Brückner: Das Abseits als sicherer Ort. Kindheit und Jugend zwischen 1933 und 1945, Berlin 1980.

6 Vgl. Walter Hinck: Gegen die Verrohung der Gefühle.

7 Gerd Ueding: Das unbestechliche Gedächtnis des Heinrich Böll.

8 Ebda.

9 Heinrich Böll: Kein Märchen.

10 Theodor W. Adorno: Was bedeutet: Aufarbeitung der Vergangenheit? In: Th. W. Adorno: Eingriffe. Neun kritische Modelle, Frankfurt/M. 1963, S. 128 f.

11 Walter Hinck: Gegen die Verrohung der Gefühle.

12 Vgl. Dolf Sternberger, Gerhard Storz, W. E. Süskind: Aus dem Wörterbuch des Unmenschen, München 1962.

13 Theodor W. Adorno: Eingriffe, S. 7.

14 Weiterführende Gesichtspunkte, auch Bölls kritische Reflexion von umgangssprachlichen Klischees betreffend, bei Georg Stötzel: Heinrich Bölls sprachreflexive Diktion, z. B. S. 71 f.

15 Ingrid Müller-Münch: Kölns CDU möchte sich nur mit dem halben Böll schmücken, in: Frankfurter Rundschau, 18. 11. 1982; m. s.: Rheinische Posse um Böll, in: Frankfurter Allgemeine Zeitung, 20. 11. 1982.

16 Uwe Wittstock: Fast eine Familienfeier. Heinrich Böll wird Ehrenbürger der Stadt Köln, in: Frankfurter Allgemeine Zeitung, 2. 5. 1983.

17 Wolfram Schütte: Treue und Liebe, nicht Glauben.

18 Peter Glotz: Bölls Bonn, S. 778.

19 Ebda., S. 778 ff.
20 Wolfram Schütte: Treue und Liebe, nicht Glauben.
21 Reinhard Baumgart: Selbstgespräch mit Nornen, S. 188.
22 Vgl. Wolfram Schütte: Treue und Liebe, nicht Glauben.

X. Ausblick: Realismus zwischen Erfahrung und Hoffnung

1 Hans Joachim Bernhard: Es gibt sie nicht, und es gibt sie, S. 61. –
   Ders.: Zu poetischen Grundpositionen Heinrich Bölls, in: M. Jurgensen (Hg.): Böll, S. 77.
2 Kurt Batt: Die Exekution des Erzählers, S. 169.
3 Marcel Reich-Ranicki: Mehr als ein Dichter.
4 Kurt Batt: Versuch einer Bilanz 1973, in: K. B.: Revolte intern,
   S. 12.
5 In diesem Sinn – unter vielen anderen – z. B. Hans Schwab-Felisch:
   Der Böll der frühen Jahre, in: M. Reich-Ranicki (Hg.): In Sachen
   Böll, S. 165 f.
6 Vgl. Christian Linder: Heinrich Böll, S. 36 ff.
7 Helmut Schelsky: Ortsbestimmung einer Generation. Das Prinzip
   Erfahrung – Rückblick und Frage: Wovon haben wir gelebt?
   Frankfurter Allgemeine Zeitung, 16. 4. 1977, S. 23.
8 Ebda.
9 Zit. nach Frankfurter Allgemeine Zeitung, 22. 12. 1977, S. 17.
10 Rainer Nägele: Heinrich Böll. Die große Ordnung und die kleine
   Anarchie, S. 195.
11 Alexander und Margarete Mitscherlich: Die Unfähigkeit zu trauern, S. 67 f.
12 Reinhard Baumgart: Kleinbürgertum und Realismus, S. 652.
13 Vgl. etwa Kurt Batt: Zwischen Idylle und Metropole. Sozialtyp
   und Erzählform in westdeutschen Romanen, in: K. B.: Revolte intern, S. 103.
14 Ebda., S. 102 f.
15 Hans Joachim Bernhard: Die Romane Heinrich Bölls, S. 345.
16 Kennzeichnend der Titel des Vorworts der Gesamtausgabe: ‚Anarchie und Zärtlichkeit‘. – Vgl. Joachim Kaiser: Seine Sensibilität, in:
   M. Reich-Ranicki (Hg.): In Sachen Böll, S. 48.
17 Marcel Reich-Ranicki: Mehr als ein Dichter.
18 Der Begriff Anomie bezeichnet nach Emile Durkheim das Fehlen
   bzw. den Ausfall verbindlicher sozialer Normen, Regelungen usw.
   in einer Gesellschaft.
19 Rainer Nägele: Heinrich Böll. Die große Ordnung und die kleine
   Anarchie, S. 197 ff.

20 Hans Joachim Bernhard: Zu poetischen Grundpositionen Heinrich Bölls, S. 87.

21 Kurt Batt: Die Exekution des Erzählers, S. 171.

22 Rudolf zur Lippe: Objektiver Faktor Subjektivität, in: Kursbuch 35/1974, S. 1 ff.

23 Kurt Batt: Die Exekution des Erzählers, S. 171.

24 Reinhard Baumgart: Kleinbürgertum und Realismus, S. 651.

25 Kurt Batt: Versuch einer Bilanz 1973, S. 31.

26 Wolfgang Powroslo: Erkenntnis durch Literatur. Realismus in der westdeutschen Literaturtheorie der Gegenwart, Köln 1976, S. 84.

27 Zit. nach Frankfurter Allgemeine Zeitung, 22. 12. 1977, S. 17.

28 Renate und Rolf Wiggershaus: Literatur des Verdrängten, S. 61, 60.

29 Vgl. die Rezeption und die Kontroversen vor allem um ‚Ansichten eines Clowns‘, ‚Die verlorene Ehre der Katharina Blum‘ und den Meinhof-Artikel; Hinweise zu den Marktmechanismen anhand von ‚Gruppenbild mit Dame‘ gibt Raoul Hübner: Der diffamiert-integrierte ‚Anarchismus‘, S. 113 ff.

30 Rudolf Augstein: Der unheilige Narr, in: Der Spiegel, Nr. 30/1985, S. 136.

31 Vgl. J(oseph) P(eter) Stern: An honourable man, in: The Times Literary Supplement, 30. 1. 1976, S. 101.

32 Reinhard Baumgart: Götzendämmerung mit Nornen, S. 189.

33 Klaus-Michael Bogdal: Der Böll. Erkundungen über einen Gegenwartsautor in der Schule, in: Text + Kritik, H. 33: Heinrich Böll, 3. Aufl., S. 126.

34 Marcel Reich-Ranicki: Dichter, Narr, Prediger, in: Frankfurter Allgemeine Zeitung, 18. 7. 1986, S. 19.

35 Erich Fried: Der nicht schwieg, in: L'80, H. 36: Heinrich Böll, S. 63 f.

XIII. Zeittafel zu Leben und Werk

1917   21. Dezember: Heinrich Böll geboren „in Köln am Rhein als Sohn des Bildhauers und Tischlermeisters Viktor Böll und seiner Ehefrau Maria geborene Hermanns"*

1924–28   Katholische „Volksschule in Köln-Raderthal"

1928–37   Staatliches (humanistisches) „Kaiser-Wilhelm-Gymnasium in Köln"

1937   Abitur, Beginn einer „Lehre als Buchhändler … bei der Firma Matth. Lempertz in Bonn"

1938/39   Abbruch der Lehre, erste Schreibversuche, Reichsarbeitsdienst, Beginn eines Studiums der „Germanistik und der alten Philologie", Einberufung zur Wehrmacht

1939–45   Kriegsdienst in Frankreich, der Sowjetunion, in Rumänien, Ungarn und im Rheinland; Beförderung zum Obergefreiten; Typhuserkrankung, mehrfache Verwundung und Lazarettaufenthalte, zeitweilige Desertion

1942   Heirat mit einer Jugendfreundin, der Lehrerin Annemarie Cech

1945   Kurze Gefangenschaft in amerikanischen bzw. englischen Lagern in Frankreich und Belgien, Entlassung am 15. September; im Oktober Tod des ersten Kindes Christoph, im Dezember Rückkehr nach Köln, Schillerstraße

1946   Formelle Wiederaufnahme des Studiums, intensive schriftstellerische Tätigkeit, Gelegenheitsarbeiten

1947/48   Veröffentlichung erster Kurzgeschichten (‚Aus der Vorzeit', ‚Die Botschaft', ‚Der Angriff' u. a.) in Zeitungen (Rheinischer Merkur) und Zeitschriften (Karussell, Der Ruf); Geburt der Söhne Raimund und René

1949   Erste Buchveröffentlichung: ‚Der Zug war pünktlich', Middelhauve Verlag in Köln

1950   Arbeit als „Aushilfsangestellter beim Statistischen Amt der Stadt Köln"; Geburt des Sohnes Vincent; Sammelband mit Kurzgeschichten (‚Wanderer, kommst du nach Spa…') bei Middelhauve

---

* Zitate in Anführungszeichen nach einer autobiographischen Notiz Bölls im Verlagsprospekt zur Werkausgabe 1977.

1951	‚Wo warst du, Adam?‘; seit dem Sommer „als freier Schriftsteller mit festem postalischen Wohnsitz in Köln, aber ständig wechselndem Arbeitsplatz"; Einladung zur Tagung der Gruppe 47 nach Bad Dürkheim und Auszeichnung mit dem ‚Preis der Gruppe 47‘ für die satirische Geschichte ‚Die schwarzen Schafe‘
1952	René-Schickele-Preis
1953	‚Und sagte kein einziges Wort‘, wie die folgenden Werke im Verlag Kiepenheuer&Witsch in Köln; Kritikerpreis für Literatur, Erzählerpreis des Süddeutschen Rundfunks
1954	‚Haus ohne Hüter‘; erster von mehreren längeren Aufenthalten in Irland
1955	‚Das Brot der frühen Jahre‘, Sammelbände mit Kurzgeschichten (‚So ward Abend und Morgen‘), Satiren (‚Unberechenbare Gäste‘) und Hörspielen (‚Zum Tee bei Dr. Borsig‘); Umzug nach Köln-Müngersdorf
1957	Buchausgabe des ‚Irischen Tagebuchs‘
1958	‚Doktor Murkes gesammeltes Schweigen und andere Satiren‘; Eduard-von-der-Heydt-Preis der Stadt Wuppertal (Erste Wuppertaler Rede: ‚Die Sprache als Hort der Freiheit‘)
1959	‚Billard um halbzehn‘; Großer Kunstpreis des Landes Nordrhein-Westfalen
1960	Charles-Veillon-Preis, ‚Zweite Wuppertaler Rede‘
1961	‚Erzählungen. Hörspiele. Aufsätze‘; Uraufführung des Theaterstücks ‚Ein Schluck Erde‘ im Düsseldorfer Schauspielhaus (22.12.); Literaturpreis der Stadt Köln
1962	Erste Reise in die Sowjetunion
1963	‚Ansichten eines Clowns‘; längerer Aufenthalt in Irland
1964	‚Entfernung von der Truppe‘; im Sommersemester als Gastdozent für Poetik an der Johann-Wolfgang-Goethe-Universität in Frankfurt am Main
1966	‚Ende einer Dienstfahrt‘, Buchausgabe der ‚Frankfurter Vorlesungen‘, ‚Die Freiheit der Kunst. Dritte Wuppertaler Rede‘
1967	‚Aufsätze. Kritiken. Reden‘; Georg-Büchner-Preis der Deutschen Akademie für Sprache und Dichtung (Rede ‚Georg Büchners Gegenwärtigkeit‘)
1968	Reden in der Kampagne gegen die Notstandsgesetze, Aufenthalt in Prag während des Einmarschs der sowjetischen Truppen
1969	Wahl zum Präsidenten des deutschen PEN-Zentrums, Rede bei der Gründungsversammlung des Verbandes deutscher Schriftsteller (‚Ende der Bescheidenheit‘); Umzug in die Hülchrather Straße in Köln

1970 Uraufführung des Theaterstücks ‚Aussatz‘ im Aachener Stadt-
theater (7.10.)
1971 ‚Gruppenbild mit Dame‘; im September in Dublin Wahl zum
Präsidenten des internationalen PEN (bis Mai 1974); Vortrags-
reise durch die USA
1972 Öffentliche Kontroversen um den Spiegel-Artikel ‚Will Ulrike
Meinhof Gnade oder freies Geleit?‘, im Herbst Engagement in
der Sozialdemokratischen Wählerinitiative zur Bundestags-
wahl; 10. Dezember in Stockholm: Verleihung des Nobelpreises für Literatur an Heinrich Böll
1973 ‚Neue politische und literarische Schriften‘; Nobelvorlesung in
Stockholm am 2.5.: ‚Über die Vernunft der Poesie‘
1974 ‚Die verlorene Ehre der Katharina Blum‘; Carl-von-Ossietzky-
Medaille der Internationalen Liga für Menschenrechte (Rede
‚Ich habe die Nase voll!‘)
1975 ‚Berichte zur Gesinnungslage der Nation‘
1977 Zum 60. Geburtstag erscheinen die ersten fünf Bände (‚Romane und Erzählungen‘) einer Werkausgabe; daneben ‚Einmischung erwünscht. Schriften zur Zeit‘
1979 ‚Fürsorgliche Belagerung‘; der Band ‚Du fährst zu oft nach
Heidelberg und andere Erzählungen‘ erscheint als erster Titel
Bölls im Lamuv-Verlag seines Sohnes René
1981 ‚Was soll aus dem Jungen bloß werden?‘; Engagement in der
Friedensbewegung, Böll spricht u. a. bei der ersten Bonner De-
monstration gegen den Nato-Nachrüstungsbeschluß am 10.10.
1982 ‚Vermintes Gelände‘; ‚Das Vermächtnis‘; Umzug nach Bornheim-Merten, dort auch Mitarbeiter und Berater im Lamuv-
Verlag
1983 Ernennung zum Professor durch den Ministerpräsidenten des
Landes Nordrhein-Westfalen; Ehrenbürgerschaft der Stadt
Köln; Teilnahme an der Blockade des US-Militärdepots Mut-
langen, Ansprache auf der zentralen Friedensdemonstration in
Bonn am 22.10.; ‚Die Verwundung und andere frühe Erzählungen‘
1984 Die Stadt Köln erwirbt das literarische Archiv des Autors und
richtet eine Böll-Sammlung und Arbeitsstelle ein (Stadtbiblio-
thek); ‚Ein- und Zusprüche‘
1985 Heinrich Böll stirbt, nach längerer Krankheit und einem Kli-
nikaufenthalt, am 16. Juli in seinem Haus in Langenbroich/Ei-
fel; im Herbst erscheint sein letzter Roman ‚Frauen vor Flußlandschaft‘ bei Kiepenheuer & Witsch
1986 ‚Die Fähigkeit zu trauern‘, ‚Wir kommen von weit her‘

XIV. Literaturhinweise

1. Werke und Gespräche

Das schriftstellerische Werk von Heinrich Böll ist inzwischen in verschiedenen Ausgaben mehrerer Verlage verbreitet. Es wird hier, soweit möglich, nach der zehnbändigen Ausgabe der „Werke" im Verlag Kiepenheuer & Witsch zitiert; die dort noch nicht enthaltenen Schriften sind nach den unten aufgeführten Erstausgaben zitiert. (Taschenbuchausgaben, die hier nicht aufgeführt werden, sind in erster Linie im Deutschen Taschenbuch Verlag München erschienen.)

Zitate aus Werken und Gesprächen werden im Text durch eine Sigle und die jeweilige Seitenzahl nachgewiesen.

1–5   Heinrich Böll: Werke. Romane und Erzählungen 1947–1977. Hrsg. von Bernd Balzer, 5 Bde. Köln 1977 (Kiepenheuer & Witsch).

I–III Werke. Essayistische Schriften und Reden 1952–1978. Hrsg. von Bernd Balzer, 3 Bde. Köln 1978.

IV   Werke. Interviews 1961–1978. Hrsg. von Bernd Balzer, Köln 1978.
Werke. Hörspiele, Theaterstücke, Drehbücher, Gedichte 1952–1978, Köln 1978.
Heinrich Böll: Mein Lesebuch, Frankfurt/M. 1978 (Fischer Taschenbuch Verlag).

FB   Fürsorgliche Belagerung. Roman, Köln 1979 (Kiepenheuer & Witsch).
Eine deutsche Erinnerung. Interview mit René Wintzen, Köln 1979 (Kiepenheuer & Witsch).
Du fährst zu oft nach Heidelberg und andere Erzählungen, Bornheim-Merten 1979 (Lamuv).
Was soll aus dem Jungen bloß werden? Oder: Irgendwas mit Büchern, Bornheim-Merten 1981 (Lamuv).
Heinrich Böll, Lew Kopelew: Warum haben wir aufeinander geschossen? Bornheim-Merten 1981 (Lamuv).

VG   Vermintes Gelände. Essayistische Schriften 1977–1981, Köln 1982 (Kiepenheuer & Witsch).

V   Das Vermächtnis. Erzählung, Bornheim-Merten 1982 (Lamuv).

Heinrich Böll, Lew Kopelew, Heinrich Vormweg: Antikommunismus in West und Ost. Zwei Gespräche, Köln 1982 (Bund).

Vw   Die Verwundung und andere frühe Erzählungen, Bornheim-Merten 1983 (Lamuv).

EZ   Ein- und Zusprüche. Schriften, Reden und Prosa 1981–1983, Köln 1984 (Kiepenheuer & Witsch).

Heinrich Böll, Heinrich Vormweg: Weil die Stadt so fremd geworden ist. Gespräche, Bornheim-Merten 1985 (Lamuv).

Bild – Bonn – Boenisch, Bornheim-Merten 1984 (Lamuv).

FF   Frauen vor Flußlandschaft. Roman in Dialogen und Selbstgesprächen, Köln 1985 (Kiepenheuer & Witsch).

FT   Die Fähigkeit zu trauern. Schriften und Reden 1983–1985, Bornheim-Merten 1986 (Lamuv).

Wir kommen von weit her. Gedichte. Mit Collagen von Klaus Staeck, Göttingen 1986 (Steidl).

*

BM   ‚Ich hab nichts über den Krieg aufgeschrieben‘. Ein Gespräch mit Heinrich Böll und Hermann Lenz, in: N. Born/J. Manthey (Hg.): Nachkriegsliteratur, Reinbek 1977, S. 30 ff. (= Literaturmagazin 7).

2. Sekundärliteratur

Bölls Schriften wie auch die literaturkritischen und -wissenschaftlichen Arbeiten über Böll sind bereits in mehreren Bibliographien (vgl. 2.1.) erfaßt. Deshalb werden im folgenden nur ausgewählte Titel aufgeführt.

2.1 Bibliographien

Thomas B. Schumann: Auswahlbibliographie, in: Text + Kritik, H. 33: Heinrich Böll, 1. Aufl. 1972, S. 50 ff. (Primär- und Sekundärliteratur, Stand 1971)

Ders.: Heinrich-Böll-Auswahlbibliographie, in: H. Beth (Hg.): Heinrich Böll. Eine Einführung in das Gesamtwerk in Einzelinterpretationen, Kronberg 1975, S. 189 ff. (Primär- und Sekundärliteratur, Stand 1974)

Werner Martin: Heinrich Böll. Eine Bibliographie seiner Werke, Hildesheim 1975. (Nur Primärliteratur, Stand 1974)

Rainer Nägele: Bibliographischer Anhang, in: R. N.: Heinrich Böll. Einführung in das Werk und in die Forschung, Frankfurt/M. 1976, S. 179 ff. (Primär- und Sekundärliteratur, Stand 1975)

Werner Lengning: Böll-Bibliographie, in: W. L. (Hg.): Der Schriftsteller Heinrich Böll. Ein biographisch-bibliographischer Abriß, 5. Aufl. München 1977, S. 123 ff. (Primär- und Sekundärliteratur, Stand 1977)

Jochen Vogt: Heinrich Böll. Werkverzeichnis, Sekundärliteratur, in: Kritisches Lexikon zur deutschsprachigen Gegenwartsliteratur, 6. Nachlieferung, München 1981. (Auswahlbibliographie, Stand 1. 9. 1980; Neubearbeitung 1987)

Viktor Böll: Auswahlbibliographie, in: Text + Kritik, H. 33: Heinrich Böll, 3. Aufl. Neufassung 1982, S. 143 ff. (Primär- und Sekundärliteratur: Bestände des Heinrich-Böll-Archivs bei der Stadtbücherei Köln, Stand 1982)

2.2 Zur westdeutschen Nachkriegsliteratur

Arnold, Heinz Ludwig (Hg.): Die Gruppe 47. Ein kritischer Grundriß, München 1980. (= Sonderband Text + Kritik)

Autorenkollektiv, Leitung: Hans Joachim Bernhard: Geschichte der deutschen Literatur. Literatur der BRD, Berlin/DDR 1983. (= Geschichte der deutschen Literatur von den Anfängen bis zur Gegenwart. Zwölfter Band)

Batt, Kurt: Revolte intern. Betrachtungen zur Literatur in der Bundesrepublik Deutschland, München 1975.

Born, Nicolas und Jürgen Manthey (Hg.): Nachkriegsliteratur, Reinbek 1977. (= Literaturmagazin 7)

Demetz, Peter: Die süße Anarchie. Skizzen zur deutschen Literatur seit 1945, Frankfurt/M. – Berlin-Wien 1970.

Fischer, Ludwig (Hg.): Literatur in der Bundesrepublik Deutschland bis 1967, München 1986. (= Hansers Sozialgeschichte der deutschen Literatur, Band 10)

Hay, Gerhard (Hg.): Zur literarischen Situation 1945–1949, Kronberg/Ts. 1977.

Hermand, Jost (Hg.): Literatur nach 1945, 2 Bde. Frankfurt/M. 1979. (= Neues Handbuch der Literaturwissenschaft 21 u. 22).

Hermand, Jost: Kultur im Wiederaufbau. Die Bundesrepublik Deutschland 1945–1965, München 1986.

Jens, Walter: Deutsche Literatur der Gegenwart. Themen, Stile, Tendenzen, München 1961.

Koebner, Thomas (Hg.): Tendenzen der deutschen Gegenwartsliteratur, Stuttgart 1971 (veränderte Neuausgabe 1984)

Kalow, Gert: Heinrich Böll, in: H. Friedmann/O. Mann (Hg.): Christliche Dichter der Gegenwart, Heidelberg 1955, S. 426 ff.

L'80. Zeitschrift für Literatur und Politik, H. 36: Heinrich Böll, 1985.

Lehnhardt, Eberhard V.: Das Romanwerk Heinrich Bölls von ‚Haus ohne Hüter' bis ‚Gruppenbild mit Dame': Urchristentum und Wohlstandsgesellschaft, Diss. Rice University 1979.

Lengning, Werner (Hg.): Der Schriftsteller Heinrich Böll. Ein biographisch-bibliographischer Abriß, 5. Aufl. München 1977.

Linder, Christian: Heinrich Böll. Leben und Schreiben 1917–1985, Köln 1986.

Matthaei, Renate (Hg.): Die subversive Madonna. Ein Schlüssel zum Werk Heinrich Bölls, Köln 1975.

Moling, Heinrich: Heinrich Böll – eine ‚christliche Position', Diss. Zürich 1974.

‚Nachkriegszeit' als literarische Epoche: Themen und Strukturen westdeutscher Nachkriegsliteratur, in: Der Deutschunterricht 33 (1981), H. 3.

Nägele Rainer: Heinrich Böll. Einführung in das Werk und in die Forschung, Frankfurt/M. 1976.

Nägele, Rainer: Heinrich Böll. Die große Ordnung und die kleine Anarchie, in: Hans Wagener (Hg.): Gegenwartsliteratur und Drittes Reich. Deutsche Autoren in der Auseinandersetzung mit der Vergangenheit, Stuttgart 1977, S. 183 ff.

Pittioni, Angelica: Welt und Gegenwelt in der Großepik Heinrich Bölls, Diss. Wien 1972.

Reich-Ranicki, Marcel (Hg.): In Sachen Böll. Ansichten und Einsichten, München 1971.

Reich-Ranicki, Marcel: Mehr als ein Dichter. Über Heinrich Böll, Köln 1986.

Reid, James Henderson: Heinrich Böll. Withdrawal and Reemergence, London 1981.

Schäfer, Hans Dieter: Das gespaltene Bewußtsein. Deutsche Kultur und Lebenswirklichkeit 1933–1945, München 1981.

Schröter, Klaus: Heinrich Böll in Selbstzeugnissen und Bilddokumenten, Reinbek 1982.

Schütz, Erhard und Jochen Vogt: Einführung in die deutsche Literatur des 20. Jahrhunderts. Band 3: Bundesrepublik und DDR, Opladen 1979. (= Grundkurs Literaturgeschichte)

Schwarz, Wilhelm J.: Der Erzähler Heinrich Böll, 3. Aufl. Bern 1973.

Stresau, Hermann: Heinrich Böll, Berlin 1964.

Text + Kritik. Zeitschrift für Literatur, H. 33: Heinrich Böll, 1. Aufl. 1972, 3. Aufl. Neufassung 1982.

Thomas, R. Hinton und Wilfried van der Will: Der deutsche Roman und die Wohlstandsgesellschaft, Stuttgart 1969.

Thomas, R. Hinton und Keith Bullivant: Westdeutsche Literatur der sechziger Jahre, Köln 1974.

Vogt, Jochen: Heinrich Böll, in: Kritisches Lexikon zur Gegenwartsliteratur, 6. Nachlieferung München 1981. (Neufassung 1987)

Warnach, Walter: Heinrich Böll und die Deutschen, in: Frankfurter Hefte (1978), H. 7, S. 51 ff.

Wiemers, Adalbert (Hg.): Autorenbilder: Heinrich Böll. Fotografiert von Chargesheimer, Jupp Darchinger und Gerd Sander, Bad Godesberg 1968.

Wiggershaus, Renate und Rolf: Literatur des Verdrängten. Erwartungen, Hoffnungen und Befürchtungen angesichts der gegenwärtigen westdeutschen Literatur, in: Frankfurter Hefte 32 (1977), H. 2, S. 57 ff.

Wirth, Günter: Heinrich Böll – essayistische Studie über religiöse und gesellschaftliche Motive im Prosawerk des Dichters, 3. Aufl. Berlin/DDR 1974.

Ziltener, Walter: Die Literaturtheorie Heinrich Bölls, Frankfurt/M. – Bern – Las Vegas 1980.

2.3 Zu Heinrich Böll: Biographien, Gesamtdarstellungen, Sammelbände

Balzer, Bernd: Heinrich Bölls Werke: Anarchie und Zärtlichkeit, Köln 1977. (Auch in: Heinrich Böll: Werke. Romane und Erzählungen 1947–1951, Köln 1977, S. [9]–[128])

Bernhard, Hans Joachim: Die Romane Heinrich Bölls. Gesellschaftskritik und Gemeinschaftsutopie, 2. Aufl. Berlin/DDR 1973.

Beth, Hanno (Hg.): Heinrich Böll. Eine Einführung in das Gesamtwerk in Einzelinterpretationen, Kronberg/Ts. 1975.

Böll, Alfred: Bilder einer deutschen Familie. Die Bölls, Bergisch-Gladbach 1981.

Burgauer, Christoph: Ansichten eines Unpolitischen? Gesinnung und Entwicklung Heinrich Bölls, in: Frankfurter Hefte 29 (1974), H. 5, S. 345 ff.

Durzak, Manfred: Kritik und Affirmation. Die Romane Heinrich Bölls, in: M. D.: Der deutsche Roman der Gegenwart, 2. Aufl. Stuttgart 1973, S. 19 ff.

Förster, Jürgen (Hg.): Heinrich Böll als politischer Publizist. Drei Studien und ein Kurs-Modell für die Unterrichtspraxis, Bad Honnef u. Zürich 1983.

Grützbach, Frank (Hg.): Heinrich Böll: Freies Geleit für Ulrike Meinhof. Ein Artikel und seine Folgen, Köln 1972.

Hoffmann, Gabriele: Heinrich Böll, Bornheim-Merten 1986.
Hoffmann, Léopold: Heinrich Böll. Einführung in Leben und Werk, 2. Aufl. Luxemburg 1973.
Jurgensen, Manfred (Hg.): Böll. Untersuchungen zum Werk, Bern u. München 1975.

2.4 Zu Heinrich Böll: Einzeluntersuchungen, Interpretationen, Literaturkritik

anon.: Böll. Brot und Boden, in: Der Spiegel, Nr. 50/1961, S. 71 ff.
anon.: Wie gut ist Heinrich Böll? Vom Heimkehrer zum Repräsentanten und Kritiker der Bundesrepublik, in: Der Spiegel Nr. 30/1985, S. 132 ff. (Mit Beiträgen von Rudolf Augstein, Hans Magnus Enzensberger, Siegfried Lenz, Leon Szulczynski).
Baumgart, Reinhard: Kleinbürgertum und Realismus, in: Neue Rundschau 75 (1964), S. 650 ff.
Baumgart, Reinhard: Götzendämmerung mit Nornen. Über Heinrich Bölls ‚Frauen vor Flußlandschaft‘, in: Der Spiegel, Nr. 36/1985, S. 188 ff.
Blöcker, Günter: Heinrich Böll – Das Brot der frühen Jahre, Billard um halbzehn, in: G. B.: Kritisches Lesebuch. Literatur unserer Zeit in Probe und Bericht, Hamburg 1962, S. 285 ff.
Bruhn, Peter und Henry Glade: Heinrich Böll in der Sowjetunion 1952–1979. Einführung in die sowjetische Böll-Rezeption und Bibliographie der in der UdSSR in russischer Sprache erschienenen Schriften von und über Heinrich Böll, Berlin 1980.
Durzak, Manfred: Die problematische Wiedereinsetzung des Erzählers. Heinrich Bölls Romane, in: M. D.: Gespräche über den Roman. Formbestimmungen und Analysen, Frankfurt/M. 1976, S. 154 ff.
Eilert, Bernd und Robert Gernhardt, Jörg Metes, Gerald Hündgen, Bernd Fritz, Eckhard Henscheid: ‚Was man im Kopf hat, eines Tages kommt's raus‘. Die seltsame Welt des Heinrich Böll, in: Titanic, H. 12/1985, S. 36 ff.
Enzensberger, Hans Magnus: Satire als Wechselbalg, in: Merkur 12 (1958) H. 7, S. 686 ff.
Fischer-Kesselmann, Heidemarie: Heinrich Bölls Erzählung ‚Katharina Blum‘ und die gleichnamige Verfilmung von Volker Schlöndorff und Margarete von Trotta, in: Diskussion Deutsch 15 (1984) H. 76, S. 680 ff.
Glotz, Peter: Bölls Bonn, in: Neue Gesellschaft/Frankfurter Hefte, H. 9/1985, S. 778 ff.
Götze, Karl-Heinz: Heinrich Böll – ‚Ansichten eines Clowns‘, München 1985.

Harang, Ulrike: Heinrich Böll und die klassische russische Literatur, Diss. Jena 1981.

Heißenbüttel, Helmut: Erzählung von einem sentimentalen Wirrkopf und Trottel? Heinrich Bölls ‚Fürsorgliche Belagerung' und die Kritik, in: Freibeuter Nr. 4 (1980), S. 157 ff.

Herlyn, Heinrich: Heinrich Böll und Herbert Marcuse. Literatur als Utopie, Lampertheim 1979.

Hinck, Walter: Gegen die Verrohung der Gefühle. Heinrich Bölls Erzählungsband ‚Die Verwundung', in: Frankfurter Allgemeine Zeitung, 26. 11. 1983.

Hübner, Raoul: Der diffamiert-integrierte ‚Anarchismus'. Zu Heinrich Bölls Erfolgsroman ‚Gruppenbild mit Dame', in: H. L. Arnold (Hg.): Deutsche Bestseller – deutsche Ideologie. Ansätze zu einer Verbraucherpoetik, Stuttgart 1975, S. 113 ff.

Jeziorkowski, Klaus: Rhythmus und Figur. Zur Technik der epischen Konstruktion in Heinrich Bölls ‚Der Wegwerfer' und ‚Billard um halbzehn', Bad Homburg 1968.

Kafitz, Dieter: Formtradition und religiöses Ethos – Zur Realismus-Konzeption Heinrich Bölls, in: Deutschunterricht 28 (1976) H. 6, S. 69 ff.

Kesting, Hanjo: Katharina Blum – Eine Romanfigur und ihre Kritiker, in: Die Horen 25 (1980) H. 4, S. 86 ff.

Kircherer, Friedhelm: Heinrich Böll ‚Die verlorene Ehre der Katharina Blum'. Hollfeld/Ofr. 1981.

Kretschmer, Michael: Literarische Praxis der *Mémoire collective* in Heinrich Bölls Roman ‚Billard um halbzehn', in: W. Haubrichs (Hg.): Erzählforschung 2, Göttingen 1977, S. 191 ff. (= Zeitschrift für Literaturwissenschaft und Linguistik, Beiheft 6).

Materialien zur Interpretation von Heinrich Bölls ‚Fürsorgliche Belagerung', Köln 1981.

Monico, Marco: Das Kind und der Jugendliche bei Heinrich Böll. Eine literaturpsychologische Untersuchung, Diss. Zürich 1978.

Petersen, Anette: Die Rezeption von Bölls ‚Katharina Blum' in den Massenmedien der BRD, Kopenhagen u. München 1980.

Poser, Therese: Heinrich Böll – Billard um halbzehn, in: R. Geißler (Hg.): Möglichkeiten des modernen deutschen Romans, Frankfurt/M. 1962, S. 232 ff.

Raddatz, Fritz J.: Der Tod einer Instanz. Heinrich Böll: Poet und Prediger, Materialist und Träumer, in: Die Zeit, 19. 7. 1985.

Raddatz, Fritz J.: Seelen nur aufgemalt. Heinrich Bölls Bonn-Roman ‚Frauen vor Flußlandschaft', in: Die Zeit, 11. 10. 1985.

Reich-Ranicki, Marcel: Der deutschen Gegenwart mitten ins Herz. Eine unpathetische Anklage: Heinrich Bölls Erzählung ‚Die verlorene Ehre der Katharina Blum', in: Frankfurter Allgemeine Zeitung, 17.12.1974.

Reich-Ranicki, Marcel: Mehr als ein Dichter. Heinrich Böll zum 60. Geburtstag, in: Frankfurter Allgemeine Zeitung, 17.12.1977.

Reich-Ranicki, Marcel: Nette Kapitalisten und nette Terroristen. Heinrich Bölls ‚Fürsorgliche Belagerung', in: Frankfurter Allgemeine Zeitung, 4.8.1979.

Reich-Ranicki, Marcel: Ein letzter Abschied von Heinrich Böll. Aus Anlaß seines Buches ‚Frauen vor Flußlandschaft', eines in Wahrheit nicht mehr abgeschlossenen ‚Romans in Dialogen und Selbstgesprächen', in: Frankfurter Allgemeine Zeitung, 8.10.1985.

Scheiffele, Erhard: Kritische Sprachanalyse in Heinrich Bölls ‚Die verlorene Ehre der Katharina Blum', in: Basis 9 (1979), S.169ff.

Schelsky, Helmut: Heinrich Böll – Kardinal und Märtyrer, in: H.S.: Die Arbeit tun die anderen. Klassenkampf und Priesterherrschaft der Intellektuellen, 2.Aufl. Opladen 1975, S.342ff.

Schütte, Wolfram: Häretische Marienlegende, kräftig angedunkelt, in: Frankfurter Rundschau, 7.8.1971.

Schütte, Wolfram: Notwehr, Widerstand und Selbstrettung. Heinrich Bölls Erzählung ‚Die verlorene Ehre der Katharina Blum', in: Frankfurter Rundschau, 10.8.1974.

Schütte, Wolfram: Lauter nette Menschen. Heinrich Bölls Roman ‚Fürsorgliche Belagerung', in: Frankfurter Rundschau, 4.8.1979.

Schütte, Wolfram: Treue und Liebe, nicht Glauben. Selbstgespräch an Ultimo. Heinrich Bölls posthumer Roman ‚Frauen vor Flußlandschaft', in: Frankfurter Rundschau, 28.9.1985.

Sölle, Dorothee: Heinrich Böll und die Eskalation der Gewalt, in: Merkur 28 (1974), S.885ff.

Song, Ikhwa: Die Darstellung des Kindes im frühen Werk Heinrich Bölls. Das Kind in der Rolle des moralischen Gegenspielers in einer inhumanen Welt, Frankfurt/M. – Bern – Las Vegas 1978.

Stiebert, Klaus: Probleme kritisch-realistischen Erzählens bei Heinrich Böll. Die Rezeption englischer, irischer und amerikanischer Literatur und ihre Bedeutung für die Entwicklung des Werkes, Diss. Leipzig 1975.

Stötzel, Georg: Heinrich Bölls sprachreflexive Diktion. Sprachwissenschaftliche Interpretation eines Interviews, in: Linguistik und Didaktik H.33/1978, S.54ff.

Ueding, Gerd: Das unbestechliche Gedächtnis des Heinrich Böll. Die Erstausgabe seines Nachkriegsromans ‚Das Vermächtnis' und eine Monographie, in: Frankfurter Allgemeine Zeitung, 16.11.1982.

Vogt, Jochen: Das falsche Gewicht. Oder: Vom armen H.B., der unter die Literaturpädagogen gefallen ist, in: J. V.: Korrekturen. Versuche zum Literaturunterricht, München 1974, S. 99 ff.

Vogt, Jochen: Vom Minimalprogramm der Humanität. Heinrich Bölls ‚Lesebuch': Nichts zum Blättern und Schmökern, in: Frankfurter Rundschau, 14.10.1978.

Vogt, Jochen: ‚God bless you all and the Federal Republic of Germany'. Heinrich Böll als Publizist, in: Frankfurter Rundschau, 14.7.1979.

Vogt, Jochen: Unverblümte Gegenrede. Heinrich Bölls Ein- und Zusprüche aus einer ‚Periode der Schamlosigkeit', in: Frankfurter Rundschau, 15.12.1984.

Wagner, Frank: Der kritische Realist Heinrich Böll – Die Entwicklung der Krieg-Frieden-Problematik in seinen Romanen, in: Weimarer Beiträge 7 (1961) H. 1, S. 99 ff.

Wirth, Günter: Gefahr unter falschen Brüdern. Anmerkungen zum Charakter und zur Entwicklung der politischen Position Heinrich Bölls, in: Weimarer Beiträge 25 (1979), H. 2, S. 56 ff.

Zipes, Jack: The political dimensions of The lost honor of Katharina Blum, in: New German Critique No. 12 (1977), S. 75 ff.

Autorenbücher

Es liegen Bände vor über

Alfred Andersch

Gottfried Benn

Thomas Bernhard

Heinrich Böll

Volker Braun

Elias Canetti

Heimito
von Doderer

Alfred Döblin

Friedrich
Dürrenmatt

Günter Eich

Lion Feuchtwanger

Hubert Fichte

Max Frisch

Günter Grass

Max von der Grün

Peter Härtling

Peter Handke

Georg Heym

Stefan Heym

Wolfgang
Hildesheimer

Rolf Hochhuth

Walter Jens

Uwe Johnson

Erich Kästner

Marie Luise
Kaschnitz

Walter Kempowski

Alexander Kluge

Franz Xaver
Kroetz

Siegfried Lenz

Heiner Müller

Adolf Muschg

Hans Erich
Nossack

Ulrich Plenzdorf

Peter Rühmkorf

Nelly Sachs

Arno Schmidt

Anna Seghers

Kurt Tucholsky

Günter Wallraff

Martin Walser

Peter Weiss

Dieter Wellershoff

Gabriele
Wohmann

Christa Wolf

Carl Zuckmayer

Weitere Bände in Vorbereitung

Literaturgeschichte des 20. Jahrhunderts

Wolfdietrich Rasch
Die literarische Décadence um 1900
1986. 284 Seiten mit einer Abbildung. Gebunden

Gerhard P. Knapp
Die Literatur des deutschen Expressionismus
Einführung – Bestandsaufnahme – Kritik
1979. 230 Seiten. Broschiert. Beck'sche Elementarbücher

Thomas Bremer (Hrsg.)
Europäische Literatur gegen den Faschismus 1922–1945
1986. 256 Seiten. Paperback
BsR 315

Alexander Stephan
Die deutsche Exilliteratur 1933–1945
Eine Einführung
1979. 376 Seiten. Broschiert. Beck'sche Elementarbücher

Horst Möller
Exodus der Kultur
Schriftsteller, Wissenschaftler und Künstler in der
Emigration nach 1933
1984. 136 Seiten. Paperback
BsR 293

Peter Mertz
Und das wurde nicht ihr Staat
Erfahrungen emigrierter Schriftsteller mit Westdeutschland
1985. 310 Seiten. Broschiert

Verlag C. H. Beck München

Arbeitsbücher zur Literaturgeschichte

Bertolt Brecht
Epoche – Werk – Wirkung
Von Jörg Wilhelm Joost, Klaus-Detlev Müller und Michael Voges
1985. 432 Seiten. Broschiert

Gerhart Hauptmann
Epoche – Werk – Wirkung. Von Peter Sprengel
1984. 298 Seiten mit einer Abbildung. Broschiert

Thomas Mann
Epoche – Werk – Wirkung. Von Hermann Kurzke
1985. 348 Seiten. Broschiert

E. T. A. Hoffmann
Epoche – Werk – Wirkung. Von Brigitte Feldges und Ulrich Stadler
Mit je einem Beitrag von Ernst Lichtenhahn und Wolfgang Nehring
1986. 315 Seiten. Broschiert

Heinrich Heine
Epoche – Werk – Wirkung. Von Michael Behal, Martin Bollacher,
Jürgen Brummack, Bernhard Mann und Jürgen Walter
1980. 366 Seiten. Broschiert

Lessing
Epoche – Werk – Wirkung
Von Wilfried Barner, Gunter Grimm, Helmuth Kiesel, Martin Kramer
unter Mitwirkung von Volker Badstübner, Rolf Kellner und Ursula Nowak
4., völlig neu bearbeitete Auflage. 1981. 453 Seiten. Broschiert

Hartmann von Aue
Epoche – Werk – Wirkung. Von Christoph Cormeau und Wilhelm Störmer
1985. 256 Seiten mit 4 Abbildungen. Broschiert

Grimmelshausen
Epoche – Werk – Wirkung. Von Volker Meid
1984. 280 Seiten. Broschiert

Verlag C. H. Beck München